Tatjana Heß und Wolfgang L. Roth

Professionelles Coaching

Tests für Qualitätssicherung

BFTB

→ Hogrefe Tests

FCZ

→ Hogrefe Tests

FBB

→ Hogrefe Tests

Tatjana Heß und Wolfgang L. Roth

Professionelles Coaching

Eine Expertenbefragung zur Qualitätseinschätzung und -entwicklung

4. Auflage

Asanger Verlag • Kröning

Autorin und Autor:
Tatjana Heß, Dipl.-Psych., Schwerpunkte: Organisationspsychologie (Coaching, Personal- uund Führungskräfteentwicklung); Fortbildung in Systemischer Organisationsberatung; Ausbildung zur TV-Journalistin.

Wolfgang L. Roth, Dr. rer. nat., Dipl.-Psych., Universität Trier. Psychologischer Psychotherapeut, Lehrtherapeut, Supervisor, Trainer, Coach. Arbeitsschwerpunkte: Klinische Psychologie und Gesundheitspsychologie (Interventionsmethoden, Stressmanagement, Wohlbefinden); Organisationspsychologie (Personalentwicklung, Führung, Kommunikation, Training, Coaching).

Umschlaggestaltung:
liveo grafikdesign, Angelika Krikava, info@liveo.de, www.liveo.de

Druck: Digitalbook.cz, Czech Republic

Bibliographische Informationen der Deutschen Nationalbibliothek:
Die Deutsche Nationalbibliothek verzeichnet diese Publikation in der Deutschen Nationalbibliographie; detaillierte bibliographische Daten sind im Internet über http://dnb.d-nb.de abrufbar.

4. Auflage 2012

ISBN 978-3-89334-365-2

Inhaltsverzeichnis

Abbildungsverzeichnis

Tabellenverzeichnis

1 Einleitung

Coaching entwickelte sich als personenbezogenes Personalentwicklungsinstrument, als Antwort auf einen sehr spezifischen und vielfältigen Beratungsbedarf von hochpositionierten Führungskräften in der Wirtschaft (Böning, 1994; Rückle, 1992). Vor dem Hintergrund einer Vielzahl gesellschaftlicher und wirtschaftlicher Veränderungen – wie z.B. zunehmender globaler Vernetzung, sich immer schneller verändernder Marktanforderungen sowie rasanter technologischer Entwicklungen – und den damit verbundenen Anpassungsleistungen der Organisationen auf struktureller, technischer, kultureller und personeller Ebene, hat sich das Anforderungsprofil der Führungskräfte gewandelt. Von entscheidender Bedeutung für die Steuerungs-, Lenkungs- und Leitungsaufgaben sind neben fachlichen Kompetenzen strategische und soziale Kompetenzen sowie Persönlichkeit (Doppler & Lauterburg, 1995). Die Schlüsselqualifikationen liegen nicht nur darin, komplexe Zusammenhänge und dynamische Vorgänge zu verstehen und Handlungskonsequenzen abzuleiten, sondern vor allem Kommunikationsfähigkeiten zu besitzen, Gruppendynamiken zu verstehen, Entscheidungsprozesse und Arbeitsschritte auf die Lernkurve der Mitarbeiter abzustimmen, auf Menschen einzugehen und Offenheit, Ehrlichkeit und Selbstvertrauen zu vermitteln. Die "Führungskraft 2000" muß sich selbst in Frage stellen können (Jacobi, 1991) sowie die Fähigkeit zur Selbstreflexion für den erfolgreichen Umgang mit Komplexität besitzen (Wagner & Gräser, 1995). Diese erwarteten An- und Herausforderungen machen das allgemein gestiegene Beratungs- und Unterstützungsanliegen von seiten der Führungsverantwortlichen und das Interesse für personen- und persönlichkeitsfördernde Maßnahmen wie Coaching verständlich und nachvollziehbar.

Coaching gehört mittlerweile in das Angebotsspektrum der meisten Unternehmensberatungen. Begibt man sich unter den Stichworten "coaching" und "business" im Internet auf die Suche, erhielt man Anfang 1998 mit einer beliebigen Suchmaschine weltweit 7887 Nennungen (Looss, 1999), während heutzutage (im Frühjahr 2001) bereits 534 000 Nennungen angezeigt werden.

Die in den letzten 15 Jahren rapide gestiegene Popularität der Maßnahme ist mit einer bestehenden Vielzahl von angebotenen Konzepten und Vorstellungen von Coaching auf dem Weiterbildungs- und Beratungsmarkt verbunden. Zahlreiche Publikationen von Coaching-Anbietern dienten jedoch in den vergangenen Jahren eher der Abgrenzung ihres spezifischen Ansatzes als der Konsensbildung bzgl. des Verständnisses von Coaching. Theoriegeleitete Coaching-Konzepte finden sich nur selten in der einschlägigen Literatur. Auch ein Konsens bzgl. der konzeptionellen Fundierung von Coaching besteht nicht. Schließlich eröffnen fehlende Qualifikationsstandards des Coaches[1] und das Fehlen einer allgemeingültigen Ausbildung unseriösen Anbietern den Markt (Roth, Brüning & Edler, 1995; Schmidt, 1995). Somit ist der Zustand auf fachlicher Seite als auch auf seiten der Nachfrager größtenteils mit mehr offenen Fragen als mit Antworten zu beschreiben. Einige empirische Studien (z.B. Roth et al., 1995; Marlinghaus, 1996; Weßling, Barthe & Lubbers, 1999) und theoretische Arbeiten (Rauen, 1999) über Coaching konnten jedoch auf fachlicher Seite mehr Klarheit z.B. hinsichtlich der Begrifflichkeit, der methodischen Vorgehensweise sowie der Qualifikationen der Coaches gewinnen und auf seiten der Praktiker Professionalisierungs-Entwicklungen anregen.

Mit dem Begriff *Professionalisierung* ist zwischen zwei Varianten, der berufssoziologischen und der betriebspädagogisch-psychologischen, zu unterscheiden (K. W. Döring & Ritter-Mamczek, 1998). Berufssoziologisch meint Professionalisierung Prozesse der Verberuflichung bzw. der Weiterentwicklung eines Berufes zu einer Profession. Um von einer Profession zu sprechen, müssen professionsrelevante Strukturmerkmale erfüllt sein. Diese liegen in der Existenz berufsrelevanter Forschung, in der Existenz entsprechender Rechtsgrundlagen (u.a. für die Organisation der Ausbildung), in der obligatorischen Beachtung gesellschaftlicher Zentralwerte und berufsspezifischer Leitziele (Berufsmoral), in der Existenz eines Berufskodex und einer berufseigenen Interessenvertretung (Berufsverband) sowie in der eigenverantwortlichen Fortbildung der aktiven Berufsmitglieder. Erfüllen viele Berufe diese Strukturmerkmale, ist im eigentlichen Sinne erst dann von einer Profession zu sprechen, wenn ein berufliches Monopol für eine für die Gesellschaft wertvolle Tätigkeit vorliegt (Schwendenwein, 1990). Aufgrund der genannten Kriterien wird deutlich, daß der Prozeß der Professionalisierung im Coaching keineswegs abgeschlossen ist. Dies drückt sich über einen fehlenden Berufsbezeichnungsschutz, nicht einheitlichen Anforderungsprofilen und Ausbildungswegen sowie über bisher geringe Forschung im Anwendungsfeld Coaching aus.

Liegt der Fokus jedoch nicht primär auf dem Erreichen und der gesetzlichen Verankerung von professionsrelevanten Strukturmerkmalen einer Profession, sondern auf dem professionellen Handeln, kann mit Schwendenwein (1990) festgehalten werden: „Professionelles Handeln beschränkt sich nicht nur auf bestimmte Berufe, sondern ebenso auf unterschiedlichste berufliche Tätigkeiten (...). Somit ist es [das professionelle Handeln] *als eine auf berufliche Tätigkeiten übergreifende Zielvorstellung zu verstehen* [Hervorhebung im Original], die stets um ein hohes Qualitätsniveau beruflichen Standards be-

---

[1] Wenn in dem weiteren Verlauf der Arbeit von der männlichen Form "Coach" die Rede ist, sind, aufgrund fehlender Begriffsbildungen für die weibliche Form, weibliche Personen darin inbegriffen. Für die von dem Coach zu beratende Person wird die Bezeichnung "Klient" gewählt. Andere in der einschlägigen Literatur verwandte Begriffe sind: "Coachee", "Gecoachter", "Kunde".

müht ist" (S. 359). Oftmals, so der Autor, ist der Ruf nach Professionalisierung eigentlich ein Ruf nach professionellem Handeln mit entsprechender Berufsmoral. Auch Gieseke (1994) stellt die vielfältige Begriffsverwendung von Professionalität und Professionalisierung heraus und sieht die Diskussionen um Professionalität mit dem Stichwort "Qualitätsstandards" in Zusammenhang gebracht. Betriebspädagogisch-psychologisch meint Professionalisierung also die Frage, ob „(...) kriterienorientiert nach berufsrelevanten Standards gearbeitet wird oder nicht. Es ist dies die Frage nach (...) Qualität des praktischen beruflichen Handelns (...)" (K. W. Döring & Ritter-Mamczek, 1998, S. 42).

Eine Möglichkeit zur Professionalisierung im Coaching beizutragen, liegt dementsprechend darin, Coaching der Qualitätsfrage gegenüberzustellen. Die Frage nach der Qualität einer Maßnahme, eines Arbeitsprozesses oder einer Intervention bewegt zur Zeit viele gesellschaftliche Bereiche wie z.B. die Industrie, den Dienstleistungssektor, das Bildungswesen, die soziale Arbeit etc. Stellt die Qualitätsdiskussion für einige Beteiligte ein Modethema dar, das – wie es manche auch von Coaching annahmen – nicht von dauerhafter Präsenz ist, bedeutet sie für andere einen wichtigen Schritt zur Ausgrenzung von "schwarzen Schafen" (Gnahs, 1998). Mit der Formulierung von Qualitätsstandards wird auf seiten der Anbieter angestrebt, „(...) ein vereinbartes Mindestniveau professionellen Handelns zu definieren (...)" (Bobzien, Stark & Straus, 1996, S. 48), was der betriebspädagogisch-psychologischen Variante der Professionalisierung gleichkommt. So professionalisiert sich der Coach, wenn er sein professionelles Handeln an dem Selbstverständnis seiner Profession ausrichtet, d.h. sich an professionellen Qualitätsstandards orientiert, und außerdem, wenn er durch Qualitätssicherungsmaßnahmen sein professionelles Handeln weiterentwickelt. „Ziel eines systematischen Qualitätsmanagements[2] für Berater ist (...), die Professionalisierung der Beratungsperson systematisch voranzubringen" (GOE Südwest, 1998, zit. nach Fatzer, 1999a, S. 158).

Die Formulierung von Qualitätsstandards dient nicht nur der Professionalisierung, sondern erfüllt auf seiten der Klienten und Auftraggeber eine Informations- und Qualitätsbeurteilungsfunktion. Stellt Coaching nicht nur eine finanzielle Investition, sondern eine hoffnungsträchtige Begleitung unsicherheitsstiftender Veränderungsprozesse dar, sind Bedürfnisse nach Transparenz und Klärung über professionelle Qualitätsvorstellungen und Qualitätsbeurteilungsbedarf nachvollziehbar, denn „(...) viele Veränderungs-, Entwicklungs- oder sogar Krisenprozesse in Organisationen [sind] zu delikat und zu

[2] In Organisationen ist der Grundgedanke des Qualitätsmanagements bzw. "Total Quality Management", eine alle Mitarbeiter umfassende langfristige Unternehmensphilosophie zur Durchsetzung des Qualitätsgedankens auf allen Ebenen (Bruhn, 1995).

vital für den Auftraggeber, als daß man diese dem Zufall oder der unsachgemäßen Begleitung überlassen sollte“ (Fatzer, 1999b, S. 9).

Somit besitzt die Formulierung von professionellen Qualitätsanforderungen zwei Funktionen: Sie dient auf seiten der Anbieter durch die Umsetzung der Qualitätsanforderungen i.S. eines Handelns nach dem professionellen Selbstverständnis und durch die Anwendung von Qualitätssicherungsmaßnahmen der Professionalisierung und kommt auf seiten der Nachfrager deren Aufklärungsbedarf über professionelle Qualitätsvorstellungen nach. So erhöht nicht nur professionelles Handeln, sondern außerdem Aufklärung die Qualität der Maßnahme. Folgende Aussage läßt sich durchaus auf Coaching übertragen: „Die Qualität der Supervision wird erhöht, wenn die Abnehmer, die ohnehin einen großen Anteil am Erfolg oder Mißerfolg haben, gut über die professionellen Standards von Supervision aufgeklärt sind“ (Rappe-Giesecke, 1999, S. 75).

Mit dem Schlagwort *Qualität* und *Qualitätssicherung* bzw. *Qualitätsmanagement* ist gleichsam die Diskussion über die Normierung nach DIN EN ISO 9000ff. verbunden. Das Deutsche Institut für Normung (DIN) versteht Qualität als „(...) die Gesamtheit von Eigenschaften und Merkmalen eines Produktes oder einer Dienstleistung, die sich auf deren Eignung zur Erfüllung festgesetzter und vorausgesetzter Erfordernisse beziehen“ (ISO 8402 zit. nach Meinhold, 1997, S. 16). Qualität ist damit nichts Absolutes, sondern es gilt, Qualität zu definieren und Qualitätsmerkmale festzulegen. Es muß kommuniziert werden, was der Anbieter unter Qualität versteht und welches die Erwartungen des Kunden sind. Dazu bedarf es eines Aushandlungsprozesses (Brakhahn & Vogt, 1996).

Sollen nun die Qualitätsstandards bzw. -merkmale von Coaching formuliert werden, wäre es ein naheliegender, aber zu kurz greifender Impuls, die im Dienstleistungsbereich bestehenden DIN EN ISO 9000ff. Normen und die darin enthaltenen Qualitätselemente auf Coaching zu übertragen. Zu kurz greifen würde diese Übertragung deswegen, weil vernachlässigt werden würde, die Frage nach einer bereichsspezifischen Passung des Qualitätskonzeptes, d.h. nach gegenstandsangemessenen Qualitätsstandards und Qualitätssicherungsmaßnahmen, zu stellen. „Qualität ist ein politischer Begriff, den jede Organisation mit Blick auf ihr spezifisches Umfeld und für jeden Arbeitsbereich unterschiedlich zu definieren hat“ (Looss, 1999, S. 126). Schlußfolgernd sollte es ein generelles Ziel sein, Qualitätskonzepte, die dem personenbezogenen Personalentwicklungsinstrument Coaching in Begrifflichkeit und Qualitätsvorstellungen mehr entsprechen als die dem Produktionsbereich entstammenden ISO-Normen, zu diskutieren und einzuführen.

1.1 Thema der Arbeit

Das Anliegen dieser Arbeit besteht darin, mit einer qualitativ-explorativen Untersuchung von professionellen Qualitätsvorstellungen, d.h. aus Sicht der Anbieter bzw. der Coaching-Experten[3], einen Beitrag zur Entwicklung von gegenstandsangemessenen Qualitätskonzepten im Coaching zu leisten.

Gemeint ist damit, durch zu ermittelnde Qualitätsvorstellungen die Diskussion und Formulierung von gegenstandsangemessenen Qualitätskonzepten im Coaching zu unterstützen und zu weiteren und besonders zu empirisch fundierten Qualitätssicherungs- bzw. -entwicklungsmaßnahmen anzuregen. Darin inbegriffen ist, auf seiten der Anbieter eine Förderung der Professionalisierung der Coaches sowie mit Bezug zu potentiellen Klienten und Auftraggebern, dem Bedarf nach Transparenz, Aufklärung und Möglichkeiten der Qualitätseinschätzung im Coaching nachzukommen.

Betrachtet werden soll, welche interne Qualitätssicht in der Praxis existiert, d.h. wie Qualität aus professioneller Perspektive definiert wird. Ein Ausschluß der Kundenperspektive zur Klärung der Qualitätsfrage im Coaching ist damit nicht impliziert. Einerseits ist davon auszugehen, daß Qualitätsvorstellungen der Coaching-Experten auch aus Verhandlungsprozessen mit Klienten und Auftraggebern resultieren und eine Kundenperspektive in die Nennungen implizit einfließt. Andererseits wird die Klientenperspektive i.S. einer Perspektivenübernahme der Coaching-Experten in einer Fragestellung dieser Untersuchung explizit berücksichtigt. Folgeerhebungen von Qualitätsvorstellungen aus der Sicht der Klienten bzw. Auftraggeber sind jedoch anzuregen, um die professionelle Sichtweise zu ergänzen bzw. sie dieser gegenüberzustellen (vgl. Kap. 5.2.3., Kap. 7.5). Schließlich ersetzen ermittelte professionelle Qualitätsvorstellungen nicht die in der Praxis zu führenden Verhandlungsprozesse zwischen Anbieter und Nachfrager, wie Qualität für den konkreten Fall auszudeuten bzw. zu definieren ist. Jedoch kann gerade dieser Aushandlungsprozeß durch die Aufklärung über das professionelle Qualitätsverständnis optimiert werden.

Mit der Frage nach Qualitätsvorstellungen im Coaching wird ein Bezug zu der sowohl im Dienstleistungsbereich als auch im Beratungsbereich üblichen Dreiteilung von Qualität in die Dimensionen *Struktur-, Prozeß- und Ergebnisqualität* (Donabedian, 1982) hergestellt. Für jede der Dimensionen lassen sich Standards, Faktoren, Anforderungen formulieren, die einerseits in ihrem Vorhandensein bzw. in ihrer Realisierung die Qualität auf den jeweiligen Dimensionen erhöhen, um eine hohe Ergebnisqualität zu erzielen, und die andererseits gleichzeitig Merkmale, Kriterien darstellen, wodurch die Quali-

[3] Ist im Folgenden von "Coaching-Experten" die Rede, wird sich auf die Gruppe der Befragten bezogen, die sich aus Coaching-Anbietern und/oder Personen, die über den für diesen Bereich typischen Wissensbestand verfügen, zusammensetzt (vgl. Kap. 3.3.3).

tät auf den jeweiligen Dimensionen beschreibbar und beurteilbar wird, wenngleich es oftmals weiterer Operationalisierungen bedarf.

Für die Ermittlung von Qualitätsanforderungen bzw. Qualitätskriterien wurde jedoch das Qualitätsmodell i.S. dieser Dreiteilung nach Struktur-, Prozeß- und Ergebnisqualität als Meta-Modell für die Operationalisierung der Forschungsfragen (vgl. Kap. 2.6) nicht direkt übernommen. Das Anliegen der Autoren bestand u.a. darin, Orientierungshilfen für das im Coaching übliche Klärungsgespräch hinsichtlich einer gemeinsamen Zusammenarbeit zu ermitteln, worin auch kritische Aspekte bzw. problematische Ausgangsbedingungen inbegriffen sind. Trotzdem wird der Bezug zu dem Qualitätsmodell im Laufe der Arbeit immer wieder evident und hergestellt (vgl. Kap. 2.5). So kann auch ein großer Anteil der gewonnenen Ergebnisse nach den Qualitätsdimensionen systematisiert werden (vgl. Kap. 7, Tabelle 10).

Das übergeordnete Ziel dieser Untersuchung liegt in der qualitativ-explorativen Bestandsaufnahme der Qualitätsvorstellungen von seiten der Coaching-Experten. Das zu ermittelnde Qualitätsverständnis bezieht sich auf folgende Themenbereiche:

- Coaching als personenbezogene Maßnahme bedarf im Vorfeld des eigentlichen Prozesses einer intensiven Klärung, ob eine Zusammenarbeit von Coach und Klient für sinnvoll gehalten wird. Ein Themenfokus richtet sich daher auf die Ermittlung von Orientierungshilfen für diesen gemeinsamen Klärungsprozeß. Ziel ist hierbei, den Klärungsprozeß zu optimieren, um Risiken eines Mißerfolges zu minimieren.
- Aufgrund der bestehenden Vielzahl unterschiedlicher Vorstellungen von Coaching in der Praxis und der individuellen Prozeßgestaltung liegt ein weiterer Themenfokus auf der Deskription der im Coaching angewandten Methoden und Interventionsweisen sowie auf der Ermittlung von Qualitätsanforderungen an die Auswahl und Anwendung der Methoden. Dabei wird außerdem der Frage nach einer möglichen Setzung von Interventionsmethoden als Mindeststandardinstrumentarium sowie der Frage nach einer wissenschaftlichen Fundierung von Coaching nachgegangen.
- Angesichts eines fehlenden einheitlichen Berufsbildes und einer allgemeingültigen Ausbildung ist ein weiterer Fokus der Untersuchung auf die Qualifikationsanforderungen an den externen Coach gerichtet. Die Formulierung verbindlicher Qualifikationsstandards und Ausbildungsrichtlinien ist daraus ableitbar.
- Schließlich betrifft der letzte Themenschwerpunkt das Ergebnis eines Coaching-Prozesses. Analysiert wird die Ergebnisstruktur eines Coachings, d.h. Erfolgskriterien sowie unerwünschte Begleiterscheinungen eines erfolgreichen Abschlusses.

Auf der Basis des durch Experten-Interviews ermittelten kommunikativen Materials wird eine inhaltsanalytische Auswertung durchgeführt. Die Erhebung und Beschreibung der internen Qualitätssicht soll, wie oben beschrieben, gleichzeitig die Anwendung von Qualitätssicherungs- und -entwicklungsmaßnahmen fördern. Besondere Beachtung soll dabei der Evaluationsforschung als Instrument der Qualitätssicherung und -entwicklung zukommen. Schließlich kann diese Studie neben dem Anstoß zu Evaluationsstudien auch als Anregung für weitere qualitative Studien, wie z.B. die empirische Analyse von Qualitätsanforderungen aus der Klienten- oder Auftraggeberperspektive, sowie als Grundlage für eine Modell- und Hypothesenformulierung betrachtet werden, die in quantitativen Studien zu überprüfen ist. So möchte diese Arbeit nicht nur dem Anspruch eines hohen Praxisbezuges genügen, sondern weitere Forschung im Coaching-Bereich anregen.

1.2 Gesamtaufbau der Arbeit

Im theoretischen Teil der Arbeit (Kapitel 2) wird zunächst der Untersuchungsgegenstand "Coaching" (vgl. Kapitel 2.1 – Kapitel 2.4) differenziert beleuchtet. Angefangen von der dieser Arbeit zugrunde gelegten Begriffsdefinition über die Besonderheiten externen Coachings bis hin zu Abgrenzungen gegenüber den Interventionsmaßnahmen psychologische Beratung, Psychotherapie und Supervision wird eine Einführung in das Verständnis und in die Charakteristika der Maßnahme gegeben. Im Anschluß wird der Frage nach einer adäquaten Indikation für Coaching nachgegangen und aus der Perspektive der direkt und indirekt involvierten Parteien die Indikations- bzw. Auftragsklärung dargestellt, bevor die logische Struktur i.S. eines idealtypischen Coaching-Prozesses aufgezeigt und auf mit dem Prozeß verbundene Probleme verwiesen wird. Schließlich werden Qualifikationsanforderungen an den externen Coach beschrieben, die Relevanz der Formulierung von Qualifikations- und Ausbildungsstandards verdeutlicht und Funktionen von Professionsgemeinschaften im Hinblick auf die Professionalisierung und die Entwicklung einer gemeinsamen professionellen Orientierung nachvollzogen.

In dem letzten Abschnitt des theoretischen Teils (vgl. Kapitel 2.5) wird auf die Entwicklung von gegenstandsangemessenen Qualitätskonzepten eingegangen. Ausgehend von einer allgemeinen Einführung in die Qualitätsdiskussion im Dienstleistungsbereich und der Darstellung der Besonderheiten von Qualitätsformulierungen für coaching-nahe Bereiche (wie z.B. Beratung, Supervision etc.) werden für Coaching formulierte oder auf Coaching übertragbare Qualitätskriterien und Qualitätssicherungs bzw. -entwicklungsmaßnahmen beschrieben. In Überleitung zu dem empirischen Teil der Arbeit schließt der theoretische Teil mit der Konkretisierung der Zielsetzung und Fragestellung dieser Untersuchung (vgl. Kapitel 2.6).

In dem Eröffnungskapitel des methodischen Teils (vgl. Kapitel 3) erfolgt eine Einführung in die qualitative Sozialforschung. Geschildert werden Grundsätze qualitativer Forschung, in die die Datenerhebungs- und Auswertungsmethode eingeordnet werden können. Außerdem werden formale und anwendungsfeldbezogene Charakteristika der Datenerhebungsmethode dieser Untersuchung vorgestellt.

In Kapitel 4 wird der praktische Teil des empirischen Vorgehens beschrieben. Aufbau des Interviewleitfadens, Ablauf des Interviews, Rekrutierung und Beschreibung der Stichprobe sowie die Beschreibung der praktischen Interviewdurchführung werden hier aufgezeigt.

Im Anschluß daran folgt in Kapitel 5 die Darstellung der Aufbereitung und Auswertung des gewonnen Datenmaterials. Dazu wird das für diese Untersuchung angewandte und modifizierte Auswertungsverfahren und der Auswertungsablauf detailliert beschrieben. Das Kapitel schließt mit der Geltungsbegründung der Untersuchung durch die Diskussion qualitativer Gütekriterien für diese Untersuchung.

Beinhaltet Kapitel 6 die Darstellung der Einzelergebnisse nach den Hauptkategorien, werden in Kapitel 7 zunächst die Ergebnisse der inhaltsanalytischen Auswertung den Qualitätsdimensionen der Struktur-, Prozeß- und Ergebnisqualität zugeordnet bevor sie entlang der Forschungsfragen zusammenfassend interpretiert und diskutiert werden. Schließlich werden in Form eines Ausblicks Anregungen zu weiterer Qualitätssicherung bzw. -entwicklung im Coaching-Bereich gegeben sowie zukünftige Forschungsmöglichkeiten aufgezeigt. Hierbei wird besonders auf ein praxisnahes Konzept der Evaluationsforschung verwiesen, das als Qualitätsentwicklungsverfahren für den Coaching-Bereich geeignet erscheint.

2 Theoretische Grundlagen

2.1 Coaching

Diese Arbeit bezieht sich auf das *Einzelcoaching durch einen externen Coach.* Im Folgenden wird eine allgemeine Begriffsdefinition für Coaching gegeben, bevor auf Besonderheiten des Einzelcoachings durch einen externen Coach im Kontext anderer Coaching-Varianten und Formen des Einzelcoachings eingegangen wird. Schließlich werden durch eine Abgrenzung zu den Interventionsmaßnahmen psychologische Beratung, Psychotherapie und Supervision charakteristische Merkmale des Coachings herausgestellt und dessen Anwendungsbereich verdeutlicht.

2.1.1 Einführung und Begriffsklärungen des Coachings

Bezeichnet Coach im Englischen in seiner ursprünglichen Bedeutung die "Kutsche", den "Kutscher", erlangte der Begriff als fachliche und psychologische Betreuung von Sportlern ein hohes Maß an Popularität (Bayer, 1995a; Böning, 1994; Schreyögg, 1995a). Coaching wurde in diesem Sinne in den USA auf den betrieblichen Bereich übertragen, worunter zunächst ein entwicklungsorientiertes Führen der Mitarbeiter durch den unmittelbaren Vorgesetzten verstanden wurde. Einen Bedeutungszuwachs erfuhr Coaching mit der Übernahme des Begriffes in Deutschland Mitte der 80er Jahre: Coaching wurde zu einer Beratungsmaßnahme für Top-Manager durch externe Berater. Es folgte eine Phase der Rückintegration in die Unternehmen als Beratungsleistung von organisationsinternen Beratern, die i.d.R. Mitglieder der Personalentwicklungsabteilung sind. Schließlich erlangte Coaching den Status eines Modeartikels, der zu einem inflationären Gebrauch des Begriffes führte und als imagebildendes Etikett für die unterschiedlichsten Vorgehensweisen unterschiedlichster Anbieter herangezogen wurde (Böning, 1994).

Problematische Konsequenzen einer mangelnden Begriffseindeutigkeit liegen darin, nahezu jede Form von Training, Beratung, Instruktion, Schulung als Coaching zu bezeichnen. „Wer heute von Coaching spricht, ist mithin gewissermaßen verpflichtet, vollständig zu erklären, welche Form von beraterischer, instruierender, begleitender Interaktion bzw. welche Art von Tätigkeit eigentlich gemeint ist“ (Looss, 1999, S. 106). Die damit verbundenen Probleme sind offensichtlich: Sowohl auf fachlicher Seite als auch auf seiten der Nutzer besteht Unsicherheit und Verwirrung, in welcher Situation und für welche Problemlage welche Variante von Coaching eingesetzt werden soll (Looss, 1997).

Vor dem Hintergrund vieler möglicher Begriffsdefinitionen zahlreicher Veröffentlichungen von Coaching-Anbietern, wird für diese Arbeit eine Begriffsdefinition (Rauen, 1999) zugrunde gelegt, die umfassend und gleichzeitig prägnant das Charakteristische des Coachings erfaßt.

Coaching ist:

- ein *personenzentrierter Beratungs- und Betreuungsprozeß*, der berufliche *und* private Inhalte umfassen kann und *zeitlich begrenzt* ist, (keine „Rat-Schläge", sondern individuelle Prozeß-Beratung im Sinne einer auch präventiven Hilfe zur Selbsthilfe und zur Selbstverantwortung)
- auf der Basis einer tragfähigen und durch *gegenseitige Akzeptanz* gekennzeichneten *Beratungsbeziehung* in mehreren *freiwilligen* und *vertraulichen* Sitzungen abgehalten wird, (d.h. der Klient wünscht Coaching freiwillig von sich aus, und der Coach sichert ihm absolute Diskretion zu)
- für eine *bestimmte Person* [Gruppen-Coaching: für eine *genau definierte Gruppe* von Personen] mit Managementaufgaben,
- durch einen [oder mehrere] Berater mit *psychologischen* und *betriebswirtschaftlichen Kenntnissen* sowie *praktischer Erfahrung* bezüglich der thematischen Problemfelder, (um die Situation des Klienten fundiert einschätzen und ihm qualifiziert helfen zu können)
- der auf der Basis eines ausgearbeiteten *Coaching-Konzeptes* agiert (um dem Klienten gegenüber sein Vorgehen und die verwendeten Interventionen erklären zu können und somit transparent und bewußtseinsfördernd zu arbeiten)

  (vgl. Beckermann & Unnerstall, 1990, S. 26, zit. nach Rauen, 1999)

Ziel ist immer die (Wieder-)Herstellung und/oder Verbesserung der *Selbstregulationsfähigkeiten* des Klienten, d.h. der Coach muß den Klienten derart beraten bzw. fördern, daß dieser den Coach nicht mehr benötigt.

Abbildung 1: Begriffsdefinition von Coaching (Quelle: Rauen, 1999, S. 64; Hervorhebungen im Original)

Wird Coaching als Prozeßberatung (Schein, 1987) verstanden, sollen an dieser Stelle wesentliche Charakteristika der Prozeßberatung, die keine spezielle Technik, sondern eine „generelle Philosophie des Helfens" (Fatzer, 1992, S. 116) darstellt, skizziert werden. Charakteristisch ist, daß bei dem Klienten ein Problembewußtsein vorliegt, aber weder Ursache noch Lösung formuliert werden können. Während des diagnostischen Prozesses nimmt dieser aktiv teil, bestimmt die Interventionsformen mit und behält während des gesamten Beratungsprozesses die volle Problemverantwortung. In einer Subjekt-Subjekt-Beziehung zwischen Berater und Klient wird eine diskursähnliche Kommunikationsstruktur etabliert, innerhalb derer Wahrheit nicht aufgrund fachlicher Expertise, sondern konsensual hergestellt wird (Gebert, 1995). Zur Problemlösung hilft der Prozeßberater, Prozesse zu steuern, die Ressourcen des Klienten zu entwickeln und neue Wahl- und Gestaltungsmöglichkeiten zu eröffnen. Dadurch werden Lern- und Erfahrungsbildung sowie Hilfe zur Selbsthilfe des Klienten gefördert.

2.1.1.1 Einzelcoaching als externes Coaching

Gilt die Begriffsdefinition für unterschiedliche Varianten von Coaching, die in Abbildung 2 dargestellt sind, bezieht sich diese Arbeit auf das Einzelcoaching durch einen externen Coach. Auf weitere Ausführungen von Gruppen-, System- und Projektcoaching wird nicht eingegangen (siehe dafür Böning, 1990, 1994; Doppler & Lauterburg, 1995; Rauen, 1999; für kritische Stimmen siehe z.B. Looss, 1997, S. 154ff.).

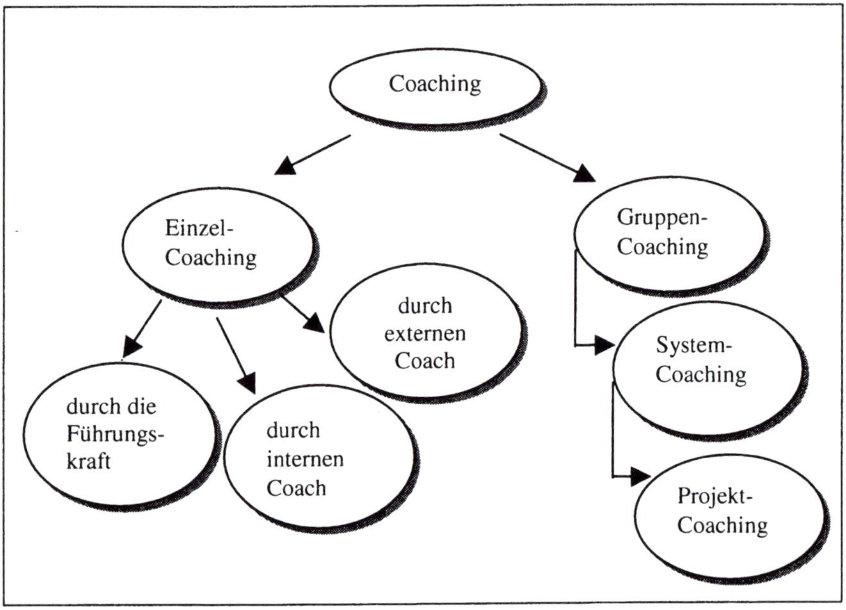

Abbildung 2: Systematisierung der unterschiedlichen Coaching-Varianten (Quelle: Eigene Darstellung in Anlehnung an Roth et al., 1995)

Bei einem *Einzelcoaching* geht es in einer Zweierinteraktion generell darum, an der methodischen Kompetenz im Umgang mit Führungsaufgaben oder fachlichen Aufgabenstellungen sowie der individuellen Weiterentwicklung, der Kompetenz im Umgang mit sich selber, zu arbeiten. Es gilt, „Veränderungs- und Selbsterkenntnisprozesse zu ermöglichen, durch Erweiterung der Selbstwahrnehmung das eigene Verhalten durchschaubar zu machen" (Rückle, 1992, S. 29). Eine Atmosphäre von Diskretion und eine neutrale Haltung des Coaches bieten dem Klienten unverzerrte Kommunikationsmöglichkeiten. War zunächst das Top-Management Zielgruppe, wird Coaching mittlerweile auch von der mittleren und unteren Führungsebene, im Non-Profitbereich sowie von Freiberuflern (Schreyögg, 1995a) nachgefragt.

In Abgrenzung zu dem internen Coaching, bei dem der Coach ein Mitglied der Personalabteilung ist, und zu Coaching durch die vorgesetzte Führungskraft, ist der externe Coach selbständig bzw. als Angestellter einer Unternehmensberatung tätig. Dieses, in Deutschland ursprüngliche Verständnis von Einzelcoaching, wird bis heute von hochrangigen Führungskräften bevorzugt. Die externe Position des Coaches gewährleistet dem Klienten eine maximale Intimität der Beratung (Schreyögg, 1995a), die die nötige Offenheit auf seiten des Klienten ermöglicht (Böning, 1990). Im Vergleich zu einem Coaching durch die Führungskraft, deren Bezeichnung als "Coaching" in der Literatur kontrovers diskutiert wird (vgl. Bayer, 1995a; Looss, 1997; Schreyögg, 1995a), ist in dem externen Coaching die Voraussetzung einer Nicht-Betroffenheit des Coaches (Jung, 1991) erfüllt.

Durch seine exzentrische Position ist besonders der externe Coach als Klärungshelfer für innere Verstrickungen, als sozialer Spiegel für Verhaltensweisen, Einstellungen, Gefühle und Gedanken des Klienten, als Diskussionspartner und nicht zuletzt als Sparringspartner für die Erprobung neu gelernter Verhaltensweisen (Roth et al., 1995) geeignet. Unbefangener als der interne Coach kann er neue Deutungs- und Handlungsmuster anbieten (Schreyögg, 1995a).

Können von dem internen Coach nur solche Coachings durchgeführt werden, die i.S. „(...) des unternehmensorientierten Verwertungsinteresses auf die Wiederherstellung oder Steigerung der Leistungsfähigkeit und Qualifikation angelegt sind“ (Looss, 1997, S. 201), kann der externe Coach aufgrund seiner Position zunächst die gesamte Spannbreite beratungsrelevanter Themen und Arbeitsformen abdecken (vgl. Abbildung 3). Dazu bedient er sich nach Böning (1990) des ganzen Spektrums der professionellen Gesprächsführung, Beratung und Therapie, das der Einstellungs- und Verhaltensänderung von Menschen und Systemen förderlich ist. Im Vergleich zum Vorgesetzten und dem internen Coach wird er nicht durch organisationsstrukturelle Bedingungen in seiner Neutralität angezweifelt. Die Gefahr einer „Beziehungskonfusion“ (Looss, 1997, S. 149) ist nicht, wie bei einem Coaching durch den Vorgesetzten, von vornherein gegeben.

Besonders geeignet ist der systemfremde externe Coach dann, wenn viel Wert auf Intimität und Geheimhaltung gelegt wird, wie z.B. bei der Bewältigung von Krisen oder wenn innovative Entwicklungen initiiert werden sollen (Schreyögg, 1995a). Dies wird auch durch eine derzeitige Tendenz, wie internes und externes Coaching in Unternehmen eingesetzt wird, wiedergespiegelt. Im externen Coaching werden besonders fachübergreifende und persönliche Probleme thematisiert, im internen fachliche und persönliche Probleme des betrieblichen Alltags (Weßling et al., 1999).

Abbildung 3 gibt die Spannbreite des Handlungsspektrums des externen Coaches im Vergleich zu anderen Formen des Einzelcoachings und zu anderen Arbeitsformen wieder (für die Abgrenzung zur Psychotherapie siehe Punkt 2.1.2.2).

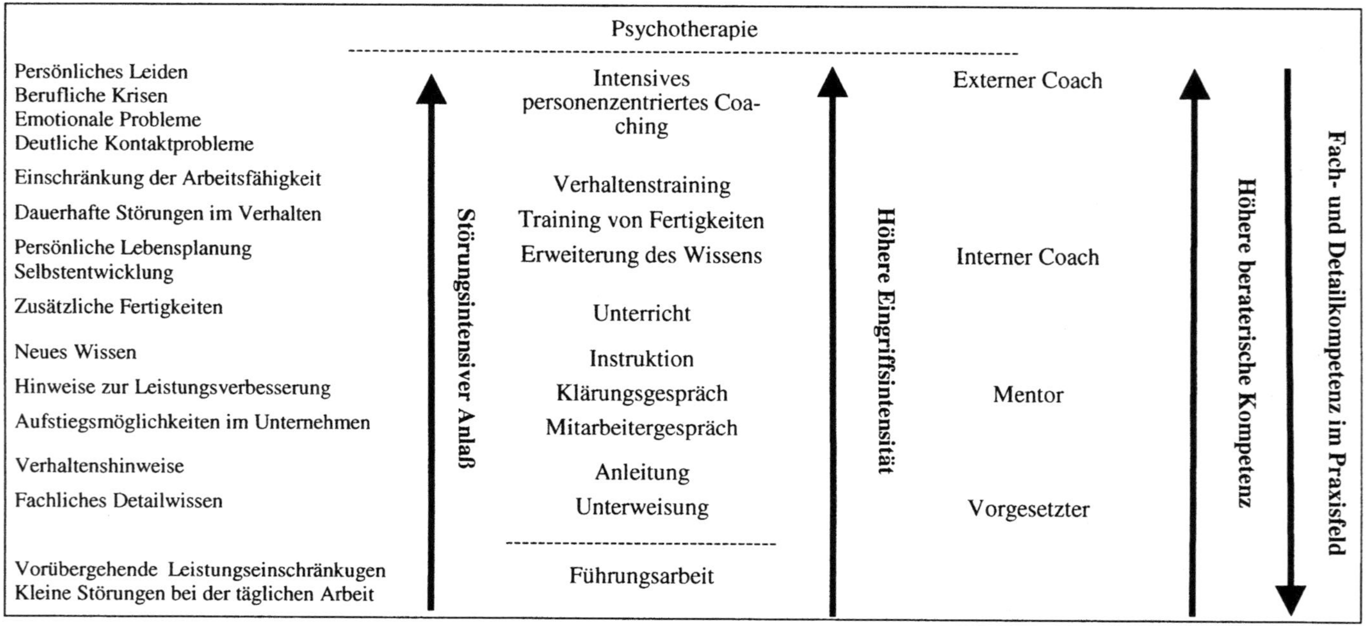

Abbildung 3: Themen, Arbeitsformen und Ausübende von Beratungen im beruflichen Kontext (Quelle: Looss, 1997, S. 146)

Konnte bisher gezeigt werden, was unter Coaching und insbesondere unter Einzelcoaching durch einen externen Coach verstanden wird, so soll im folgenden Abschnitt Coaching auf konzeptioneller Ebene in Abgrenzung zu anderen Interventionsmaßnahmen verdeutlicht werden.

2.1.2 Abgrenzungen zu anderen Interventionsmaßnahmen

Coaching wird oftmals mit anderen therapeutischen oder beraterischen Maßnahmen in Verbindung gebracht. In Gegenüberstellung zu psychologischer Beratung, Psychotherapie und Supervision werden Ähnlichkeiten und Unterschiede hinsichtlich der Dimensionen Thematik, Zielgruppe, Interventionsmethoden und/oder Indikationsbereich herausgearbeitet.

2.1.2.1 Coaching vs. psychologische Beratung

Coaching wird fast durchgängig als Beratung bezeichnet, wenn nicht sogar explizit als psychologische Beratung (Böning, 1990; Hauser, 1991) tituliert. Unter psychologischer Beratung werden unterschiedliche Tätigkeiten subsumiert, deren Gemeinsamkeit in dem Anspruch liegen, auf spezifische Weise zu einer Optimierung von menschlichem Verhalten und Erleben beizutragen (Heil & Scheller, 1984). Zur Spezifizierung des Selbstverständnisses psychologischer Beratung läßt sich die in den USA gebräuchliche Differenzierung in *guidance*, *consultation* und *counseling* heranziehen (Heil & Scheller, 1984).

Durch das ursprüngliche Verständnis von psychologischer Beratung als *guidance* i.S. einer Vermittlung von Sachinformationen (u.a. im beruflichen Sektor) entsteht eine Nähe zur Expertenberatung (Schein, 1993), die für das prozeßhaft angelegte Coaching nicht charakteristisch ist.

Wird Beratung als *consulting* verstanden, ist der Klient z.B. ein anderer Berater, dem Kompetenzen vermittelt werden (vgl. Supervision, Punkt 2.1.2.3), oder ein bestimmter Funktionsträger (z.B. Führungskräfte), der für die personenbezogene Aufgabenerfüllung qualifiziert wird. Dabei bringt der Berater psychologische Perspektiven in den kontextspezifischen Systemzusammenhang ein. Dies gelingt um so besser, „(...) je vertrauter dem jeweiligen Berater auch diese außerhalb seines Faches liegenden Systemzusammenhänge sind“ (Heil & Scheller, 1984, S. 405). Damit entsteht eine Parallele zum Coaching. Klienten mit Personalverantwortung werden Kompetenzen für die Ausführung ihrer beruflichen Rolle vermittelt, was sich in der oft beschriebenen Nähe zwischen Coaching und Supervision widerspiegelt (Butzko, 1993; Doppler, 1992; Looss, 1997; Schreyögg, 1995a). Das Einbringen psychologischer Perspektiven in einen betriebswirtschaftlichen Kontext und das geforderte Wissen um kontextspezifische Zusammenhänge findet sich in den Qualifikationsanforderungen an den Coach wieder (vgl. Kap. 2.4).

Die dritte Funktion der Beratung i.S. des *counseling* fassen Heil & Scheller (1984) „(...) als eine freiwillige, personenbezogene Auseinandersetzung zwischen einem ausgebildeten Berater und einem Ratsuchenden mit spezifischen Erziehungs-, Ausbildungs-, Berufs- oder sonstigen persönlichen Anpassungsproblemen im alltäglichen Lebensvollzug" (S. 392) zusammen. In der prozeßhaft angelegten Interaktion werden Person und Umwelt reflektiert sowie Ziele und Werthaltungen überdacht und entwickelt. Der Berater benötigt hierzu Wissen um psychologische Grundlagen und Mechanismen der vorgebrachten Probleme sowie methodisches Änderungswissen. Bei dieser Art psychologischer Beratung steht die Reflexion bzw. Klärung im Mittelpunkt. Auch im Coaching befaßt sich der Klient mit Lernwünschen, Frage- und Problemsituationen, die ihm aus der Handhabung seiner beruflichen Rolle erwachsen, wobei Werte, Ziele und Handlungen reflektiert werden (Looss, 1997; Schreyögg, 1995a).

Anders als die Psychotherapie ist die Beratung durch die Betonung des präventiven Aspekts und der Entwicklungsförderung in einem pädagogisch-psychologischen Bereich anzusiedeln (Heil & Scheller, 1984). Das Ziel der Kompetenzförderung bzw. -entwicklung entspricht dem des Coachings, wenn es darauf ausgerichtet ist, „Gutes noch besser zu machen" (Schuppert, 1991). Für eine Beratung sollte der Klient hinreichend modifizierbar sein, d.h. offen, interessiert und bereit, Überzeugungen, Verhaltensmuster, Pläne zu revidieren, während die beraterische Situation nicht von einem ausgeprägten Leidensdruck des Klienten überlagert ist und gestörte Persönlichkeitsausschnitte nicht fokussiert werden (Dietrich, 1983). Beratung versteht sich als „(...) Angebot an ein zur Selbststeuerung und Selbsthilfe fähiges Individuum (...)" (Heil & Scheller, 1984, S. 407). So sind auch im Coaching Selbsthilfe- und Selbststeuerungsfähigkeit des Individuums zwar förderungswürdig, aber noch funktionsfähig (Rauen, 1999).

Als präventive Maßnahme stellt Beratung die allgemeinere Maßnahme dar, die von einer Psychotherapie als spezifischere ergänzt werden kann. Übergänge werden als fließend betrachtet und Unterschiede sind eher quantitativer denn qualitativer Art (Heil & Scheller, 1984). Beratung und Therapie können als „Pole einer Dimension" (Hilke & Aschenbach, 1985, S. 24) verstanden werden. Ist Beratung für akute Schwierigkeiten, die subjektiv belastend und als schwer lösbar empfunden werden, geeignet, wird eine Therapie dann erforderlich, wenn die Probleme chronisch geworden sind, sich der Problemdruck zu einem Leidensdruck und die Schwerlösbarkeit zu einer subjektiven Unlösbarkeit gesteigert hat (Dietrich, 1983). Ähnliches gilt für Coaching, wenn es seine Grenze zur Psychotherapie, in der, wie Bayer (1995a) es beschreibt, „seelischen Problemtiefe" (S. 97) findet. Schließlich hält G. Wolf (1990) fest: „Coaching schöpft die Möglichkeiten des Verhaltens und der Erfahrung aus, bevor eine Therapie (...) beginnt"(S. 30).

Dem Beratungsverständnis von Scheller (1991) folgend, ist der Beratungsprozeß durch Offenheit in bezug auf Zielformulierungen charakterisiert. Sich nicht auf vorher fixierte Ziele festzulegen, verhilft dem Ratsuchenden zu neuen Erfahrungen, neuen Zielen und Vorstellungen. Hier ist das Coaching zielorientierter konzipiert, wenngleich Zielveränderungen im Laufe des Prozesses berücksichtigt werden. „Coaching ist (...) nicht so völlig prozeßorientiert wie die pädagogisch-psychologisch praktizierten Beratungen, es folgt einem deutlichem Zielbezug“ (Looss, 1990, S. 32). Diese finale Orientierung läßt sich mit Looss (1997) als eine Anpassung des Coachings an die Zielgruppe und an die im Management üblichen Denkweisen beschreiben.

2.1.2.2 Coaching vs. Psychotherapie

Coaching bedient sich psychotherapeutischer Interventionsmethoden (Böning, 1990; Hauser, 1991; Rückle, 1992; Schreyögg, 1995a; vgl. Kap. 2.3.5.3), weshalb zuweilen gemutmaßt wird, Coaching sei Psychotherapie, die sich unter einem Decknamen Zugang zu einem zahlungsfähigem Klientel verschafft. Coaching ist aber hinsichtlich der Themen, Indikation, Zielgruppe und Gestaltung deutlich von Psychotherapie – über alle Formen hinweg – abzugrenzen.

Coaching fokussiert primär Fragestellungen und Probleme, die sich aus der Ausfüllung bzw. Gestaltung der beruflichen Rolle und deren Auswirkung auf das individuelle Verhalten und Erleben ergeben (Looss, 1992, 1997). Erst in einem zweiten Schritt werden auch private Probleme thematisiert (Schreyögg, 1995a). Andersherum sieht Schreyögg (1995a) in der Psychotherapie eine konstruktive Hilfe zur Bewältigung beruflicher Fragestellungen aufgrund mangelnder Kenntnisse von spezifischen Wirtschafts- und Managementproblemen als selten gegeben. Die Zielgruppe des Coachings besteht vornehmlich aus Führungskräften, während es in der Psychotherapie in puncto berufliche Tätigkeit keine Einschränkungen gibt.

Eindeutig außerhalb des Indikationsbereiches für Coaching liegen Probleme, für die eine psychotherapeutische Behandlung indiziert ist, wie z.B. Abhängigkeits- und Suchterkrankungen, psychosomatische Störungen, psychotische Störungen, Angstsyndrome, affektive Störungen und Persönlichkeitsstörungen (Looss, 1997; Rückle, 1992; Schreyögg, 1995a; Wahren, 1997). Coaching wendet sich an „Gesunde“ (Rückle, 1992, S. 41), Personen, die sich in „einem akzeptablen Zustand der Stabilität befinden“ (Rückerl, 1990, S. 13), d.h. deren Funktionsfähigkeit, Selbststeuerungsfähigkeit und Handlungskompetenz in einem ausreichenden Maß vorhanden sind. Steht bei der Psychotherapie eine kurative Hilfe, Heilung und die Restitution der Selbststeuerung im Vordergrund, geht es im Coaching um eine Optimierung des Handlungsvermögens, indem Lernprozesse begleitet und strukturiert sowie Handlungsvoraussetzungen des Individuums verbessert werden.

Eine weitere Unterscheidungsmöglichkeit liegt in der im Vergleich zur Psychotherapie geringeren "Tiefung" oder Arbeitsintensität des Coaches (Böning, 1994; Jung, 1991; Looss, 1990, 1997, Rückle, 1992). Im Coaching wird nicht vergangenheitsorientiert die Biographie des Klienten aufgearbeitet, um verdrängte Emotionen und Erfahrungen mit Hilfe von Übertragungen aufzudecken. Coaching wird hierbei jedoch hauptsächlich von der psychoanalytischen Therapieform abgegrenzt. „Die Couch gehört nicht zu dem Handwerkzeug des Coach“ (Jung, 1991, S. 136).

Coaching als Prozeßberatung wahrt die Autonomie des Klienten (Jung, 1991; Looss, 1997). Die Verantwortung bleibt auf seiten des Klienten und Diagnose, Inhalt sowie Ablauf werden gemeinsam mit dem Coach ausgehandelt (Rauen, 1999; G. Wolf, 1990). In der Therapie ist es der Psychotherapeut, der die Verantwortung einer richtigen Diagnose trägt und Inhalt und Ablauf festlegt. Außerdem unterscheiden sich die Interventionsmaßnahmen in zeitlichen und örtlichen Vereinbarungen. Im Coaching ist beides variabel gestaltbar, während in der Psychotherapie eine regelmäßige Zeitstruktur vorgegeben wird und die Sitzungen üblicherweise in der Praxis des Psychotherapeuten stattfinden (Looss, 1997).

Eine Nähe zur Psychotherapie entsteht jedoch im Coaching durch Therapiesequenzen, in denen Erlebnisse des Klienten thematisiert bzw. allgemeine Verhaltensmuster eingeübt werden (Jung, 1991) oder therapeutische Wirkungen i.S. einer Veränderung von Verhaltensmustern, Meinungen, Einstellungen erzeugt werden (Looss, 1990). Eine weitere Gemeinsamkeit liegt nicht nur auf der Ebene der Interventionsmethoden, sondern ebenfalls in der geforderten klientenorientierten Vorgehensweise. Die Gestaltung des therapeutischen Angebotes soll sich nicht mehr nach der methodischen Ausbildung bzw. Schulenzugehörigkeit des Therapeuten richten, sondern nach den Erfordernissen und Möglichkeiten des Klienten (Grawe, 1996). Coaching wird als eine maßgeschneiderte, d.h. auf den jeweiligen Klienten abgestimmte Vorgehensweise verstanden (Hauser, 1991; Schmidt, 1995). „Der Coach muß seine Arbeitsweise (...) auf die des Klienten einstellen; er muß einschätzen können, wann eine direkte Intervention sinnvoll ist oder ob es zunächst angemessener ist, den Klienten an seine eigenen Ressourcen zu führen und so die Eigenmotivation zu aktivieren“ (Rückerl, 1990, S. 13).

2.1.2.3 Coaching vs. Supervision

„In der Supervision werden berufliche Fragestellungen bearbeitet, wobei immer die konkrete Praxis thematisiert und die Erfahrung der Beteiligten berücksichtigt werden. Ziel ist, die berufliche Handlungskompetenz zu verbessern“ (Dorando & Grün, 1995, S. 947).

Wurde Supervision[4] ursprünglich mit dem psychosozialen Bereich als praxisbezogenes beraterisches Begleitinstrument und Weiterbildungsmethode verbunden, nähert sie sich seit Anfang der 80er Jahre als personenbezogene Beratungsleistung Industrie- und Dienstleistungsunternehmen. Supervision ist wie Coaching für „(...) alle Berufsgruppen geeignet, die in hohem Maße mit anderen Menschen in Kontakt kommen, und bei denen die professionelle Handhabung der zwischenmenschlichen Beziehung über Erfolg und Mißerfolg einer Organisation entscheidet" (Butzko, 1993, S. 67).

War Coaching im unternehmerischen Kontext zunächst anschlußfähiger als die mit dem psychosozialen Bereich assoziierte Supervision, weist es bzgl. des Settings, der Thematik und des prozeßorientierten Vorgehens hohe Ähnlichkeit zur der Einzelsupervision auf. Eine Differenzierung wäre nach Doppler (1992) demnach eher auf einer sprachlichen Ebene zu sehen. Aufgrund der verschiedenen Traditionen sind jedoch die konzeptionellen Orientierungen anders akzentuiert: Coaching betont die Eingebundenheit des Einzelnen in den organisatorischen Kontext, womit in der konzeptionellen Fundierung Managementkonzepte und organisationstheoretische Ansätze psychologischer und soziologischer Art deutlicher als bei der auf psychotherapeutischen Modellen beruhenden Supervision eine Rolle spielen (Schreyögg, 1997). Gemeinsam ist jedoch trotz unterschiedlicher Fundierung die Vorstellung eines integrativen Modellansatzes bei gleichzeitig hoher Theorien- und Methodenvielfalt (vgl. Kap. 2.3.5.1).

Klare Unterschiede bestehen bzgl. vorgezeichneter Ausbildungswege, die im Coaching nicht existieren (vgl. Kap. 2.4). Supervision wird außerdem nicht wie Coaching als Führungsaufgabe des Vorgesetzten ausgelegt (Dorando & Grün, 1995; Hartge, 1993) und ist zeitlich tendentiell länger als Coaching angelegt (Hartge, 1993), bei dem sich ein Erfahrungswert von zehn Sitzungen gebildet hat (Looss, 1999). Insgesamt vergleicht Hartge (1993) Supervision mit einer „längeren, gemeinsamen Suchbewegung" (S. 46), während Coaching eher auf eine Problemlösung zusteuere.

2.1.3 Zusammenfassung

Externes Coaching, so konnte herausgestellt werden, ist nicht nur die am weitesten verbreitete Form der Varianten, sondern eröffnet die größten Handlungsspielräume (vgl. Abbildung 3) und stellt gleichzeitig die höchsten Anforderungen an die Qualifikation des Coaches. Coaching stellt eine Interventionsmaßnahme dar, die nicht vollständig mit Hilfe anderer Maßnahmen wie Supervision, Psychotherapie oder psychologische Beratung abgedeckt

[4] Für eine ausführlichere Darstellung der historischen Wurzeln der Supervision, ihrer Ursprünge in der amerikanischen Sozialarbeit sowie ihrer Entwicklung in Deutschland von der Einzel- bis zur Organisationssupervision siehe Schreyögg (1995a, S. 58ff.), Butzko (1993, S. 64ff.), Rappe-Giesecke (1999, S. 27ff.).

werden kann, wenngleich Überschneidungen aufgezeigt werden konnten. Auch wenn es auf konzeptioneller Ebene noch keine verbindliche Fundierung gibt und Coaching für den einzelnen Coach konzeptionell ausdeutungsfähig bleibt, kann es aufgrund seiner Schnittstellenposition zwischen psychologischer Beratung, Psychotherapie und Supervision als eigenständige Interventionsform bewertet werden. Aufgrund welcher Anlässe Coaching in der Praxis nachgefragt wird und welche Aspekte bei der Indikationsfrage von seiten der einzelnen am Coaching direkt oder indirekt beteiligten Parteien dabei berücksichtigt werden, wird im folgenden Kapitel aufgeführt.

2.2 Indikation für Coaching

Zunächst wird ein Einblick in die Vielfalt möglicher Anlässe, die einen Coaching-Bedarf auslösen, gegeben, bevor auf Dimensionen bzw. Problemtypen eingegangen wird, die für den Einsatz eines Coachings sprechen. Coaching anlaßadäquat einzusetzen, ist bereits ein „Qualitätsmerkmal des Coachings“ (Looss, 1999, S. 118). Im Weiteren werden Auftragsklärungsprozesse sowie Voraussetzungen des Klienten und des Unternehmens beschrieben.

2.2.1 Systematisierung der Anlässe von Coaching

Anlässe für Coaching weisen eine hohe Vielfalt und große Bandbreite auf. Der umfassenden Systematisierung nach Schreyögg (1995a, S. 72ff., 1995b, S. 225ff.) folgend werden sie in die Bereiche berufliche *Krisen* und *Verbesserungswünsche*[5] von beruflichen Aktivitäten (i.S. einer Erweiterung oder Intensivierung) differenziert. Beide Bereiche lassen sich nochmals nach individuellen und kollektiven Anlässen unterteilen, woraus sich die folgende Darstellung ergibt (vgl. Tabelle 1).

[5] An anderer Stelle verwendet Schreyögg (1995b) die Formulierung „Suche nach mehr Selbstmanagement“ (S. 238), worunter Wünsche nach mehr beruflicher Selbstverwirklichung verstanden werden.

Krisen	
Individuelle	Kollektive
Akute Krisen aufgrund: • Persönlicher Faktoren • Situativer Faktoren • Kombinierter Faktoren Schleichende Krisen: • Berufliche Deformation • Job-Stress • Burn-out • Mobbing	• Ökonomische Krisen • Krisen durch Umstrukturierung • Organisationskulturelle Krisen • Krisen bei der Fusion von zwei Systemen • Krisen durch politische Veränderungen (z.B. Globalisierung)
Verbesserungswünsche	
Individuelle	Kollektive
• Flexibilisierung des Coping • Erweiterung von Managementkompetenzen • Karriereberatung • Rollenberatung	• Etablierung von Qualitätszirkeln • Entwicklung neuer Angebotsstrukturen • Implementierung neuerer Führungskonzepte

Tabelle 1: Systematisierung der Anlässe von Coaching (Quelle: Eigene Darstellung in Anlehnung an Schreyögg, 1995a, S. 72ff., 1995b, S. 225ff.).

Ohne im speziellen auf die einzelnen Anlässe einzugehen (siehe Schreyögg, 1995a, S. 72ff., 1995b, S. 225ff.), ermöglicht Coaching eine Unterstützung bei der Bewältigung von individuellen bzw. kollektiven krisenhaften Anlässen. Der Krisenbegriff wird nach Ulich (1987) nicht nur als eine Bedrohung, sondern als „(...) eine Aufforderung zu neuen Handlungen, die den Keim einer neuen Organisation in sich tragen könnte" (S. 6) verstanden. Analog zu dem Krisenkonzept von Riegel (1977) wird hier die entwicklungsfördernde Funktion betont und der Fokus zur konstruktiven Überwindung der Krise auf den Aufbau neuer Kompetenzen, Fertigkeiten gerichtet (Brandtstädter, 1982). „Und zur Unterstützung solcher Prozesse ist Coaching hervorragend geeignet" (Schreyögg, 1995a, S. 73). Anderseits dient Coaching in saturierten Phasen mit "präventiver Funktion"[6] der persönlichen Entwicklung im Rahmen individueller oder kollektiver Entwicklungswünsche. So möchte z.B. die

[6] Zur Begriffsklärung wird die Bedeutung der in der Coaching-Literatur häufig verwendeten Bezeichnungen "defizitorientiertes" bzw. "präventives" Coaching mit bezug zu der psychologischen Präventionsforschung geklärt. Beide Formen sind als präventiv i.S. einer Störungsverhinderung zu bezeichnen. Entspricht ersteres der *begleitenden Prävention* (Filipp & Gräser, 1982), in der der aktuelle Problembewältigungsprozeß unterstützt wird, kann "präventives Coaching" mit der *vorbereitenden Prävention* (Filipp & Gräser, 1982) verglichen werden, in der allgemeine Bewältigungskompetenzen aufgebaut werden.

Führungskraft ihre Managementkompetenzen weiter ausbauen, ihre Bewältigungsstrategien flexibilisieren bzw. erweitern oder ihre weitere berufliche Entwicklung in Bezug zu ihren Interessen und Potentialen reflektieren. Pointiert kennzeichnet Rauchfuß (1997) das Anliegen bzw. Ziel des Klienten durch zwei Pole: „Suche nach Erweiterung (...) und Suche nach Verringerung (...)“ (S. 31). Aus der Perspektive des Unternehmens spiegeln beide Anlaßgruppen einen unterschiedlich hohen Handlungsbedarf wider. Besteht bei krisenhaften Anlässen ein dringlicher Interventionsdruck, erfordert die Finanzierung der Verbesserungswünsche einen gewissen Reifegrad und resultiert aus der Erfahrung, daß Coaching als wirkungsvolles Personalentwicklungsinstrument nicht nur bei wahrnehmbaren Problemen sinnvoll einsetzbar ist (Looss, 1999). Zumeist wird in den Unternehmen noch das "defizitorientierte" Coaching eingesetzt. Kahrass (1998) unterscheidet explizit: „Klassisches Coaching ist eher reaktiv, präventives Coaching ist eher proaktiv“ (S. 14).

2.2.2 Anlaßadäquate Indikation[7]

Bei der Vielzahl möglicher Anlässe für Coaching erscheint es für die Praxis sinnvoll, Coaching anlaßadäquat einzusetzen, um durch einen beliebigen Einsatz, dessen Wert nicht zu schmälern. Im Folgenden werden unterschiedliche Dimensionen bzw. Problemtypen dargestellt, die bei der Frage berücksichtigt werden können, ob ein Coaching bei einem bestimmten Anlaß eine sinnvolle Maßnahme darstellt oder der Einsatz einer anderen Maßnahme geeigneter ist. Beachtung finden sollte das Ausmaß des Leidensdrucks bzw. die persönliche Involviertheit des Klienten sowie die Frage, welche Lernfelder (Art des Aufgaben-Lernens bzw. des Persönlichkeits-Lernens) fokussiert werden. Schließlich läßt sich ein Problemtyp, der den Einsatz einer Coaching-Maßnahme nahelegt, als Rollenschwierigkeit darstellen.

Als Faustregel gilt: Coaching, als Lernaktivität mittlerer Intensität, sollte solchen individuellen Problemen vorbehalten sein, bei denen ein mittlerer Leidensdruck besteht (Looss, 1997). Die Lernaktivität betrifft neben dem Denken auch Werte, emotionale Komponenten und/oder den Umgang mit anderen. Ist also die Person in stärkerem Ausmaß i.S. eines „persönlich bedeutsamen Lernens“ (Looss, 1997, S. 163) involviert, ist Coaching eine geeignete Maßnahme. Nur auf diese Weise lassen sich neue Deutungsmuster in bisherige integrieren (Schreyögg, 1995a), denn „Sachgespräche über Themen, die mit ihrem persönlichen Erleben nicht in Beziehung stehen, könnten Klienten ja auch bei traditionellen Schulungsseminaren führen“ (ebd., 1995a, S. 175). Weniger intensive Lernaktivitäten bestehen "nur" aus einer kognitiven Wissensaufnahme oder dem Erwerb von Verhaltensfertig-

[7] Die Überschrift gestaltet sich in Anlehnung an: „Anlaßadäquater Einsatz von Einzelberatung“ (Looss, 1999, S. 117)

keiten und machen eine Einzelberatung nicht unbedingt erforderlich, wenngleich sie in eine solche integriert werden können. Geht es um den Erwerb von Fertigkeiten, ist ein Training und zur kognitiven Wissensaufnahme, ein Lehrgang oder eine rein fachliche Beratung angebrachter.

In der Berücksichtigung dessen, wie stark eine Lernerfahrung in die persönliche oder rollenspezifische Identität integriert werden muß, wird auch die kritische Haltung gegenüber dem inflationären Gebrauch des Begriffes "Coaching" für jede instruierende oder trainierende Maßnahme deutlich. Sehr plastisch werden diese Bedenken, wenn die Erklärung des Fotokopier-Gerätes als „Einzelcoaching für operatives Informationsmanagement“ (Looss, 1997, S. 160) bezeichnet wird.

In Anlehnung an Hall (1986) läßt sich der anlaßadäquate Einsatz von Coaching mit Bezug zu unterschiedlichen Lernanlässen verdeutlichen. Lernen fokussiert i.d.R. entweder die Aufgabe oder die Persönlichkeit des Lernenden und vollzieht sich in Zeithorizonten unterschiedlicher Fristigkeit. Daraus lassen sich vier Lernfelder für Führungskräfte entwickeln (vgl. Abbildung 4). Darüber gelegt sind die zu den Lernfelder passenden Formen der helfenden Beziehungen (Instruktion, Coaching, Mentoring), woraus sich die jeweiligen Indikationsbereiche ergeben:

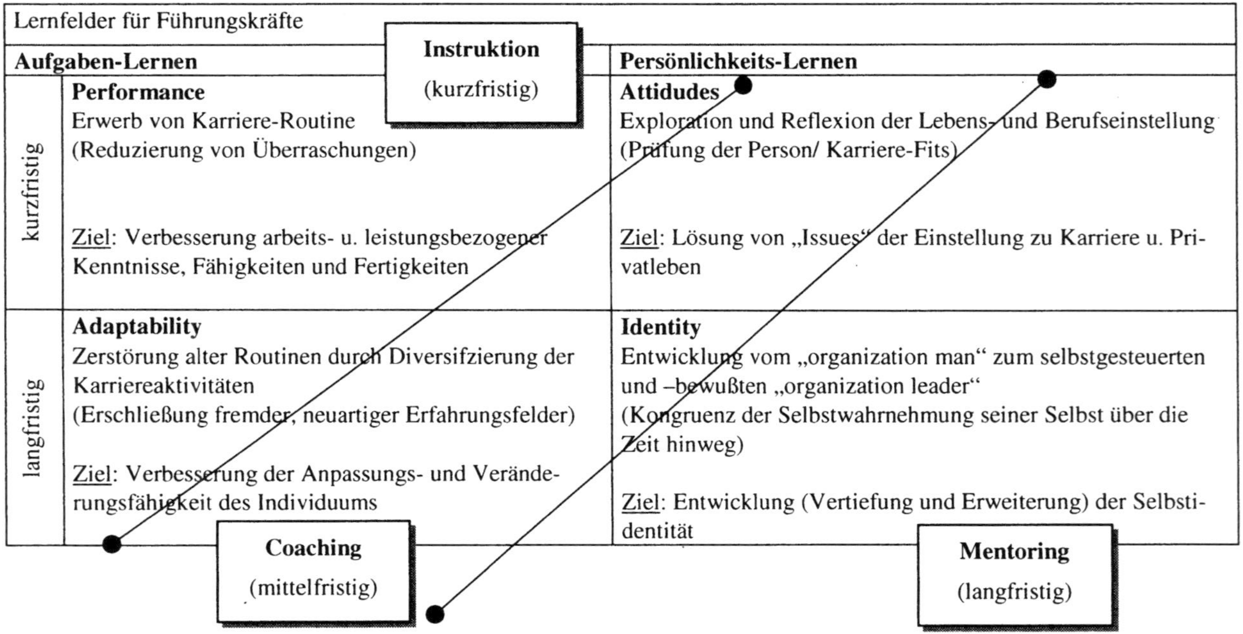

Abbildung 4: Lernfelder für Führungskräfte in Verbindung mit unterschiedlichen Formen der helfenden Beziehung (Quelle: Eigene Darstellung in Anlehnung an Sattelberger, 1996, S. 222f.)

Liegt der Indikationsbereich der Instruktion in konkret anstehenden und aktuell zu lösenden Aufgabenstellungen, ist Mentoring für das langfristige Persönlichkeits-Lernen geeignet, wobei ein lebens- und berufsunerfahrenes Organisationsmitglied von dem Erfahrungswissen eines älteren profitiert. Coaching ist dann sinnvoll, wenn es um die Bewältigung von längerfristig angelegten Aufgaben und der Sicherung von zeit- und kontextunabhängigem Verhalten sowie um kurzfristig angelegtes Persönlichkeits-Lernen innerhalb einer mittelfristig andauernden Maßnahme geht (Rückle, 1992; Sattelberger, 1996).

Relevant wird die Indikationsklärung besonders vor dem Hintergrund unterschiedlicher Problemdefinitions-Ebenen und alternativer bzw. ergänzender Maßnahmen auf dyadischer Ebene bzw. auf Gruppen- oder Organisationsebene. Als personenbezogene Maßnahme steht Coaching häufig unter dem Verdacht, Probleme, die auf der Organisationsebene anzusiedeln sind (z.B. unklare Regelungen, Unklarheiten hinsichtlich von Zuständigkeiten), in die Person zu verlagern, an "Symptomen" zu kurieren und Probleme somit zu individualisieren. Damit, so könnte man unterstellen, sollen dysfunktionale organisatorische Bedingungen oder Abläufe stabilisiert werden bzw. der Einsatz von dafür adäquaten Maßnahmen vermieden werden. Dieses Problem umreißende Begriffe sind „designierter Patient“ (Looss, 1999, S. 119) oder – wie in systemischen Ansätzen – "Symptomträger" (vgl. Butzko, 1993). Looss (1999) leitet daraus Überlegungen für die Problembearbeitung ab: Manifestiert sich eine organisatorische Problemlage im Verhalten eines Rollenträgers, ist sie allein auf der Struktur- und Prozeßebene nicht mehr zu lösen. Coaching sollte nach dem Autor als Beratungsform nur dort eingesetzt werden, wo sich Probleme zu einer persönlichen Rollenschwierigkeit verdichtet haben, die über organisatorische Zugriffe nicht ohne weiteres zu verändern ist, im täglichen Arbeitsvollzug von dem Betroffenen erlebt wird und mit eigenem Aufwand nicht veränderbar ist.

Ist es unter der Perspektive einer adäquaten Indikationsstellung wichtig, Coaching nur dann einzusetzen, wenn die genannten Anlaßbedingungen gegeben sind, werden andere organisatorische Maßnahmen damit nicht automatisch ausgeschlossen. Es geht also nicht um ein "entweder-oder", sondern im günstigsten Fall um eine Verzahnung von personen-, gruppen- und strukturzentrierten Arbeitsformen, also um ein "sowohl-als-auch". Wechselwirkungen zwischen Organisation, Rolle und Person werden auf diese Weise Rechnung getragen. So hält es auch Butzko (1993) für effektiv, wenn im Anschluß an eine Einzelberatung eine Gruppenberatung bzw. ein Teamentwicklungsprozeß folgen würde.

Wird an den Coach ein Auftrag herangetragen, kann er (wie der Supervisor) zur Vermeidung einer individualisierenden Problemverkürzung weitere Perspektiven der Problembeschreibung anbieten. Seine Aufgabe liegt in der „Auffächerung von Komplexität“ der Situation (Rappe-Giesecke, 1999, S. 32). Schmid (1993) spricht in diesem Zusammenhang von „systemintelligenter Personenqualifizierung" (S. 22). Durch die Entwicklung einer Metaperspektive vermeidet es der Coach, Probleme aufgrund eigener Kontextualisierungsgewohnheiten beispielsweise immer auf der individuellen Ebene zu sehen und so andere mögliche Problemdefinitions-Ebenen (strukturelle, kulturelle, fachliche Ebene) zu vernachlässigen. Werden alle Ebenen berücksichtigt, kann das professionelle Handeln je nach Problemfokus darauf abgestimmt werden (Auswahl von Strategien und Methoden) bzw. können andere Experten hinzugezogen werden.

Coaching gerät mit diesen Überlegungen in eine ähnliche „professionelle Paradoxie", wie sie von Rappe-Giesecke (1999, S. 57) für die Supervision dargestellt wird. Wird Coaching nachgefragt, entsteht eine Anfangs-Struktur des *Experten-Modells* (Schein, 1993), wonach der Klient die Indikation zum Coaching vorgibt: Die geeignete Maßnahme scheint Coaching zu sein. Andererseits soll der Coach die richtige Diagnose vornehmen, um zu entscheiden, ob Coaching in dem speziellen Fall in seinen professionellen Zuständigkeitsbereich fällt, womit er wie im *Arzt-Patienten-Modell* in der Verantwortung für die richtige Diagnose steht. Letztendlich gehört es jedoch zum Selbstverständnis des Coaches gemäß des *Prozeß-Beratungs-Modells* zu agieren, also dem Klienten die größtmögliche Verantwortung zu überlassen und ihn bei der Fixierung der Probleme zu involvieren, so daß „(...) die gelieferte Hilfe eine wirkliche Antwort auf seine Bedürfnisse darstellt" (Schein, 1993, S. 411). Ein Umgang mit dieser Paradoxie legt ein Maximum an Transparenz bzgl. der zu beachtenden Dimensionen bzw. Problemtypen nahe, die für den Einsatz der Maßnahme Coaching sprechen.

2.2.3 Anlaßklärung, Kontaktaufnahme und Voraussetzungen des Klienten

Mit Bezug zu der Angemessenheit von Coaching bei einem mittleren Leidensdruck auf seiten des Klienten, geht es generell um Situationen, in denen für die Person erhebliche Veränderungen bevorstehen, gerade stattfinden oder stattgefunden haben. Gleichzeitig ist die Person mit den ihr zur Verfügung stehenden Bewältigungsmöglichkeiten an eine Grenze gelangt. Dieser Zusammenhang läßt sich in dem transaktionalen Streßmodell der psychologischen Streßforschung (Lazarus, 1966) verdeutlichen. Streß bzw. Belastung wird als dynamisches Beziehungskonzept, als aktiver Auseinandersetzungsprozeß zwischen einer Person und ihrer Umwelt aufgefaßt. Belastung entsteht aus einer Diskrepanz zwischen subjektiv wahrgenommenen Situationsanforderungen und individuellen Bewältigungsmöglichkeiten, wobei sich die Einschätzungen gegenseitig beeinflussen (Lazarus & Launier, 1981). Damit verbunden ist eine Anlaßklärung durch die Gegenüberstellung der Art und des Ausmaßes der Veränderungen für den Betroffenen im Vergleich zu dem vorhandenen Bewältigungspotential möglich. Einen Fragenkatalog hierfür bietet Looss (1997, S. 60f.).

Wird Coaching für solche Anlässe definiert, die sich zu einer Rollenschwierigkeit verdichtet haben, dient zur Anlaßklärung folgender Fragenkatalog (vgl. Abbildung 5), auf den die Führungskraft zurückgreifen kann. Ist Coaching als Arbeitsform im Unternehmen bereits implementiert, bietet es sich an, den Anlaß mit Personalverantwortlichen zu klären, die bei vorhandenem Beraternetz zwischen Führungskraft und ausgewählten Coaches vermitteln.

Dauer, Auftretenszeitpunkt, Annahmen über Verursacher:
- Seit wann besteht diese Rollenschwierigkeit, wann ist sie aufgetaucht?
- Warum wird die Rollenschwierigkeit ausgerechnet jetzt zu einem bearbeitungswürdigen Problem?
- Wer oder was hat sie verursacht?

Mit dem Problem verbundene andere Probleme:
- Welches „business-Problem" ist mit dieser Rollenschwierigkeit verbunden?

Bisheriger Umgang mit dem Problem und den damit verbundene Belastungen:
- Wie sind Sie bisher damit zurechtgekommen?
- Welche Belastungen ergeben sich aus Ihrem bisherigen Umgang mit dem Problem für Sie?

Günstige Bedingungen für eine Problemlösung (inkl. der verantwortlichen Personen)
- Was müßte geschehen, damit diese Schwierigkeit verschwindet?
- Wer könnte das veranlassen?

Reflexion über die Veränderungserwartungen durch ein Coaching
- Wie kommt es, daß Sie sich von einem Coaching Abhilfe versprechen?

Alternative Ideen zur Problemlösung
- Angenommen, Coaching wäre noch nicht erfunden, was würden Sie dann tun?

Abbildung 5: Leitfragen zur Anlaßklärung (Quelle: Looss, 1999, S. 127)

In dem sich anschließenden Schritt klärt der Personalentwickler mit dem Coach das Thema, den organisatorischen Hintergrund, die Rolle des Klienten, die Beratungsmethodik und Honorarfragen im voraus. Dem Klienten obliegt die eigentliche Kontaktaufnahme und das Führen von Erstgesprächen mit den vorgeschlagenen Coaches. Kann nicht auf einen solchen Pool von Beratern zurückgegriffen werden, können Kontakte über Empfehlungen von coaching-erfahrenen Personen, durch Veröffentlichungen, über bereits bekannte Trainer oder Moderatoren, die Coaching als Angebot in ihren Leistungen führen, oder über (Beratungs-)Verbände wie z.B. den BDU (Bundesverband Deutscher Unternehmensberater) oder den PID (Psychotherapie-Informations-Dienst) als Wirtschaftsdienst des BDP (Berufsverband Deutscher Psychologen) entstehen.

Eine wichtige Voraussetzung für den Coaching-Prozeß ist die Einsicht des potentiellen Klienten in eine bestimmte Problematik bzw. das Bewußtsein über ein Bedürfnis nach persönlicher Entwicklung (Looss, 1997). Eine weitere ist die Freiwilligkeit des Klienten (Doppler & Lauterburg, 1995; Kubowitsch, 1995; Rückle, 1992) sowie eine Veränderungsbereitschaft, d.h. die Bereitschaft sich während und außerhalb der Coaching-Sitzungen auf Lern- und Klärungsprozesse einzulassen und eigene Wahrnehmungs-, Einstellungs- und Verhaltensmuster kritisch zu hinterfragen, was eine aktive Mitarbeit des Klienten bedeutet (von Sassen & Vogelauer, 1998; Schmidt, 1995). Schließlich bedarf es einer Akzeptanz von auftretenden Verunsicherungen, die mit der Reflexion von Gefühlen, Einstellungen, Verhalten, Stärken und Schwächen verbunden sind (Looss, 1990). Hauser (1993) sieht in dieser aktiven Willenserklärung bzw. in der Übernahme der Verantwortung für die eigene Entwicklung den ersten Schritt zu einem erfolgreichen Coaching.

2.2.4 Indikation und Voraussetzungen des Unternehmens

Die Herstellung und Durchführung eines Coachings bewegt sich vor dem Hintergrund des Unternehmens in einem dialektischen Feld: „Soviel Transparenz wie möglich und soviel Diskretion wie nötig“ (Looss, 1999, S. 129).

Je nach Etablierung im Unternehmen, ist es für den Klienten mehr oder weniger stigmatisierend, Coaching in Anspruch zu nehmen. Bei external ausgelösten Veränderungen wie z.B. Beförderungen, Versetzungen, Auslandsaufenthalten wird Coaching eher als eine nützliche Serviceleistung gesehen. Sollen jedoch persönliche Probleme bearbeitet werden, spielt die Frage eine Rolle, inwieweit die Personalbetreuungsfunktion im Unternehmen ausgebaut ist und welche impliziten Normen im Umgang mit persönlichen Schwierigkeiten im Unternehmen vorherrschen (Looss, 1997). Läuft ein Coaching vor dem Hintergrund klassischer Organisationsnormen des Managers als "starken Alleskönner" ab, erfordert das Einleiten von Coaching und der gesamte Prozeß mehr Diskretion. Rauchfuß (1997) hält Coaching als Personalentwicklungsinstrument sogar für „(...) hinausgeworfenes Geld (...), wenn in einem Unternehmen eine Kultur herrscht, die jemanden den Stempel «zu schwach, um sich selbst zu helfen» aufdrückt (...)“ (S. 32).

Ist Coaching im Unternehmen bereits stärker ausgebaut, kann es, selbst wenn der Handlungsbedarf bereits erkannt wurde, nicht verordnet werden. Es gehört zu den Charakteristika eines Coachings, den Coaching-Bedarf als Klient selber anzumelden und nicht zu einem Coaching überzeugt zu werden. Für das Unternehmen bedeutet dies, bei fehlender Einsicht des Mitarbeiters nur über gegebene Leistungseinbußen den Hinweis auf die Maßnahme intensivieren zu können (Looss, 1997).

Das Unternehmen ist vor dem Hintergrund der Tatsache, nicht lenkend in das Coaching eingreifen zu können, aufgefordert, eine bewußte Entscheidung für eine Maßnahme mit einem vorher nicht klar definierten Ausgang zu treffen. Unternehmenskonforme Handlungen und Entscheidungen des Klienten lassen sich nur durch einen Verzicht auf inhaltliche Steuerung und durch Gewährung von Autonomie wahrscheinlicher machen. Das Unternehmen kann keinen Einfluß auf die Arbeitsweise des Coaches nehmen, keinen Rechenschaftsbericht über die Fortschritte des Klienten verlangen, denn „(...) absolute Unabhängigkeit des Coach ist eine wesentliche Voraussetzung für den Erfolg der Maßnahme" (Rückle, 1992, S. 133).

Als günstig für Klarheit, Transparenz und für die Vermeidung von Interessenskonflikten hat sich der Dreiecksvertrag herausgestellt, wenn der Chef oder die Personalentwicklung Auftrag- und Geldgeber sind (Looss, 1997; von Sassen & Vogelauer, 1998, vgl. Abbildung 6). Der Vertrag mit dem Auftraggeber sollte für den Klienten transparent sein, während sich das Arbeitsbündnis zwischen Coach und Klient in diesem Rahmen bewegt. Mit einem Dreiecksvertrag als „heuristisches Instrument" (Leidner, 1994, S. 7) wird jede Seite aufgefordert, die Bedingungen, die sie an die jeweils andere stellt, möglichst weitgehend zu explizieren und sie der Betrachtung und Bewertung durch die Vertragspartner zugänglich zu machen. Eine mögliche Freiwilligkeitsverletzung wird auf diese Weise vermieden, eine Öffnung des Klienten ermöglicht sowie eine Unabhängigkeit des Coaches gewahrt.

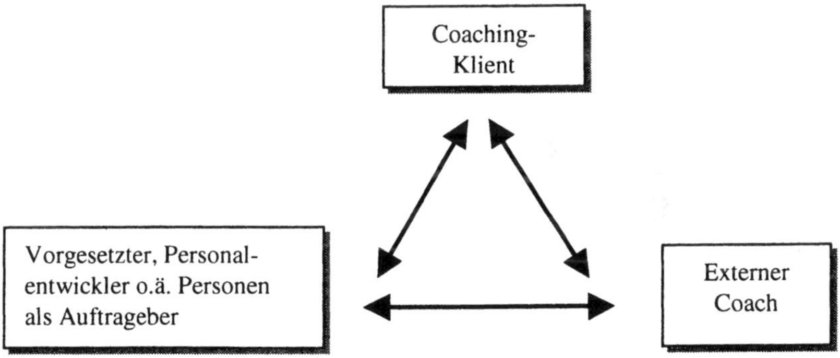

Abbildung 6: Dreiecks-Vertrag zwischen Coach, Klient und Auftraggeber (Quelle: von Sassen & Vogelauer, 1998, S. 28)

2.2.5 Zusammenfassung

Aufgrund vieler möglicher Anlässe wurden Dimensionen bzw. Problemtypen zur Berücksichtigung eines adäquaten Einsatzes von Coaching vorgestellt. Obwohl es keine eindeutige "Wenn-Dann-Regel" gibt, stellen die Dimensionen bzw. Problemtypen Einschätzungsmöglichkeiten für einen sinnvollen

Einsatz der Maßnahme dar. Die mittlere Intensität des Leidensdrucks bzw. das Betroffen-Sein emotionaler, wertbezogener und/oder sozialer Komponenten, die Definition des Lernanlasses als langfristiges Aufgaben-Lernen bzw. kurzfristiges Persönlichkeits-Lernen sowie als Rollenschwierigkeit ergeben Hinweise zur Einschätzung der Sinnhaftigkeit eines Coachings. Insgesamt schützen diese Überlegungen Coaching davor, als Mittel immer dann herangezogen zu werden, „(...) wenn irgendeine Schwierigkeit im «zwischenmenschlichen Bereich» auftaucht" (Looss, 1999, S. 118). Günstig zur persönlichen Klärung des potentiellen Klienten ist die genauere Betrachtung des Anlasses im Vorfeld von Coaching. Relevante Aspekte zur Entscheidungsabwägung ergeben sich aus der Gegenüberstellung von Veränderungsanforderungen und Bewältigungsmöglichkeiten sowie aus den vorgestellten Leitfragen bei Rollenschwierigkeiten (vgl. Abbildung 5). Die Möglichkeit, die Indikationsfrage gemeinsam mit Personalverantwortlichen zu klären, sowie die Art des sich anschließenden Zugangs zum Coach hängt maßgeblich von der Etablierung von Coaching im Unternehmen ab. Die Rolle des Unternehmens besteht darin, auf Coaching-Bedarf hinzuweisen und die Indikationsklärung zu unterstützen. Ist das Unternehmen bei Vertragsverhandlungen noch miteingebunden, nimmt es für den weiteren Coaching-Prozeß eine zurückhaltende Rolle ein. Im Anschluß an die Darstellung der Indikation wird die Maßnahme in ihrem prozessualen Verlauf beschrieben.

2.3 Idealtypischer Ablauf des Coaching-Prozesses

Das Ziel dieses Kapitels besteht in der Darstellung eines idealtypischen Coaching-Prozesses. Gemäß der Abbildung 7 ist das Kapitel nach den einzelnen Phasen untergliedert. Die erste Phase des Vorgesprächs bezieht sich weniger auf die Problemdarstellungen, sondern stellt das gegenseitige Kennlernen und die Relevanz einer beidseitigen Klärung über eine mögliche Zusammenarbeit heraus. Besondere Beachtung kommt in der Darstellung des Coaching-Prozesses der Phase der Vorgespräche sowie den Interventionsweisen und den damit verbundenen Anforderungen zu. Hierauf beziehen sich Themenfoki der empirischen Untersuchung (vgl. Kap. 2.6). Im Anschluß an die Prozeßdarstellung werden schließlich mögliche, mit dem Coaching-Prozeß verbundene Probleme aufgeführt.

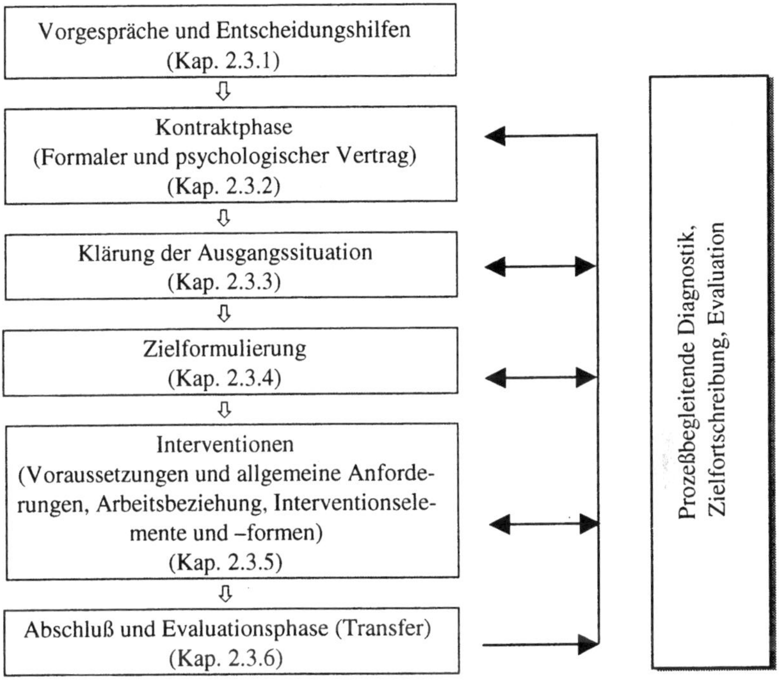

Abbildung 7: Phasenmodell eines idealtypischen Coaching-Prozesses (Quelle: Eigene Darstellung in Anlehnung an Kubowitsch, 1995; Rauen, 1999)

Dieses Phasenmodell wird als Leitprinzip für die Gestaltung des äußeren Rahmens von Coaching-Prozessen betrachtet. In Anlehnung an das Coaching-Prozeßmodell von Kubowitsch (1995) soll auf den dynamisch-rekursiven Modellcharakter verwiesen werden. Einzelschritte bzw. Elemente einzelner Phasen werden, falls erforderlich, in geeigneter Form während des Coaching-Prozesses nochmals bearbeitet. „So findet (...) stets eine Diagnostik durch den Coach und den Klienten selbst statt. Die Ziele der Maßnahme werden kontinuierlich fortgeschrieben und bereits erzielte Erfolge eingeschätzt und überprüft“ (Kubowitsch, 1995, S. 266). Das gleiche gilt für das zu Beginn gemeinsam erarbeitete Arbeitsbündnis zwischen Coach und Klient. Die aus Übersichtsgründen am Schluß plazierten Transferleistungen – Reflexionen über die Umsetzungen und deren Bewertungen – finden bereits zwischen den Sitzungen statt.

2.3.1 Vorgespräche und Entscheidungshilfen

Die Kontaktaufnahme zu einem Coach erfolgt entweder, bei entsprechender Etablierung von Coaching, über die Vermittlung durch die Personalentwicklungsabteilung oder über die eigenverantwortliche Suche des potentiellen Klienten (vgl. 2.2.3). Der Vorteil des ersten Weges liegt in der vermutlich fokussierteren und effektiveren Suche nach einem passenden Coach. Andererseits dient die manchmal beschwerliche eigenständige Suche dem persönlichen Klärungsprozeß des Klienten. Sie gewährleistet eine ausreichende Motivation und Bereitschaft, Irritationen auf sich zu nehmen, die generell mit Veränderungen verbundenen sind (Looss, 1997).

Vorgespräche mit Coaches haben die Funktion eines gegenseitigen Kennenlernens und dienen der Klärung, ob eine Zusammenarbeit für beide Beteiligten vorstellbar ist, d.h. ob auf fachlicher Ebene Thema und Qualifikationen einander entsprechen und ob auf der Beziehungsebene ein Akzeptanz- und Vertrauensaufbau möglich ist.

Zur Kompetenzeinschätzung eines Coaches und zur Klärung einer gemeinsamen Zusammenarbeit beachtet der Klient einerseits die formalen Qualifikationen des Coaches wie z.B. seine *wissenschaftliche Ausbildung, Zusatzausbildung, betriebliche Erfahrungen, Spezialisierungen, Selbsterfahrung, Supervision* etc. (Gester, 1991; Hauser, 1991; Schmidt, 1995; vgl. Kap. 2.4.) und andererseits das Verhalten des Coaches während des Erstkontaktes. Beachtenswert für den Klienten ist, ob sich der *Coach in seiner Arbeitsweise, Person, Menschenbild transparent gibt,* welchen *Entwurf er von dem Coaching-Prozeß* anbietet und ob eine *vertrauenswürdige Atmosphäre* gestaltet wird (Gester, 1991; Schmidt, 1995). Neben Einschätzungen des Coaches bzgl. fachlich-sachlicher Fragen, ist der persönliche Eindruck, den die Führungskraft gewinnt, relevant. Ob sich ein Vertrauensverhältnis einstellt, hängt auch davon ab, ob Klient und Coach einen "menschlichen" Zugang bzw. "guten" Kontakt zueinander finden, der Coach die "Sprache" des Klienten spricht bzw. der Klient, das "Gefühl" hat, sich dem Coach gegenüber öffnen zu können (Kubowitsch, 1995; Wahren, 1997).

Aus der Sicht des Coaches wird die Möglichkeit einer Zusammenarbeit ebenfalls geprüft. Da kein Coach für alle Beratungsangelegenheiten in Frage kommen kann, sollte er i.S. einer Selbstbeschränkung (Plessen & Wilk, 1990) wissen, ob er für die Bearbeitung des Themas genügend Feldkompetenz, d.h. Wissen über das Arbeitsfeld des Klienten, sowie fachliche und methodische Kompetenzen besitzt (Schreyögg, 1995a). Relevant ist außerdem die eigene persönliche Distanz zum Thema (von Sassen & Vogelauer, 1998). Extreme Positionen wie die eigene Betroffenheit bzw. eine Nicht-Nachvollziehbarkeit des Anliegens stellen problematische Ausgangsbedingungen dar. Um seine persönliche Distanz einschätzen zu können, sollte der Coach über genügend Selbstkenntnis verfügen (Bayer, 1995a; vgl. Kap. 2.4). Schließlich sind Merkmale der Aufträge in Bezug auf das eigene Wertesystem zu prüfen, die bei mangelnder Übereinstimmung eine Auftragsablehnung nahelegen (Schmidt, 1995). Voraussetzung dafür ist eine finanzielle Unabhängigkeit von potentiellen Auftraggebern.

Da das Vorgespräch eine Schlüsselfunktion für den weiteren Coaching-Prozeß besitzt, sollten zwischen Coach und Klient relevante Aspekte geklärt werden, die z.B. in folgenden Punkten liegen: *Abgleich zwischen Klientenerwartungen und Realisierungsmöglichkeiten des Coachings, Vereinbarkeit von Werten, Axiomen, Menschenbild, Verhandlungen über einen Dienstleistungsvertrag, Klärung über Vorhandensein einer Vertrauensbasis, Vereinbarungen über den weiteren Verlauf* (Schmidt, 1995). Neben diesen Informationen sollte der Coach dem Klienten Gewißheit auf Diskretion hinsichtlich der Inhalte des Coachings vermitteln, um einen Vertrauensaufbau sowie eine Öffnung des Klienten zu ermöglichen. Dies ist besonders dann relevant, wenn das Unternehmen der Auftraggeber ist (Rückle, 1992). Rauen (1999) zufolge ist es weiterhin Aufgabe des Coaches, Ausgangsvoraussetzungen wie die Freiwilligkeit des Klienten, Diskretion und die gegenseitige Akzeptanz für den Coaching-Prozeß zu überprüfen. Außerdem empfiehlt es sich, den Hintergrund der Entstehungsgeschichte des Beratungsanlasses zu betrachten, um nicht der bereits aufgezeigten Gefahr einer Individualisierung des Problems (vgl. Kap. 2.2.2) zu unterliegen (Looss, 1999). Bei mangelndem Vertrauen in die Fähigkeiten bzw. in die Zuverlässigkeit des Coaches sind Zweifel offenzulegen und ggf. weitere Vorgespräche zu führen (Rückerl, 1990).

Insgesamt wird die Notwendigkeit einer differenzierten Klärung über eine mögliche Zusammenarbeit zwischen Coach und Klient deutlich. Dazu bedarf es nicht nur einer Gegenüberstellung von Anlaß und Qualifikationen, sondern einer Selbstöffnung auf beiden Seiten.

2.3.2 Kontraktphase: Formaler und psychologischer Vertrag

Entscheiden sich Klient und Coach für eine Zusammenarbeit, wird in der Kontraktphase eine Vereinbarung über das anstehende Coaching getroffen, wozu der *formale* und *psychologische Vertrag* gebildet werden.

Der *formale Vertrag* stellt einen Dienstleistungsvertrag dar, der Leistungserbringung, Honorar, Dauer und Ort der Treffen, Risikoverteilung und Haftung regelt und gleichzeitig als Konfliktregelung und Beziehungsbeschreibung i.S. einer professionellen Beratungsbeziehung fungiert (Hauser, 1991; Roth et al., 1995). Hierin sollte ebenfalls die Schweigepflicht des Coaches aufgenommen werden (Plessen & Wilk, 1990), da er nicht wie Ärzte oder Therapeuten per Gesetz dazu verpflichtet ist. Ob und welche Informationen (z.B. über den Fortschritt der Beratung) der Coach an Vorgesetzte oder Personalverantwortliche weitergeben darf und soll, wird geklärt und in dem Vertrag festgeschrieben. Die Entscheidung darüber liegt jedoch allein bei dem Klienten (Looss, 1999).

Die Honorarspanne im Coaching liegt pro Stunde zwischen 120 bis 600 DM und pro Tag zwischen 1000 bis 7000 DM (Marlinghaus, 1996). Die Dauer der einzelnen Sitzungen, des Prozesses sowie die Frequenz der Treffen variieren. Die Sitzungen können ein bis zwei Stunden, einen halben oder ganzen Tag umfassen. Die Treffen können regelmäßig, als Block oder je nach Bedarf plaziert werden (Rauen, 1999) und die Gesamtdauer kann offen oder vorab fixiert werden. Hat sich mittlerweile ein Erfahrungswert von zehn Stunden Gesamtdauer gebildet, sollte dieser nicht überschritten werden, da Coaching sonst zu einer dauerhaften Begleitung werden würde (Looss, 1999).

Der *psychologische Vertrag*, der auch als eine Absprache von "Spielregeln" verstanden wird, stellt das Arbeitsbündnis dar. Dieses besteht aus der Klärung der individuellen Arbeitsbeziehung, aus der Transparenz und Abstimmung der Art und Weise des Vorgehens sowie aus der Festlegung von Grenzen (Roth et al., 1995). Die generelle Funktion des Vertrages ist die Etablierung einer tragfähigen Basis für die Zusammenarbeit, die gleichzeitig eine gute Voraussetzung für ein erfolgreiches Coaching darstellt (Hauser, 1991). Es ist ratsam, den psychologischen Vertrag im Laufe des Prozesses immer wieder auf Sinn und Aktualität zu überprüfen und ggf. zu modifizieren (Rückle, 1992).

2.3.3 Die Klärung der Ausgangssituation

Im Anschluß erfolgt die Klärung der Ausgangssituation, die nicht nur dem Anfang zuzuordnen ist, sondern als „(...) ein immer wieder angewandtes Prozeßelement" (Vogelauer, 1998a, S. 45) beschrieben wird. Der Klient ist aufgefordert, seine subjektiven Wahrnehmungen, Deutungen und Handlungsweisen zu beschreiben, während der Coach vornehmlich aktiv zuhört und höchstens mit Hilfe von Zwischenfragen die Darstellung erweitert oder vertieft (Looss, 1997). Das Ergebnis dieses Prozesses ist die Rekonstruktion der Wirklichkeit des Klienten, ein Bild von sich selbst und der Umwelt inkl. wechselseitiger Einflüsse und Zusammenhänge. In dieser Phase, die von emotionaler Betroffenheit des Klienten während der Darlegung der Problematik geprägt sein kann, ist eine annehmende, ermutigende und wenig direktive Haltung des Coaches wichtig.

Ist eine Präzisierung des Anliegens erschwert, können neben sprachlich wiedergegebenen Rekonstruktionen analoge Kommunikationsformen wie Metaphern oder Geschichten Verwendung finden. Weitere Techniken sind Soziogramme, Bildbeschreibungen (Vogelauer, 1998a) oder erlebnisorientierte Techniken wie z.B. der leere Stuhl aus der Gestalttherapie (Schreyögg, 1995a). Eine anschauliche Technik zur Nachstellung von Situationen aus der Praxis ist das Inszenario von König (1995, 1997), bei dem mit Holzfiguren Situationen rekonstruiert werden und sich der Klient von Situationen distanzieren sowie Perspektiven anderer Beteiligter übernehmen kann.

2.3.4 Zielformulierung

Die Zielformulierung bzw. Festlegung wird zumeist als ein Bestandteil in den psychologischen Vertrag aufgenommen (vgl. Kapitel 2.3.2) und im Laufe des Prozesses aktualisiert.

Hinsichtlich der Frage, wessen Ziele mit dem Coaching verfolgt werden, bestehen für Top-Manager zumeist keine bindenden Vorgaben von seiten des Unternehmens, während Führungskräfte der mittleren und unteren Führungsebene stärker an Organisationsziele gebunden sind (Fischer & Graf, 1998). Soll eine Polarisierung i.S. von "Coaching im Dienste der Ziele des Unternehmens" versus "die Ziele bestimmt nur der Klient" vermieden und die Dreiecksbeziehung zwischen Klient, Berater und Unternehmen berücksichtigt werden, entsteht durch Reflexions- und Verhandlungsprozesse ein Ziel, das inhaltlich von allen Beteiligten vertretbar ist (Looss, 1997).

Um Ziele zu konkretisieren, müssen sich Coach und Klient bzw. die Diskussionspartner über die Dimension, an der eine Veränderung bzw. Verbesserung abgetragen wird, verständigen (z.B. wann ist eine Situation besser?). Außerdem bedarf es der Spezifizierung von Kriterien, die das Erreichen von Zielen erkennbar werden lassen. Damit gewinnt der Coach bereits einen Einblick in die – wie es systemische Beratungsansätze bezeichnen – "Wirklichkeitskonstruktionen" seines Klienten (Looss, 1997). Leichter gestaltet sich die Zielformulierung bei klar abgrenzbaren Lernwünschen (z.B. Fertigkeiten, konkretere Handlungsanweisungen) innerhalb des Coachings.

Aufgabe des Coaches ist, den Klienten bei der Zielformulierung zu unterstützen. Trotz klarer Zielvorstellungen können diese durch berufsspezifische Wahrnehmungsmuster mit Einschränkungen verbunden sein. „So gilt es (...), die je spezifischen Zielperspektiven von Klienten zu sichten, zu präzisieren und im Dialog eventuell durch alternative Zieloptionen anzureichern" (Schreyögg, 1995a, S. 299). Diese Aktivitäten können mit dem *Modell der Zielverhandlungen* (Greve, 1993) aus dem therapeutischen Kontext beschrieben werden. Hier leistet der Therapeut einen inhaltlichen Beitrag zur Zielbegründung und –rechtfertigung. Ist der Klient der Proponent für eine von ihm zu verantwortende Zielentscheidung, übernimmt der Therapeut/Coach die Rolle eines rational-kritischen Prüfers, der ebenfalls Ziel-Alternativen generiert. In einem gemeinsamen Diskurs werden in einer ersten Phase des prozeßhaften Modells normativ-evaluative Zielbegründungen diskutiert. Beachtet werden dabei mögliche Zielkonflikte (z.B. soziale Integration und berufliche Karriere) bzw. Konflikte zwischen Zielen und Werten (Rückle, 1992), Neben- und Verwirklichungsfolgen des Ziels (z.B. zeitlicher Aufwand) sowie übergeordnete Ziele zur Ermittlung von alternativen Zielen. Für die empirische Begründung des Ziels bringt der Therapeut/Coach sein psychologisches Wissen ein. Er beurteilt die Effektivität vorgesehener Mittel zur Zielerreichung, deren Neben- und Folgewirkungen und schlägt ggf. effektivere und effizientere Mittel vor.

Als Einschränkung könnte die zu individualistische Ausrichtung des Modells vorgebracht werden. Obwohl im Coaching auch organisatorische Ziele in die Begründungsdiskussion einfließen, ersetzen sie jedoch keine intra- bzw. interpersonale Auseinandersetzung des Klienten darüber, ob sie für den Klienten anstrebsam sind. Rückle (1992) betont die Wichtigkeit, gemeinsam mit dem Klienten herauszufinden, ob Ziele unbewußt und unreflektiert übernommen sind, denn „(...) diese Ziele fördern selten die persönliche Entwicklung“ (S. 140).

Phasen der Zielformulierung und der Klärung der Ausgangssituation beinhalten bereits Bewußtwerdungsprozesse, Klärungen und Erweiterungen von Deutungsmustern und verdeutlichen den fließenden Übergang hin zu der Entwicklung und Abstimmung von Lösungswegen, also dem Interventionsdesign (Rauen, 1999).

2.3.5 Die Interventionen

Die im Coaching verwendeten Interventionen sind insgesamt vielfältig. Die determinierenden Faktoren für die Art der Gestaltung des Coachings liegen in der spezifischen Bedarfssituation des Klienten, der Arbeitsmethode des Coach – gemäß seiner Ausbildung und Erfahrung – sowie in der Dauer, Häufigkeit und Intensität der gemeinsamen Treffen (Rückerl, 1990). Viele der Coaches arbeiten eklektisch, d.h. sie kombinieren Methoden und Techniken aus unterschiedlichen psychotherapeutischen Schulen oder Beratungsansätzen (Looss, 1997; Schreyögg, 1995a).

2.3.5.1 Voraussetzungen, allgemeine methodische Anforderungen und Konzept

Dieser methodischen Vielfältigkeit Rechnung tragend gibt Rauen (1999) Empfehlungen, die bei der Auswahl bzw. Anwendung der Methoden sinnvoll erscheinen (vgl. Abbildung 8):

- Techniken müssen erklärbar sein

Ethische Überlegungen, Freiwilligkeit und Transparenz des Coaching-Prozesses erfordern, daß der Coach den Klienten über die Funktionsweise der verwendeten Techniken aufklärt. Ausgeschlossen sind somit paradoxe Interventionen, deren Wirkung von der Nicht-Durchschaubarkeit der Technik abhängt.

- Dauer und Ziele schließen bestimmte Vorgehensweisen aus

Durch die Berücksichtigung der Dauer und Ziele werden bestimmte Methoden ausgeschlossen (z.B. psychoanalytische Langzeitverfahren bei Wunsch des Klienten nach kurzfristiger Zielerreichung).

- Verhalten muß immer erweitert werden

Das Ziel aller im Coaching verwendeten Interventionen ist die Vergrößerung der Wahlmöglichkeiten des Klienten bzgl. des Denkens, der Wahrnehmung, des Handelns.

- Aufklärung

Zu den Pflichten des Coaches gehört, den Klienten über Sinn und Funktion der Methoden aufzuklären. Gerade bei den für den Klienten ungewöhnlichen Methoden wie erlebnis- und handlungsorientierte Methoden liegt meist eine hohe Eigenladung der Methoden vor (z.B. eine Assoziation zwischen Rollenspiel und Theaterspielen), die von dem Klienten höhere Bereitschaft zur Selbstoffenbarung fordert (Schreyögg, 1995a).

- Individuelle Abstimmung

Nicht jede Vorgehensweise ist für jeden Klienten zu jedem Zeitpunkt des Coaching-Prozesses geeignet, was einer individuellen Abstimmung der Methoden bedarf, die meist innerhalb des psychologischen Vertrages vereinbart wird. Der Coach sollte die Kompatibilität zur Klientenpersönlichkeit einschätzen (z.B. klären, für wie experimentierfreudig er den Klienten hält) sowie die zur Situation (der Methodeneinsatz kann zu einer späteren Phase leichter als zu Beginn sein) (Schreyögg, 1995a).

- Methoden müssen sich am Konzept orientieren

Schließlich müssen sich die Methoden an einem ausformulierten Konzept des Coaches orientieren.

Abbildung 8: Voraussetzungen für die Verwendung der Interventionen im Coaching (Quelle: Eigene Darstellung in Anlehnung an Rauen, 1999, S.175f., Schreyögg, 1995a)

Der letztgenannte Punkt "Methoden müssen sich am Konzept orientieren" ist nach Schreyögg (1995a) mit unterschiedlichen Funktionen verbunden. Auf der Grundlage eines ausformulierten transparenten Konzeptes trifft der Klient eine selbstbestimmte Entscheidung. Ein Konzept verhindert einen unreflektierten Eklektizismus durch eine beliebige Kombination von Methoden und Theorien. Schließlich ist es für die Etablierung von Coaching als eine eigenständige Beratungsform unverzichtbar und stellt eine Basis für die Aus- und Weiterbildung von Coaches dar.

Die Beschaffenheit des Konzeptes lehnt sich an Anwendungsmodelle aus der Psychotherapie, Pädagogik und Supervision an, die wie Coaching theorie- und methodenplurale Konzepte erfordern. Theorien und Methoden lassen sich in eine Wissenstruktur (Meta-Modell) einordnen und werden nicht nur nach rein pragmatischen Gesichtspunkten ausgewählt. Nach der Struktur eines integrativen Handlungsmodells (Herzog, 1982) können vier Ebenen unterschieden werden, wobei nachgeordnete Ebenen einen Bezug zu den vorhergehenden aufweisen (Schreyögg, 1995a, 1997; vgl. Abbildung 9):

Meta-Modell ↓	Anthropologische (Handlungsfreiheit, Sozialität, Selbstverwirklichung, Identitätsentwicklung in der Arbeitswelt) und erkenntnistheoretische Prämissen (kognitive Schemata)
Theorie-Ebene ↓	Satz von Theorien z.B. interaktionistische Konzepte, Konzepte aus der Managementlehre und Organisationstheorien
Anweisung zur Methodenanwendung ↓	Methodische Anweisungen (Ziele des Modells, zugeschriebene Wirkungen, Rekonstruktion von Praxisereignissen, Interaktionsstil des Coach, Gestaltung des Prozesses)
Praxeologie	Professionelle Gesprächsführung, erlebnisorientierte Methoden, handlungsorientierte Arbeitsformen

Abbildung 9: Coaching-Konzept gemäß der Struktur eines integrativen Handlungsmodells (Quelle: Eigene Darstellung in Anlehnung an Schreyögg, 1995a, S. 134, 1997, S. 318f.).

Schreyögg (1995a) plädiert auf der Theorie-Ebene für eine Anreicherung von Theorien, um für die Fragestellungen des Klienten eine multi-perspektivische Betrachtung der Themen zu ermöglichen. Für Coaching sollte diese Ebene neben psychologischen Theorien (Theorien intrapersonaler Prozesse, Interaktions-, Kommunikations- sowie Gruppentheorien) Management- und Organisationstheorien beinhalten, um die Spannweite des Coachings von fachlicher bis psychosozialer Beratung in dem speziellen Management-Kontext abzudecken.

Auf praxeologischer Ebene sind variable methodische Zugänge erwünscht: Für individuelle Anliegen sind neben dem Gespräch Methoden sinnvoll, mit denen prärationale Phänomene bearbeitet bzw. artikuliert werden können, wie z.B. erlebnisorientierte Methodik sowie handlungsorientierte Arbeitsformen (z.B. Rollenspiele). Auch für Beziehungs- und Systemfragen sollte der Coach über ein Inventarium verfügen. Kann zwar die methodische Palette nicht breit genug sein, sollte jedoch immer der Bezug zu dem Meta-Modell herzustellen sein. Methoden, deren implizite anthropologische Prämisse der Förderung von Selbstgestaltung (z.B. paradoxe Interventionen) (Schreyögg, 1995a, 1997) bzw. einem humanistischen Menschen- und Weltbild widersprechen (Schmidt, 1995), sind abzulehnen.

Diese Erweiterungsfähigkeit und Flexibilität des Konzeptes gilt genauso für den konkreten Coaching-Prozeß, wenn sich z.B. Ziele verändern und das Konzept angepaßt wird. Aber: „Grundsätzlich sollte der Klient sicher sein können, daß er mit dem Coaching nicht eine Dienstleistung in Anspruch nimmt, die beliebig veränderbar ist: Dem Klienten sollte bewußt sein, worauf er sich eingelassen hat bzw. neu einläßt, und der Coach hat dafür Sorge zu tragen“ (Rauen, 1999, S. 194).

Ein Coaching-Konzept liefert insgesamt Informationen über die Methoden und Techniken des Coaches, wie diese verwendet werden und welches Menschenbild ihnen zugrunde liegt. Es enthält Aussagen über angestrebte Wirkungen (wie Erweiterungen bzw. Umstrukturierungen von Deutungs- bzw. Handlungsmustern) (Schreyögg, 1995a) und bildet „(...) das «Gerüst» für jegliche Maßnahmen des Beraters“ (Rauen, 1999, S. 191).

2.3.5.2 Die Arbeits-Beziehung zwischen Coach und Klient

Coaching ist durch eine nicht-hierarchische Beziehung charakterisiert. In dem zeitlich begrenzten interaktiven Miteinander ist der Klient aufgefordert, sich zu allen Phasen des Coachings aktiv einzubringen. Die Begriffswahl "Klient" erscheint sinnvoller als die ein Beziehungsgefälle implizierende Bezeichnung "Coachee" (Looss, 1997).

Nicht nur als eine persönlichkeitsspezifische Kommunikationsform, sondern als ein konzeptionelles Element wird nach Schreyögg (1995a) der Interaktionsstil des Coaches verstanden. Dieser enthält die vier Komponenten *Wertschätzung, Asymmetrie/Symmetrie, Direktivität/Non-Direktivität, Authentizität/Zurückhaltung*.

Genauso wie in der Gesprächspsychotherapie ist die *Wertschätzung* eine unabdingbare Begegnungshaltung (Schmidt, 1995; Schreyögg, 1995a), um Coaching als einen Schutzraum wahrzunehmen, in dem Öffnung, Selbstreflexion und konsequenzenfreies Ausprobieren stattfinden kann. Stellt sich eine gegenseitige Akzeptanz bzw. Vertrauen in den ersten Sitzungen nicht ein, sollte der Coach von einer Zusammenarbeit abraten bzw. das Coaching abbrechen (Rauen, 1999).

Der Coach variiert zwischen *non-direktiver und direktiver Haltung*. Steuert der Klient zur Festlegung der Themen und Ziele stärker, ist der Coach in z.B. übungszentrierten Phasen direktiver. Nach Schreyögg (1995a) steht diese Dimension mit dem Ausmaß der *Symmetrie/Asymmetrie* in Beziehung. Obwohl Prozeßberatung generell von einer symmetrischen Beziehung geprägt ist, variiert die Ausprägung je nach Phase und Thema. Ein Beziehungsgefälle kann genauso von Klient zu Coach entstehen, wenn der Klient z.B. fachliche Besonderheiten erklärt und sich der Coach belehren läßt.

Variabilität ist außerdem zwischen *Authentizität und Zurückhaltung* gefordert. Authentizität meint hier die Offenheit des Coaches. Authentizität i.S. von Echtheit und Kongruenz von Denken, Reden und Handeln des Coaches sollte zu jedem Zeitpunkt der Interaktion gegeben sein (Schmidt, 1995). Eine zeitweise Zurückhaltung, die jedoch nicht das Ausmaß psychoanalytischer Abstinenz einnehmen sollte, ist nach Schreyögg (1995a) als Interaktionsstil anzuraten. Dies läßt den Coach nicht zu einem teilnahmslosen und distanzierten Berater werden. Die Selbsteinbringung als "ganze Person" sieht Schmidt (1995) als eine Begegnungshaltung des Coaches.

Weiterhin sollte Empathie, also einfühlendes Verstehen, den gesamten Prozeß begleiten. Eine Gefahr besteht jedoch darin, nicht mehr genügend Distanz wahren zu können und die Rolle des Beraters zu verlieren. „Der Coach ist angehalten, seine Neutralität immer wieder selbstkritisch zu überprüfen“ (Rauen, 1999, S. 198). Schließlich müssen sich Coach und Klient über die zeitliche Begrenzung und über die professionelle Beziehungsstruktur bewußt sein, auch wenn Coaching eine offene, vertrauensvolle und transparente Beziehung erfordert, denn „eine gute Beziehung ist wichtig, eine Bindung schädlich“ (Rückle, 1992, S. 50).

2.3.5.3 Interventionselemente und typische Interventionsformen

In einer schulenübergreifenden Betrachtung können Verhaltenselemente, die in unterschiedlicher Häufigkeit und Kombination Bestandteile eines jeden Coachings sind, beschrieben werden (vgl. Tabelle 2):

Verhaltenselemente	Erläuterung
Zuhören und zusehen	• Die vier Seiten einer Botschaft (Sachinhalt, Selbstoffenbarung, Beziehung, Appell) • Implizite, nonverbale/paraverbale Botschaften • Beachten der Kongruenz zwischen verbaler und nonverbaler Botschaften (Schulz v.Thun, 1996)
Nachfragen	Offene Fragen zur Anregung eigener Klärungsprozesse: z.B. • Klärende Fragen zu Informationen • Kreative Fragen zur Förderung von Problemlösefähigkeiten • Verlaufsfragen zur Strukturierung • Empathische Fragen zur emotionalen Verarbeitung und Unterstützung (Thomas, 1998)
Unterstützen	• Ermuntern, bestätigen, zustimmen, praktische Hilfe • Coach als vorübergehende soziale und instrumentelle Ressource
Selbstausdruck fördern	• (Wiederer-)Lernen von Möglichkeiten Gedanken, Gefühle auszudrücken: z.B. durch die Arbeit mit Materialmedien wie Malen, Bausteine, Arbeit mit Ton, Masken uvm. (Schreyögg, 1995a)
Bedeutungen klären	• Reflexion des Bedeutungsgehaltes von Begriffen (Konflikt, Macht etc.) • Verhalten in unterschiedlichen Kontexten (Gruppen, Subkulturen etc.)
Konfrontation	• Wahrnehmung des Coaches von Klientenverhalten (tragfähige Beziehung als Voraussetzung)
Arbeitsvorschläge geben	• Anregung zu neuen Erfahrungen des Klienten (Berücksichtigung einer dosierten Diskrepanz zu Bekannten)
Erklären und informieren	• Erklärungen über psychologische, wirtschaftliche usw. Gegebenheiten • Coach gibt dem Klienten eine kognitive Struktur, d.h. er erklärt, weshalb eine Intervention notwendig ist oder er ein bestimmtes Experiment vorschlägt etc. (Hauser, 1991).

Tabelle 2: Verhaltenselemente als Bestandteile von Coaching (Quelle: Eigene Darstellung in Anlehnung an Looss, 1997, S. 118ff.)

Diese Elemente finden in folgenden Interventionsformen, die in Anlehnung an Roth et al. (1995) skizziert werden, ihre Anwendung. Da psychotherapeutische Interventionstechniken im Coaching benutzt werden, wenn auch auf der Basis eines anderen Kontrakts (Hauser, 1991), ist eine Systematisierung der Interventionsformen naheliegend, die in Assoziation zu den bekanntesten psychotherapeutischen Schulen bzw. zu psychologischer Beratung steht. Dargestellt werden die Interventionsformen *Entlasten, Beraten, Feedback geben, Training, Aufdecken/Klären, Entwickeln, Verknüpfen.*

- Entlasten

Befindet sich der Klient anfangs in einem emotional belasteten Zustand, der durch kritische Ereignisse, wie z.B. Entlassung, Fusionierung, durch die Kulmination schleichender Belastungen oder durch eine Problembeschreibung begründet sein kann, schafft der Coach einen Rahmen, in dem der Klient seine Gefühle vorbehaltlos äußern kann. Diese von Looss (1997) als „cooling-down" (S. 106) bezeichnete Technik dient der Entlastung bzw. der psychischen Stabilisierung, wie sie als Ziel in der Krisenintervention (Perrez, 1991a) formuliert wird, um eine Voraussetzung für die Auseinandersetzung und Bewältigung des Ereignisses zu gewährleisten.

- Beraten

Wie auch in der für diese Arbeit gültigen Definition (Rauen, 1999, vgl. Abbildung 1) erscheint der Begriff "Beratung" zur Beschreibung dessen, was hauptsächlich im Coaching geschieht, sinnvoll. Aufgrund des inflationären Gebrauchs des Begriffes "Coaching" wendet sich Looss (1997) in der vierten Auflage seines Buches von der Begriffsverwendung ab und benutzt statt dessen die Bezeichnung „Einzelberatung für Führungskräfte" oder einfach „Beratung" (S. 9). Inwiefern und welche Überschneidungen es zwischen Coaching und der inhaltlichen Differenzierung psychologischer Beratung als *guidance, consulting* und *counseling* (Heil & Scheller, 1984) gibt, wurde bereits erörtert (vgl. Kapitel 2.1.2.1).

- Feedback geben

Aufgrund der oft zitierten "Einsamkeit an der Spitze" erhalten Führungskräfte selten korrigierende Rückmeldungen (Gester, 1991; Hauser, 1991; Rückle, 1992). Ein wesentliches Kennzeichen des Coachings liegt in der „Spiegelfunktion" (Hauser, 1991, S. 212) des Coaches. Durch rückgemeldete Wahrnehmungen wird dem Klienten ein Selbstbild/Fremdbild-Vergleich ermöglicht, was dazu anregt, über Wirkungen seiner Person und seines Handelns zu reflektieren sowie selbstreferentielle Kognitionen und Verhaltensweisen zu modifizieren bzw. zu erweitern (Rückle, 1992). Hier besteht eine Verbindung zu kognitiven Therapieansätzen, in denen Einstellungen, Erwartungen, Attributionen und sonstige kognitive Aktivitäten eine entscheidende Rolle für Veränderungsprozesse spielen (Reinecker, 1986).

- Training

Training ist ein Bestandteil von Coaching, wenn es um zielgerichtetes Lernen von Verhaltensdefiziten geht, die in das Verhaltensrepertoire integriert werden (z.B. der Aufbau sozialer Kompetenzen). Veränderungen im Coaching betreffen nicht nur die Ebene der Einstellungen und Reflexionen, sondern auch die des Handelns und Verhaltens. Der Coach entwirft Übungsreihen mit steigendem Schwierigkeitsgrad und zunehmender Komplexität, korrigiert, gibt Unterstützung und lernbezogene Rückmeldung über die Fortschritte. Darin integriert ist das Diskriminationslernen (d.h. welche Verhaltensweisen sind in welchen Situationen angemessen?) und die Förderung der Verhaltensflexibilität (Kubowitsch, 1995). Dies entspricht dem Aufbau von Verhaltensweisen, wie er von verhaltenstherapeutischen Vorgehensweisen bekannt ist.

- Aufdecken, Klären

Bei der aufdeckenden Arbeit werden Motive, Ziele und Werte, die dem Erleben und Verhalten zugrunde liegen, bewußt gemacht. Einen besonderen Stellenwert nimmt die Klärungsarbeit in dem Ansatz von Bayer (1995a) ein. Ausgehend von dem individualpsychologisch geprägten Menschenbild stellt die Herausarbeitung der wesentlichen Angstbereiche einen bedeutenden Teil der Veränderungsarbeit dar. Agiert der Coach hier aus einer tiefenpsychologischen Perspektive, kann die Klärung auch über kognitive Verfahren wie die *Rational-Emotive-Therapie* nach Ellis (1962, zit. nach Reinecker, 1991), über die Technik des Focusing der Gesprächspsychotherapie oder über erlebnisorientierte Techniken der Gestalttherapie (Schreyögg, 1995a) erreicht werden.

- Entwickeln

Eine weitere Interventionsform zielt auf die Optimierung bzw. Entwicklung von vorhandenen Kräften und Potentialen des Klienten. „Das Coaching-Konzept setzt vorrangig an den vorhandenen Stärken an und nicht an den Schwächen und Unzulänglichkeiten“ (Schmidt, 1995, S. 20). Die Selbstaktualisierung bzw. -entfaltung wird von der Gesprächspsychotherapie explizit als Oberziel bezeichnet, der ein offen-bewußtes Erfahren von emotionalen Erlebnisanteilen vorausgeht (Reicherts, 1991). Durch die Haltung des Coaches, die den gesprächspsychotherapeutischen Basisvariablen (Empathie, Wertschätzung, Echtheit) entspricht, wird dem Klienten ein geschützter Rahmen für das Ausdrücken seiner Gefühle, Gedanken und Wünsche geboten.

- Verknüpfen

Hierbei wird die individuelle Perspektive um die Systemsicht erweitert. Nach systemischen Ansätzen, die individuelle Probleme als Ausdruck dysfunktionaler Interaktionen bzw. Strukturen begreifen, wird der Klient und das Problem im Kontext seiner Umgebung betrachtet. Systemische Beratungsansätze gehen von dem Gedanken einer Vernetzung, der wirklichkeitskonstruktiven Perspektive von Menschen und dem beraterischen Streben nach Systemlösungen aus (Schmid, 1989). Diese Überlegungen konkretisieren sich in einer multi-perspektivischen Haltung des Coaches und in der expliziten Berücksichtigung organisatorischer Rahmenbedingungen (wie Hierarchien, Abläufe, Kultur, Umweltbezüge) (Fischer & Graf, 1998; G. Lenz & Osterhold, 1994).

2.3.6 Abschluß und Evaluation des Coachings

Generelle Ziele eines jeden Coaching-Prozesses liegen in der Erhöhung des Selbstmanagements des Klienten und in dem Ausbau vorhandener bzw. Aufbau neuer Ressourcen. Der Klient gewinnt mehr Klarheit über sein Wahrnehmungs- und Verhaltensmuster und lernt, sein persönliches Handlungsrepertoire zu erweitern und zu flexibilisieren. Es sollen durch neue Wege des Denkens und Handelns zusätzliche Wahlmöglichkeiten und damit verbunden neue Freiheitsgrade eröffnet werden (Hauser, 1991), die die Selbstgestaltungsfähigkeit und damit die Selbsthilfe des Klienten erhöhen. „Der Coach ist ein Begleiter gewollter Entwicklung auf Zeit. Sein Bestreben ist es, sich selbst überflüssig zu machen und den Klienten zu befähigen, selbstorganisierend mit den Turbulenzen, Instabilitäten und Herausforderungen des Lebens umzugehen" (Schmidt, 1995, S. 60).

Werden im Coaching bereits während des Prozesses erreichte Ziele reflektiert und das weitere Vorgehen entsprechend modifiziert, wird die Evaluation beim Coaching wie auch in anderen pädagogisch-psychologischen bzw. prozeßorientierten Maßnahmen als Instrument der Meta-Kommunikation zum Bestandteil der Maßnahme selbst. Evaluation gewinnt damit eine intervenierende Funktion und besitzt eine Doppelfunktion: Sie ist als Prozeß und Ergebnis von Informationssammlung und Bewertung einerseits und als Bestandteil des Treatments andererseits zu verstehen (Will & Blickhan, 1987). Genauso ist der Transfer im Coaching bereits Bestandteil des Prozesses und erfolgt nicht erst nach Beendigung des Coachings. Während des Prozesses setzt der Klient das Bearbeitete in die Praxis um und erprobt es. „Das Wesentliche vollzieht sich zwischen den Coaching-Terminen" (Schmidt, 1995, S. 191).

Zum Abschluß des Coachings erfolgt eine gemeinsame Reflexion des gesamten Coaching-Prozesses und der erreichten Veränderungen. Diese muß nicht auf das Zweier-Setting von Coach und Klient beschränkt sein. Denkbar ist – bei entsprechender Zustimmung des Klienten und Etablierung des Coachings im Unternehmen – den Vorgesetzten und/oder Personalentwickler zu beteiligen. Dabei bedarf es einer sensiblen Handhabung der inhaltlichen Transparenz, um die Diskretion des Coachings nicht zu verletzen. Ein Vorteil einer gemeinsamen Auswertung ist deren integrierende und kommunikationsfördernde Funktion (Will, Winteler & Krapp, 1987). Es wird eine gemeinsame Gesprächs-, Bewertungs- und Handlungsebene zwischen den Beteiligten geschaffen. Gleichzeitig liegt darin ein Beitrag zu einer weiteren Implementierung des Coachings sowie zur Weiterentwicklung der Unternehmenskultur. „Wenn «Coaching» im beraterisch besten Sinne offiziell wird, werden Tätigkeiten wie Reflektieren, Erproben, Nachdenken, miteinander sprechen wieder in die Organisation und ihre Wertschöpfungsaktivitäten hereingenommen" (Looss, 1999, S. 129).

Als Evaluationskriterium werden häufig die formulierten Ziele herangezogen. Gut beurteilbar ist der Coaching-Prozeß dann, wenn die Ziele folgende Charakteristika erfüllen: Zur Beurteilung des Coaching-Prozesses unterscheidet Whitmore (1994) Leistungsziele von Endzielen. Erstere stellen eine hinreichende Bedingung und konkrete Schritte für das Erreichen der abstrakteren Endziele dar. Um ihr Erreichen zu überprüfen, ist es Aufgabe des Coaches, die Leistungsziele SMART (spezifisch, meßbar, erreichbar, realistisch, zeitlich untergliedert), PURE (positiv formuliert, verstanden, bedeutsam, moralisch) und CLEAR (herausfordernd, legal, umweltverträglich, akzeptiert, protokolliert) zu formulieren.

Wie unter dem Punkt "Zielformulierung" (vgl. Kap. 2.3.4) aufgezeigt, bedarf es im Coaching der individuellen Operationalisierung von Zielen. Anhand der spezifizierten Kriterien auf vereinbarten Dimensionen wird die Zielerreichung im Prä-Post-Vergleich eingeschätzt. Durch das Coaching können sich Einstellungen, Motive, Ziele, Werte und Beziehungen des Klienten ändern oder werden neu gebildet. Neben neuen Erfahrungen können sich auch neue Problemsituationen abzeichnen (Looss, 1997), womit die Komplexität der Effekte deutlich wird. Dies legt bei der Bewertung eine Verwendung multipler Kriterien nahe, um die Wirkungen auf unterschiedlichen Ebenen beurteilen zu können und um auch nicht erwünschte Effekte erfassen zu können.

Schließlich sei auf Vereinbarungen bzw. Handhabungen für die Kontaktregelung nach Beendigung des Coachings verwiesen. Einige Coaches lassen dies offen, überlassen die Kontaktaufnahme dem Klienten oder vereinbaren wie z.B. Rückle (1992) die Kontaktgestaltung im psychologischen Vertrag, um weitere Veränderungen zu beobachten bzw. sich weiterhin für den Klienten zur Verfügung zu stellen. Wichtig ist jedoch, die Coaching-Beziehung aufzulösen, um die Gefahr einer Abhängigkeit des Klienten zu vermeiden.

2.3.7 Mögliche Probleme

Mit dem Coaching-Prozeß können Probleme und Risiken verbunden sein, die es zu beachten gilt. Ein Risiko liegt darin, den Coach als einzigen Feedbackgeber zu betrachten und das natürliche Feedbacksystem der Umgebung zu vernachlässigen (Doppler, 1991). Dies steht der Förderung der Selbstregulationsfähigkeiten des Klienten entgegen und erschwert die Loslösung aus der Arbeits-Beziehung. Das natürliche Feedbacksystem zu optimieren und zu nutzen, sollte im Coaching gefördert werden.

Gewöhnt sich der Klient an die gemeinsame Reflexionsarbeit mit einem Coach, liegt der Wunsch nahe, einen permanenten Begleiter für berufliche Fragestellungen zu engagieren. Aus der mittelfristigen Maßnahme würde eine ständige Begleitung, was dem Verständnis von Coaching nicht mehr entspricht, denn „Coaching ist keine Begleitung auf Lebensdauer“ (Rückle, 1992, S. 70). Andererseits können Probleme auftauchen, weil dem Klienten nicht die erforderliche Zeit zur Verfügung gestellt wird, um die angestrebten

Fortschritte zu erzielen (Domsch, 1993; Looss, 1999). Läuft der Coaching-Prozeß unter Zeitdruck, können die aus dem Coaching erhaltenen Impulse im beruflichen Kontext nur unzureichend erprobt werden.

Nicht nur zu Beginn eines Coachings, sondern auch während des Prozesses können Probleme des Klienten sichtbar werden, die gegen eine weitere Bearbeitung im Coaching sprechen. Abhängigkeitserkrankungen oder psychosomatische Beschwerden können deutlich werden, die eine Überweisung an entsprechende Praxen oder Institutionen erforderlich machen (Looss, 1997). Voraussetzung für das Erkennen und den verantwortungsbewußten Umgang mit diesen Grenzen sind die dafür notwendigen Kompetenzen des Coaches und die Anerkennung der Grenzen des eigenen Kompetenzbereichs (vgl. Kap. 2.4).

Weitere Schwierigkeiten entstehen, wenn der Coach zum „Drahtzieher im Hintergrund" (Doppler, 1992, S. 40) wird oder eigene unerfüllte Managementaufgaben auf den Klienten projiziert und beeinflussend agiert. Klarheit über die eigene berufliche Motivation sowie regelmäßige Supervision (Bayer, 1995a), in der u.a. diese Macht- und Einflußbedürfnisse reflektiert werden, schützen davor, den Verantwortungsbereich der Beraterfunktion zu überschreiten.

Ein weiteres Risiko liegt darin, wenn sich der Coach nicht von den an ihn gestellten Ansprüchen des Unternehmens lösen kann und als parteigewordener Bestärker oder Promotionsmanager im Auftrag der Personalabteilung agiert (Doppler, 1992). Damit geht ein Neutralitätsverlust des Coaches einher, was die Öffnung des Klienten und einen Vertrauensaufbau in Frage stellt.

Um für Probleme und Risiken sensibel zu bleiben und entsprechend reagieren zu können, bedarf es einerseits einer Reflexion während des Prozesses in Form von gegenseitigen Rückmeldungen zwischen Coach und Klient sowie einer ständigen Reflexion der Coaching-Arbeit in Supervisions- oder Intervisionssitzungen. Schließlich ist es hilfreich dem Unternehmen und Klienten die Coachfunktion und das berufliche Selbstverständnis zu vermitteln, um unrealistischen Erwartungen vorzubeugen.

2.3.8 Zusammenfassung

Die Darstellung eines idealtypischen Ablaufs des Coaching-Prozesses diente der Verdeutlichung des Leitprinzips für die Gestaltung des äußeren Rahmens bzw. der Beschreibung der logischen Struktur des Prozesses. Der konkrete Ablauf und die Ausgestaltung wird von zahlreichen Faktoren wie der Art des Problems und der Ziele, der Arbeitsmethode des Coaches, der Mitbestimmung des Klienten beeinflußt. Trotz des individuell gestalteten Ablaufs werden durch die idealtypische Phasenfolge Coaching-Prozesse vergleichbar. Besondere Beachtung innerhalb der Darstellung fand mit bezug zu der

Themenfokussierung dieser Arbeit der anfängliche Prozeß und die Darstellung der Interventionen sowie die damit verbundenen Anforderungen. Aufgrund der flexiblen Prozeßgestaltung spielt überleitend zum folgenden Kapitel die Qualifikation des Coaches bei der Erkennung und Handhabung von Problemen eine entscheidende Rolle.

2.4 Die Qualifikationen des externen Coaches

Dieses Kapitel gibt einen Einblick in die in der Coaching-Literatur gestellten Qualifikationserwartungen an den externen Coach, die nach fachlichen, methodischen und persönlich/sozialen Kompetenzbereichen sowie Supervision differenziert sind. Im Anschluß daran wird die Relevanz der Formulierung von Qualifikations- und Ausbildungsstandards vor dem Hintergrund der konkurrierenden Supervision verdeutlicht sowie Ausbildungswege aufgezeigt. Schließlich werden Professionalisierungsmöglichkeiten des Coaches und Funktionen von Professionsgemeinschaften nachgegangen. Überleitend zu dem sich anschließenden Kapitel (vgl. Kap. 2.5) bieten Professionsgemeinschaften einen Ort, an dem Qualitätsfragen aus professioneller Sicht diskutiert und verhandelt werden.

2.4.1 Fachliche Qualifikationen

Coaching kann als ein „konzeptionelles Implantat" (Heeg, 1993, S. 372) bezeichnet werden, das mit theoretischen und praktischen Anleihen aus verschiedenen Disziplinen arbeitet. Charakteristisch für die Aufgabe des Coaches ist daher, sein Wissen aus unterschiedlichen Fachdisziplinen zu vereinen. Die Wurzeln dieser interdisziplinär angelegten „Schnittfeldqualifikation" (Looss, 1997, S. 189) entstammen einem humanwissenschaftlichen und einem sachrationalen, technisch-wirtschaftlichen Bereich.

Fundiertes Wissen über menschliches Erleben, Verhalten, Denken, Fühlen, Handeln sowie über kommunikative bzw. interaktionale Prozesse stellt die eine Seite der fachlichen Kompetenz dar. Theoretischen Hintergrund zu diesen Kenntnissen bietet besonders die wissenschaftliche Psychologie. Der Coach braucht, „(...) wissenschaftlich gesichertes und fundiertes Hintergrundwissen über die Gesetzmäßigkeiten menschlichen Handelns, kein reduziertes Training von Methoden und Sozialtechniken" (Bayer, 1996, S. 38).

Die andere Seite der fachlichen Qualifikationen beinhaltet Kenntnisse über betriebswirtschaftliche Strukturen, Abläufe, Zusammenhänge, Begrifflichkeiten und Probleme, denn Coaching läuft immer vor dem Hintergrund einer Organisation ab. Hinzu kommen unter Berücksichtigung der Zielgruppe Kenntnisse über den Teilbereich Management, was u.a. Wissen über Aufgaben, typische Probleme, Denkweisen, Handeln und Sprache der Führungskräfte erfordert. Schmidt (1995) fordert dieses Wissen aus dem Vorhandensein eigener Führungserfahrung. Dazu auch Bayer (1995a): „Ein Berater kann maximal nur dort in einem Unternehmen beraten, wo er selber erwiesenermaßen auch führen und die Verantwortung übernehmen könnte“ (S. 131).

Die Notwendigkeit einer Schnittfeldqualifikation wird deutlich, wenn man die Gefahren der Einseitigkeit der einen oder anderen Seite betrachtet: Bei ersterem könnte der Klient unangemessen „klientifiziert“ (Schreyögg, 1995a, S. 130) werden, bei letzterem könnte eine Besprechung beruflicher Themen zu oberflächlich bleiben und sich lediglich auf der Sachebene bewegen. Welche Qualifikation die Basis der Ausbildung darstellt, d.h. ob der Coach als „psychosozialer Exporteur“ oder „managementorientierter Importeur“ (Looss, 1997, S. 194) zu bezeichnen ist, stellt eher eine individuelle Frage der Akzentuierung des Werdegangs dar.

Eine weitere Kompetenz ist die Feldkompetenz, die als Kenntnis über das Arbeitsfeld des Klienten verstanden wird. Diese wird in der Coaching-Literatur in unterschiedlicher Ausprägung gefordert. Wird sie z.B. von Schreyögg (1995a) als relevant angesehen, befürchtet Whitmore (1994), die Sachkenntnisse des Coaches könnten die Eigenverantwortung des Klienten verringern und Czichos (1991) vertritt sogar ein „inhaltsfreies Coaching“ (S. 66), in dem das Auslösen von (Lern-)Prozessen im Vordergrund steht und ein Coach genauso viel bzw. genauso wenig inhaltliches Wissen einbringen sollte wie ein Moderator. Als Mindestanforderung kann das Interesse und Engagement des Coaches für das Berufsfeld des Klienten und dessen Entwicklung formuliert werden (Schreyögg, 1995a). Letztlich ist ein gewisses Maß an Feldkompetenz jedoch für den Beziehungsaufbau und die Akzeptanz des Coaches von seiten des Klienten von Vorteil (Rauen, 1999).

Coaching wird oftmals im Zusammenhang mit anderen Personalentwicklungs (PE)- und Organisationsentwicklungs(OE)-Maßnahmen angeboten, durchgeführt oder als sich anschließende Maßnahme nahegelegt. Andererseits können PE- oder OE-Maßnahmen durch ein Coaching sinnvoll werden. Daraus ergibt sich für den Coach die „ (...) Notwendigkeit, PE und OE als Handlungskonzepte zu kennen und als kompetenter Gesprächspartner zur Verfügung zu stehen, wenn es darum geht, seine beraterischen Aktivitäten mit den anderen PE- und OE- Maßnahmen zu verbinden“ (Looss, 1997, S. 199) bzw. Schnittstellen zwischen den Bereichen zu klären (vgl. Kap. 2.2.2).

2.4.2 Methodische Qualifikationen

Um als Coach intervenieren zu können, wird diagnostisches und methodisches Wissen benötigt. Die diagnostische Kompetenz bezieht sich einerseits auf Kenntnisse von Auswahl- und Testverfahren im Leistungsbereich (Rauen, 1999). Andererseits ist damit eine klinisch-psychologische Diagnosefähigkeit bzw. Symptomkenntnisse von z.B. Sucht- und Abhängigkeitserkrankungen gemeint. Eine klare Forderung ist, zwischen Coaching und Psychotherapie trennen zu können und bei vorliegenden Problemen dem Klienten den Kontakt zu einem Psychotherapeuten zu empfehlen (Hauser, 1991; Looss, 1997; Rauen, 1999; Rückle, 1992; Schreyögg, 1995a).

Die methodische, d.h. psychotherapeutische oder Berater-Kompetenz ist die Veränderungskompetenz des Coaches. Damit ist die Gesamtheit der Fertigkeiten gemeint, um den Problemlöse- und/oder Entwicklungsprozeß des Klienten zu begleiten und sich in der Rolle des Prozeßberaters kompetent verhalten zu können. Aus welchem therapeutischen oder beraterischem Verständnis die unterschiedlichen Interventionen erfolgen, hängt hauptsächlich von der Zusatzausbildung des Coaches ab. Mit dem Erwerb der Grundfertigkeiten des Beratens bzw. Coachens in einer therapeutischen oder beraterischen Zusatzausbildung ist die Beraterfertigkeit jedoch nicht abgeschlossen, denn „nie gibt es einen Zeitpunkt, wo ein Berater/Coach sagen könnte: «Jetzt kann ich es», so wie man sagt: «Jetzt kann ich schwimmen» (Looss, 1997, S. 191). Die Wichtigkeit einer ständigen Supervision (s.u.) bzw. Fortbildung des Coaches wird damit deutlich.

Beratischere Fertigkeiten sind nach Rückle (1992) erheblich mehr als bloße Werkzeuge. Der Coach selber, seine Persönlichkeit, seine Wahrnehmung, sein Denken, seine Intuition etc. sind Teil seines Interventionsrepertoires. Dazu ist eine gute Kenntnis der eigenen Person und eigener Attributions- und Verhaltensmuster notwendig (Looss, 1997). Besonders dann, wenn der Coach als „sozialer Spiegel" (Hauser, 1991, S. 212) oder „Resonanzkörper" (Schreyögg, 1995a, S. 127; Wahren, 1997, S. 80) für seinen Klienten fungiert, ist es wichtig, „ (...) seine Erfahrungen und Enttäuschungen psychologisch fachkundig verarbeitet [zu] haben, um sich nicht mit den Problemen seiner Klienten zu identifizieren oder im Coaching Bereiche auszuklammern (...)" (Bayer, 1995b, S. 3). Durch Selbsterfahrung erwirbt der Coach die Fähigkeit, sich seiner Wahrnehmungs- und Attributionsmuster bewußt zu werden, sich im Coaching von der aktuellen Situation zu distanzieren, zu reflektieren und Handlungsimpulse zu korrigieren (Hauser, 1991; Looss, 1997; Schreyögg, 1995a).

2.4.3 Persönliche Qualifikationen

Obwohl die menschlichen oder persönlichen Qualifikationen ein höchst subjektives Phänomen bleiben müssen (Schreyögg, 1995a), sind gerade diese neben den o.g. fachlichen und methodischen Kompetenzen, die als Gesamtheit der Lern- und Wissensinhalte und praktischen Erfahrungen zusammengefaßt werden können, für die Beratungsaufgabe des Coaches relevant. „*Reines Fachwissen, ohne persönliche Kompetenzen und Erfahrungen, disqualifiziert den Coach* [Hervorhebung im Original]" (Rauen, 1999, S. 152).

Da es sich um Prozeßberatung handelt, in der Coach und Klient in eine hierarchisch gleichwertige Beziehung treten, stellen neben fachlichen und methodischen Anforderungen persönliche sowie soziale Kompetenzen des Coaches gleichwertige Qualitäten dar. Ein Tenor der in der Literatur als wünschenswert genannten persönlichen und sozialen Kompetenzen wird an dieser Stelle zusammenfassend wiedergegeben (vgl. Abbildung 10). Damit sei kein Anspruch auf Vollständigkeit erhoben, denn auch für diesen Bereich gilt nach Rückle (1992): „Die Liste der Anforderungen – in teilweise anderen Umschreibungen – kann mühelos ergänzt werden und in der Flut der Artikel über Coaching werden auch immer wieder neue Anforderungen genannt" (S. 74).

Persönliche Kompetenzen	Soziale Kompetenzen
• Ein in der westlichen Kultur begründetes Welt- und Menschenbild und gleichzeitige Offenheit für transkulturelle Bezüge • Humanistisches Menschenbild (bzw. Orientierung an klarem u. transparentem Wertesystem) • Ideologische Offenheit • Überzeugung von Entfaltungs- und Entwicklungsfähigkeit des Menschen (Glaube an den im Werden begriffenen Menschen) • Aufgearbeitete Lebenserfahrung • Eigenverantwortung • Belastbarkeit • Selbsterfahrung • Selbstreflexionsfähigkeit • Analytisch/strategische, systemische, komplexe, kreative Denkfähigkeit • Persönliche Ausstrahlung	• Empathie • Wertschätzung • Authentizität • Selbstdistanzierungsfähigkeit • Aktives Zuhören • Zuwendungsbereitschaft • Mitschwingungsfähigkeit und Distanzierungsfähigkeit • Beziehungsgestaltungsfähigkeit • Schaffen einer vertrauensvollen Gesprächsatmosphäre • Konfliktlösefähigkeit

Abbildung 10: Persönliche und soziale Kompetenzen des Coaches (Quelle: Eigene Darstellung in Anlehnung an König, 1995; Plessen & Wilk, 1990; Rückle, 1992; Schmidt, 1995; Schreyögg, 1995a; Ulrich, 1993)

2.4.4 Supervision

Neben der Berufserfahrung als Coach gehört die regelmäßige Supervision zu „(...) den professionellen Pflichten für Berater" (Looss, 1997, S. 197). Supervision ist ein geeignetes Mittel zur Arbeitsunterstützung für alle Berufsgruppen, zu deren Aufgaben es gehört, andere zu unterstützen bzw. anzuleiten. Frank (1995) stellt für den Bereich der Psychotherapie-Supervision die Funktionen *Praxisanleitung, Qualitätssicherung, Problemlösehilfe, sozioemotionales Lernen, Entwicklungsprozeß* auf. Ausgehend von der Übertragbarkeit auf die Supervision des Coaches sollen diese skizziert werden, um die Wichtigkeit der Forderung nach Supervision für den Coach zu verdeutlichen.

Die *Praxisanleitung* ermöglicht dem Coach (Supervisand), durch Bearbeitung konkreter Praxisfragen sein Wissen bzw. seine handlungsleitenden Konzepte zur Anwendung zu bringen oder durch die Reflexion von Erfahrungen Konzepte zu erweitern. Supervision dient weiterhin der *Qualitätssicherung* (vgl. Kap. 2.5.4). Wird Coaching als ein komplexer Problemlöseprozeß verstanden, kommt Supervision als *Problemlösehilfe* die Aufgabe zu, diesen Prozeß zu begleiten und im Dialog mit dem Supervisor Lösungsvorstellungen zu entwickeln. Die Dimension des *sozio-emotionalen Lernens* meint die Vermittlung von berufsspezifischen Einstellungen und Werten. Schließlich bedeutet Supervision, über einen längeren Zeitraum betrachtet, auch einen *Entwicklungsprozeß* für den Coach.

2.4.5 Relevanz von Qualifikations- und Ausbildungsstandards

An die Qualifikationen des Coaches werden, wie aufgezeigt wurde, hohe Erwartungen gestellt. Es ist davon auszugehen, daß sie einen wesentlichen Einfluß auf das Gelingen eines Coachings haben (Rauen, 1999). Es existieren jedoch bislang, wie eingangs dieser Arbeit dargestellt, keine verbindlichen Qualifikationsstandards und damit keine einheitlichen Zugangsvoraussetzungen und Ausbildungswege zum Coach (Jung, 1991; Schmidt, 1995). Die Bezeichnung "Coach" ist nicht geschützt. Jeder kann sich als solcher benennen, was es tatsächlich ermöglicht, „alten Wein in neuen Schläuchen" (Doppler & Lauterburg, 1995, S. 427) zu verkaufen, wenn alte Management-Beratung oder Trainings unter dem populären Namen "Coaching" geführt werden (Rückle, 1992). Coaching läuft „(...) Gefahr, ein Tummelplatz für halbgebildete Besserwisser, dilletierende Alleskönner oder selbsternannte Therapeuten zu werden" (Gester, 1991, S. 138). Eine Einschätzung die seriöse Anbieter als auch potentielle Klienten in eine problematische Lage versetzt, denn Coaches müssen um ihren Ruf fürchten und potentiellen Kunden fehlt es an Orientierungshilfen für die Beurteilung eines Coaches (Rauen, 1999).

Die Notwendigkeit Qualifikations- und Ausbildungsstandards für Coaches zu formulieren, wird weiterhin angesichts zukünftiger Entwicklungen auf dem Weiterbildungsmarkt verdeutlicht. Etabliert sich die Beratungsform Supervision neben dem externen Coaching zunehmend in Industrie- und Dienstleistungsunternehmen, ist davon auszugehen, daß Coaching verstärkt als Führungskompetenz des Vorgesetzten geführt wird und Bereiche des externen Coachings von der Supervision übernommen werden (Rauen, 1999; Weßling et al., 1999).

Der Vorteil der Supervision gegenüber Coaching liegt in den standardisierten Ausbildungsverfahren und Voraussetzungszulassungen (vgl. Kap 2.1.2.3). „Während es bei Coaching zum guten Stil zu gehören scheint, dies in das Angebotsprogramm als Trainer bzw. Berater aufzunehmen, kann Supervision nur anbieten, der das interne Gütezeichen [Zughörigkeit zur Deutschen Gesellschaft für Supervision DGSv] trägt" (Dorando & Grün, 1995, S. 953). Aus dieser konkurrierenden Position der Supervision wird der Handlungsbedarf zur Schaffung von formalen Qualifikationsstandards des Coaches und zur Etablierung von verbindlichen Ausbildungswegen dringlich. In Anlehnung an Rauen (1999) soll ein möglicher Ausbildungsweg zum hauptberuflichen Coach auf Grundlage eines Psychologie-Studiums gezeichnet werden (vgl. Hauser, 1991):

- Psychologie-Studium mit Schwerpunkten in den Bereichen Arbeits- und Organisationspsychologie, Klinische Psychologie, Sozialpsychologie und Diagnostik
- (Betriebs-)Wirtschaftsstudium (z.B. als Nebenfach)
- Psychotherapeutische Zusatzausbildung (z.B. Systemische Therapie, Gesprächspsychotherapie, Gestalttherapie)
- Mehrjährige berufliche Erfahrung in bzw. mit Organisationen (z.B. in einer Linienfunktion oder als Management-/Prozeßberater)
- Erfolgreiche Führungserfahrung
- Selbst- und Lebenserfahrung (z.B. i.S. einer selbstkritischen und differenzierenden Einstellung)
- Mehrjährige berufliche Erfahrung als Berater

Abbildung 11: Empfohlener Ausbildungsweg zum Coach (Quelle: Rauen, 1999, S. 154)

Werden bei unterschiedlichen Verbänden oder Gesellschaften spezielle Ausbildung- bzw. Weiterbildungsprogramme zum Coach angeboten, stellen sie jedoch nicht das Ergebnis eines Konsens praktizierender Coaches dar. Als Beispiel für eine einheitliche Zusatzausbildung kann die Supervisionsausbildung herangezogen werden, die durch die DGSv (Deutsche Gesellschaft für Supervision) an Ausbildungsstandards gebunden ist. Als Eingangsvoraussetzungen wird ein abgeschlossenes Studium, mehrjährige Berufspraxis, eine abgeschlossene methodische Fortbildung und eigene Supervisionserfahrung als Supervisand gefordert. Die Ausbildung gestaltet sich folgendermaßen:

Standards der Ausbildung

- Ausbildungsdauer zwei Jahre (mindestens 60 Tage, d.h. 12 Wochen)
- Durchführung von drei supervisorischen Beratungsprozessen
- Kontrollsupervision durch Lehrsupervisior (mindestens 30 Sitzungseinheiten)
- Schriftliche Auswertung der durchgeführten Supervisionsprozesse
- Erstellung einer Abschluß- bzw. wissenschaftlichen Diplomarbeit
- Positives Gutachten von der Lehrgangsleitung wie auch von dem Lehrsupervisor
- Erfolgreiche Teilnahme an dem Abschlußkollegium

Abbildung 12: Ausbildungsstandards zum Supervisor (Quelle: Dorando & Grün, 1995, S. 954)

Alles in allem verfügt der Supervisor dann über eine Ausbildung, die zwischen sieben und zehn Jahren dauert, wobei der Aufbau nach Butzko (1993) einen Vergleich zu den postgradualen wirtschaftswissenschaftlichen Management-Ausbildungen (MBA) zuläßt.

Obwohl sich in einer Studie zur Verbreitung und Anwendungspraxis von Coaching nur ein Drittel befragter Unternehmen (N=18) durch ein solches Zertifikat bei der Auswahl beeinflussen ließe (Marlinghaus, 1996), könnte eine standardisierte Zusatzausbildung des Coaches die berufsständische Verbindlichkeit vorantreiben und potentiellen Klienten bzw. Personalentwicklern bei der Auswahl eines Coaches als "Gütesiegel" oder Qualitätsmerkmal dienen.

2.4.6 Professionsgemeinschaften und Professionalisierung des Coaches

Angesichts fehlender Berufsbezeichnung und fehlender standardisierter Aus- und Weiterbildungsvorstellungen ist es den nach unterschiedlichen Beratungsansätzen praktizierenden Coaches erschwert, eine gemeinsame professionelle Orientierung zu entwickeln. Durch Professionsgemeinschaften kann diese gefördert werden. Über fachlichen Austausch und Aushandlungsprozesse innerhalb dieser Professionsgemeinschaften werden in der Praxis professionelle Standards bzw. Qualitätskriterien kanonisiert sowie eine Qualitätssicherung durch Supervision und Intervision gewährleistet. Dazu sollen zunächst die Begriffe Profession und Professionalisierung beschrieben werden.

Profession bezeichnet nach Gieseke (1994) im berufssoziologischen Sinne Tätigkeits- und Fähigkeitsbündelungen, die hohen wissenschaftlichen Standards entsprechen, als Tätigkeitsangebote für die Gesellschaft von hohem

Wert sind und i.S. einer Dienstgesinnung eigenen klientengebundenen Codes folgen, die das Verhältnis zwischen Klienten und Professionsträgern regeln.

Steht an dieser Stelle die Professionalisierung von Coaches nach pädagogisch-psychologischem Verständnis im Vordergrund, kann Professionalisierung nach Schmid (1994) als Prozeß verstanden werden, sich das Selbstverständnis einer Profession zu eigen zu machen. Hierbei wird die professionelle Identität aufgebaut bzw. weiterentwickelt (vgl. Einleitung, Kap. 1). Davon abzugrenzen ist die professionelle Qualifizierung, die als Weiterentwicklung der professionellen Kompetenzen durch Maßnahmen der Erwachsenen-Bildung (z.B. Ausbildungs-Curricula für Berater) verstanden wird (Schmid, 1994).

In Professionen werden die wichtigsten professionellen Standards neben berufsspezifischem Wissen in Ausbildungswegen vermittelt und gepflegt (Wimmer, 1992). Die Beratungs-Branche – inkl. der spezielleren Coaching-Branche – kann jedoch noch nicht auf eine vergleichbare professionelle Tradition verweisen. Das Wissen und das professionelle Selbstverständnis der Berater/Coaches entwickelt sich durch die Mitarbeit in einem Beratungsunternehmen, durch Identifikation mit dort vorherrschenden Standards und beraterischen Grundüberzeugungen sowie durch Zugehörigkeiten zu Beratervereinigungen und persönliche Berufserfahrung (Wimmer, 1992). Einen prägenden Einfluß haben unterschiedliche Beraterschulen, die den psychotherapeutischen Schulen entstammen. Hier eignen sich Berater im Zuge der Aus- und Weiterbildung ihr professionelles Selbstverständnis an.

Insgesamt betrachtet, ergibt sich durch die fachliche und professionelle Orientierung an verschiedenen Beratungsmodellen und -schulen ein Nebeneinander verschiedener Beratungsansätze, was nach Mingers (1996) als „Tohuwabohu der Beratungsansätze“ (S. 18) bezeichnet werden kann. Diese Situation schafft nicht nur Barrieren für die Erstellung einer einheitlichen Beratungsvorstellung und -theorie, sondern erschwert eine gemeinsame Orientierung der Berater (Schöning & Brunner, 1990). Nach Schmid (1995) sind jedoch Schulenspezifikationen und schulenspezifische professionelle Identitätssicherungen des Beraters „(...) Auslaufmodelle der professionellen Evolution“ (S. 52).[8]

---

[8] Die Überwindung schulenspezifischer Abgrenzungen entspricht den Entwicklungen in der Psychotherapie. Besonders Grawe, Bernauer & Donati (1994) haben mit ihrem Werk "Von der Konfession zur Profession" und dem Entwurf einer Allgemeinen Psychotherapie maßgeblichen Einfluß auf diese Entwicklungen ausgeübt. Aus den Ergebnissen der "Berner Metaanalysen" formulierten die Autoren ein Therapiemodell, das die Zielperspektive schafft, die Konkurrenz der Schulen aufzuheben. Eröffnet wird die Möglichkeit einer sich ergänzenden Erweiterung der verschiedenen Ansätze, aus der sich neue integrative Konzepte ergeben können (Baumann, 1996). Insgesamt wird eine holistischere Sichtweise und Vorgehensweise des Psychotherapeuten gefordert, woraus ebenfalls Konsequenzen für dessen Ausbildung gezogen werden können.

Zur Überwindung einer Professionalisierung von Beratern bzw. Coaches im Rahmen einzelner Schulen wird es für Verbände und Organisationen wichtig sein, eine bestimmte Professionskultur zu vertreten und ihren Mitgliedern professionelle Identitäten anzubieten (Schmid, 1995). Damit ist gemeint, unabhängig von schulengebundenen Einzelansichten und Techniken eine gemeinsame Orientierung und Identität durch professionelle Zugehörigkeit zu vermitteln. Dazu ist es notwendig, eine schulenübergreifend gültige Sprachkultur zu etablieren, die einen Austausch professioneller Erfahrungen zwischen Beratern unterschiedlicher Beraterschulen ermöglicht und damit gleichzeitig eine Markttransparenz für Kunden und Anbieter schafft.

Nach Goode (1972) ist eine professionelle Gemeinschaft u.a. durch folgende Merkmale gekennzeichnet:

* geteiltes Gefühl beruflicher Identität und Wertvorstellungen
* Übereinstimmung über die Rollendefinition gegenüber Kollegen und Professionslaien
* Im Bereich des beruflichen Handelns wird eine gemeinsame Sprache gesprochen
* Die professionelle Gruppe kontrolliert das berufliche Handeln ihrer Mitglieder
* Sie produziert über Selektion der Professionsaspiranten und über deren beruflichen Sozialisationsprozeß die nachfolgende Professionsgeneration

Als ein Beispiel ist die ÖGGO (Österreichische Gesellschaft für Gruppendynamik und Organisationsberatung) zu nennen, die neben Ausbildungscurricula für alle Mitglieder eine Heimat und kritische Instanz bietet, sowie einen Ort darstellt, an dem Maßstäbe und Standards entwickelt werden (Heintel, 1992). Ähnlich ist die Gesellschaft für Weiterbildung und Supervision (GWS) zu beschreiben, die durch Bildungsmaßnahmen, Ausbildungs-Curricula und Zertifikationsvergaben, Öffentlichkeitsarbeit und Fachtagungen die Professionalisierung im Bereich Human-Ressourcen fördert.

Insgesamt bietet eine unterschiedliche Beratungsansätze integrierende Professionsgemeinschaft über die Entwicklung einer gemeinsamen "Sprache" Kommunikationsmöglichkeiten und fachlichen Austausch innerhalb der im Coaching-Bereich Tätigen. Ohne die Vielfältigkeit der Beratungsansätze zur negieren, stiftet eine professionelle Gemeinschaft eine schulenübergreifende professionelle Identität. Sie ist der Ort für die Formulierung von Qualitätsstandards und für eine gegenseitige Qualitätssicherung der Arbeit (Intervision, Supervision) und damit für die Professionalisierung der Coaches. Gleichzeitig sorgt eine gemeinsame Orientierung, Weiterbildungs- und Zertifizierungskultur auf seiten der Klienten und Unternehmen hinsichtlich der Frage, wer wann als Coach zu bezeichnen ist, für mehr Klärung.

2.4.7 Zusammenfassung

In diesem Kapitel wurden Qualifikationserwartungen, mögliche Ausbildungswege und die Bedeutung von Professionsgemeinschaften dargestellt. Insgesamt gesehen, ist der geforderte umfangreiche Kenntnis- und Erfahrungsschatz des Coaches leicht nachvollziehbar, wenn man sich vergegenwärtigt, daß der Coach psychologische Prozesse im Grenzbereich zwischen Fachberatung und Psychotherapie steuern muß (Hauser, 1991). Zusammenfassend sind aus der einschlägigen Literatur als Anforderungen an einen Coach die fachliche Doppelqualifikation (psychologische und wirtschaftliche Kenntnisse), Erfahrungen im wirtschaftlichen Kontext, Feldkompetenzen, Methodenkompetenzen, persönliche und soziale Kompetenzen sowie Supervision zu formulieren. Die Notwendigkeit, Qualifikationsstandards zur Berufsbezeichnung sowie zur Ableitung von Ausbildungsrichtlinien verbindlich zu formulieren, wird in der Gegenüberstellung zur konkurrierenden Supervision evident. In Professionsgemeinschaften wird über Aushandlungsprozesse das professionelle Selbstverständnis kanonisiert und eine gemeinsame professionelle Orientierung entwickelt sowie die Professionalisierung des Einzelnen gefördert. Schließlich ermöglichen professionelle Gemeinschaften eine gegenseitige Qualitätssicherung.

2.5 Qualität

In diesem Kapitel wird der Frage nach coaching-angemessenen Qualitätskonzepten nachgegangen. Hierbei wird aufgrund weniger Veröffentlichungen über das professionelle Qualitätsverständnis und über entsprechende Qualitätskonzepte von Coaching Bezug zu Qualitätssicherungskomponenten coachingnaher Bereiche wie Beratung, Supervision und Psychotherapie genommen. Vorgestellt werden Komponenten des Qualitätssicherungsprozesses, d.h. Qualitätsmerkmale und Qualitätssicherungsmaßnahmen, die auf Coaching übertragbar sind. In einer allgemeinen Einführung in die Thematik wird auf die Qualitätsdimensionen Struktur-, Prozeß- und Ergebnisqualität von Dienstleistungen und auf Besonderheiten bei der Formulierung von Qualitätsstandards bzw. -kriterien im Beratungsbereich eingegangen. Schließlich werden mögliche Qualitätsmerkmale für Coaching nach der Dreiteilung in Struktur-, Prozeß- und Ergebnisqualität vorgestellt, bevor Maßnahmen der Qualitätssicherung und -entwicklung aufgeführt werden. Hierbei findet besonders die Evaluationsforschung Beachtung.

2.5.1 Allgemeine Einführung

Unter verschiedenen Verfahren zur Qualitätssicherung wird im Dienstleistungsbereich die Normenreihe DIN ISO 9000ff. (DIN ISO 9004 Teil 2) am häufigsten diskutiert. Dabei handelt es sich um international verbindliche

Normen zur Qualitätssicherung und zum Qualitätsmanagement. Für eine Anwendung in dem Bildungsbereich, in der sozialen Arbeit, in der Psychotherapie und im Coaching bedürfte es einer entsprechenden Transformation bzw. Adaption der Begrifflichkeiten der Normenreihe. Es besteht jedoch kein Konsens darüber, ob dieses Verfahren und die in den Normen enthaltenen Qualitätselemente den Vorstellungen von Qualität in dem speziellen Bereich überhaupt entsprechen (vgl. Kap.1). So hält Meinhold (1997) für den Bereich der sozialen Arbeit fest: „Viele Mitarbeiterinnen sozialer Dienste und auch andere Kundengruppen halten dieses Verfahren und das damit verbundene Zertifikat für problematisch, weil sich ihr Qualitätsverständnis von dem der DIN-Normen unterscheidet“(S. 57). Für den Weiterbildungssektor stellt Bekker (1996) alternative Qualitätssicherungssysteme vor. So gründete sich z.B. die Initiative „Hamburger Gütesiegel e.V.“, die anhand einer Checkliste interessierte Weiterbildungseinrichtungen prüft. Ein ähnlicher Versuch gemeinsame Standards zu bilden, sind sogenannte Gütegemeinschaften, die sich zur Einhaltung von bestimmten Qualitätsstandards bekennen und Gütesiegel an ihre Mitglieder verleihen.

Die künftige Entwicklung der Qualitätsdiskussion läßt sich ausgehend von dem Weiterbildungssektor mit Gnahs (1998) wie folgt einschätzen: Während die Bedeutung der Normenreihe ISO 9000 sinken wird, da sie zunehmend in Kreisen der Wirtschaft als zu bürokratisch gilt, werden anders akzentuierte Qualitätskonzepte an Bedeutung gewinnen.

Sollen bereichsspezifische Qualitätskonzepte formuliert werden, stellen sich folgende Fragen bzgl. der Grundstruktur von Qualitätskonzepten: Worauf richtet sich die Qualitätssicherung - auf die Maßnahme (Coaching, Beratung, Psychotherapie), auf die Einrichtung (z.B. Beratungseinrichtung, Unternehmensberatung, psychologische Praxis) oder auf das System (z.B. die psychosoziale Versorgung, ein regionales Weiterbildungssystem)? Damit werden für die Festlegung von Qualitätsstandards die Fragen aufgeworfen: Welche Qualitätsstandards können formuliert werden? Wer ist an der Formulierung beteiligt? Kann ein Konsens gefunden werden? Wie sollen einzelne Qualitätsfaktoren gewichtet werden? Für die Kontrollverfahren ist zu klären: Wer soll die Qualitätskontrolle durchführen (unabhängige Experten, ein Verband, Mitarbeiter)? Wann soll die Qualitätskontrolle erfolgen (während der Maßnahme, nach der Maßnahme)? Wie wird geprüft (welche Verfahren werden angewandt)? Beide Fragenkomplexe werden in Abbildung 13 zusammengefaßt.

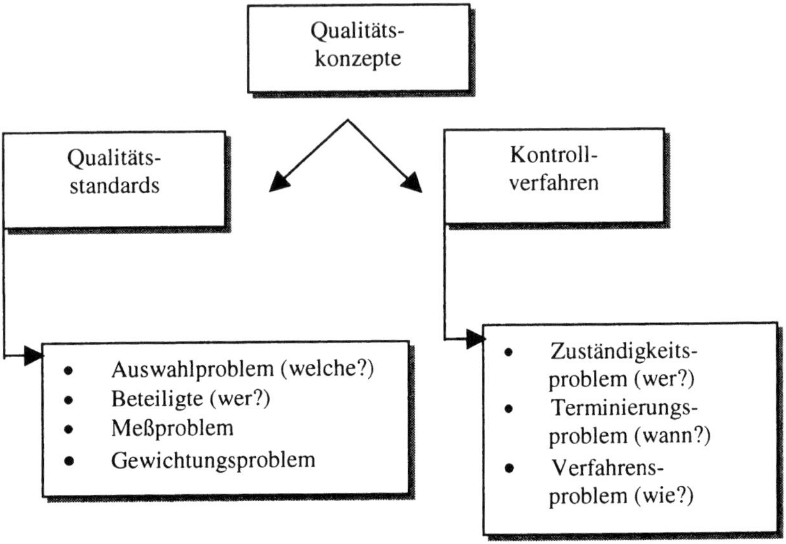

Abbildung 13: Grundstruktur von Qualitätskonzepten (Quelle: Gnahs, 1998, S. 94)

Diese Fragen werden im Folgenden erörtert, wobei die Ausführungen immer wieder ein Bezug zu Coaching herstellen oder eine Ausgangsbasis für die Übertragung in den Coaching-Bereich darstellen. Die Bearbeitung der Qualitätsfragen bezieht sich auf die Qualität der Leistung bzw. Maßnahme (z.B. Beratung, Coaching) und nicht auf die Einrichtung (z.B. Unternehmensberatung).

2.5.2 Qualitätsdimensionen

Qualität ist keine absolute und unveränderbare Größe, sondern das Ergebnis eines Aushandlungsprozesses der Beteiligten. Im wirtschaftlichen Bereich werden die Erfordernisse vom Standpunkt der Kunden aus definiert, denn ihre Erwartungen, Anforderungen, Bedürfnisse sind entscheidend für die Beurteilung der Qualität eines Produktes oder einer Dienstleistung. In der psychologischen Beratung, Therapie, in der sozialen Arbeit als auch im Coaching haben die Klienten als aktive und autonome Partner einen zentralen Stellenwert (A. Lenz, 1998b). „Nicht mehr der Professionelle weiß und bestimmt, was für einen Klienten gut und richtig ist, sondern es wirken – im Optimalfall – alle Kundengruppen an der Definition, was eine qualitätsvolle Dienstleistung ist, mit" (Meinhold, 1997, S. 30). So erhält neben der professionellen Qualitätsvorstellung die Kundensicht einen gleichberechtigten Stellenwert, denn „bei der Produktion von Humandienstleistungen ist der Konsument zugleich auch der Produzent des Ergebnisses der Interaktion" (Heiner, 1998, S. 53).

Im Coaching ist zum einen der am Coaching beteiligte Klient Kunde. Zur Kundengruppe zählen weiterhin die Vermittler einer Dienstleistung und die Zuwendungsgeber (Meinhold, 1997). Dies stellt beim Coaching die Personalentwicklungsabteilung bzw. das Unternehmen als Auftraggeber dar. Nach Looss (1999) müssen all diejenigen, die an der Coaching-Leistung ein professionelles Interesse haben, Qualitätsvorstellungen abstimmen und formulieren. Eine Dienstleistung wird dann für qualitätvoll gehalten, wenn möglichst viele der ggf. unterschiedlichen Erwartungen erfüllt werden.

Für den Bereich der Dienstleistungen hat sich mittlerweile die Dreiteilung der Qualitätsdimensionen bzw. Qualitätsebenen von Donabedian (1982) als geeignet erwiesen. Damit wird von einem mehrdimensionalen Qualitätsbegriff ausgegangen:

- *Strukturqualität* bezieht sich auf alle Ausstattungsdimensionen, wie personelle (Qualifikationen des Coaches etc.), materielle und räumliche Ausstattungen, die als Voraussetzungen für die Umsetzung der Prozeßqualität betrachtet werden.
- Mit *Prozeßqualität* sind alle Aktivitäten gemeint, die zur Erreichung eines bestimmten Zieles beitragen sollen. Sie ist eine dynamische Größe und beschreibt die Art und Weise, wie eine Dienstleistung erbracht wird.
- Die *Ergebnisqualität* beschreibt den Erfolg einer Maßnahme i.S. eines Vorher-Nachher-Vergleichs als auch hinsichtlich der subjektiven Zufriedenheit des Klienten.

Anders ausgedrückt, kann eine Dienstleistung danach beschrieben und beurteilt werden, für wen sie erbracht wird, in welcher Weise sie erbracht wird, was dafür benötigt wird und welche Ergebnisse zu erwarten sind.

WAS	Beschreibung der Dienstleistung
Für WEN?	• Klienten • Kostenträger, Auftraggeber (Unternehmen)
WIE?	➪ Prozeßqualität
WAS brauchen wir dazu?	➪ Strukturqualität
WAS soll dabei herauskommen?	➪ Ergebnisqualität

Tabelle 3: Beschreibung von Qualität (Quelle: Meinhold, 1998, S. 40)

Hinsichtlich der Beziehung innerhalb der drei Qualitätsdimensionen bzw. -ebenen ist nicht von einem kausalen Verhältnis zueinander auszugehen. Eine hohe Strukturqualität führt nicht automatisch zu hoher Prozeßqualität und damit zu hoher Ergebnisqualität. Erstere stellen notwendige, aber keine hinreichenden Bedingungen für die Ergebnisqualität dar (Nübling & Schmidt, 1998). Zur Beantwortung der Frage, welche Dimension die Qualität einer Leistung mehr beeinflußt, ist nach Spöhring und Hermer (1998) eine einseitige Ausrichtung auf die Ergebnisqualität i.S. eines "Hauptsache es hilft" nicht zu rechtfertigen. Struktur- und Prozeßqualität stellen einen Wert an sich dar, denn es ist nicht auszuschließen, daß ein "schlechter" Prozeß zu einem "guten" Ergebnis führen kann. Ein "guter" Prozeß soll nicht allein wirksam sein, sondern muß daneben unabhängige Kriterien (z.B. humane, ethische, pragmatische, finanzielle) erfüllen. Übertragen auf Coaching gilt es nicht nur ein bestimmtes Ziel zu erreichen und damit nur die Ergebnisqualität zu betrachten, sondern genauso die personelle Strukturqualität, also die Qualifikationen des Coaches, und die Prozeßqualität, d.h. die Vorgehensweise des Coaches, in die Qualitätsbeurteilung einfließen zu lassen.

2.5.3 Mögliche Qualitätsstandards bzw. -kriterien

Für jede dieser drei Dimensionen werden Qualitätsmerkmale gebildet. Damit soll erreicht werden, bestimmte Dienstleistungen – wie Beratung oder Coaching – in ihren Qualitätsmerkmalen vergleichbar und überprüfbar zu machen (Bobzien, Stark & Straus, 1996). Eine besondere Situation in der Beratung sowie im Coaching besteht darin, Qualitätskriterien ständig zur Disposition zu stellen. Sie müssen von Anbieter und Kunden immer wieder neu ausgehandelt werden (A. Lenz, 1998a). Wichtig ist deshalb festzuhalten, daß Qualitätskriterien in der Beratung lediglich als Orientierungen zu verstehen sind. Diese bleiben allgemein und ausdeutungsfähig, wenngleich sie den grundsätzlichen Anspruch von Transparenz und Überprüfbarkeit der Dienstleistungsangebote erfüllen sollen (Gmür & A. Lenz, 1998; A. Lenz, 1998a). Dieser Anspruch besteht vor allem in den Bereichen, in denen die Teilnehmer die (vollen) Kosten tragen müssen und gleichzeitig ein großes Angebot von Anbietern besteht. Eine Situation, die für den Weiterbildungssektor im Allgemeinen als auch für den Coaching-Bereich zutrifft.

Sollen für die Dimensionen Qualitätsstandards formuliert werden, um das professionelle Handeln zu gewährleisten, basieren diese auf pragmatischen Überlegungen und einer Mischung aus wissenschaftlich geprägten Denkfiguren, zeittypischen Trends, ethischen Überzeugungen und beruflichen Erfahrungen (Meinhold, 1997). Evident wird dadurch, daß eine Bestimmung von Qualitätsstandards nicht ihrer Fixierung gleichkommt.

Bei der Formulierung von Qualitätsstandards ist abzuwägen, inwieweit sie die Handlungsfreiheit des Coaches, Beraters, Supervisors, Therapeuten einengen und inwieweit individuelle Bedingungskonstellationen durch die Formulierung von generellen Standards berücksichtigt werden können (Menz, 1998). Qualitätsstandards dürfen die Praxis nicht festschreiben, sondern sollen Entwicklung fordern. Etwas plakativ läßt sich die These formulieren:

„Statt Qualitätssicherung lieber Qualitätsverbesserung, statt Qualitätsstandards lieber Qualitätsziele" (Gnahs, 1998, S. 104).

Der hier vorgestellte Katalog versteht sich als eine erste Zusammenstellung möglicher Qualitätsmerkmale, die für Coaching gelten oder auf Coaching übertragbar sind. Dargestellt werden je nach Qualitätsdimension (Prozeß-, Struktur-, Ergebnisqualität) Nennungen von Qualitätskriterien, wobei eine verbindliche Übereinkunft in keinem der genannten Bereiche existiert.

- Strukturqualität

Zur personellen Strukturqualität gehören die *Qualifikationen der Person* (Coach, Supervisor, Berater), die obligatorische *Supervision* und *regelmäßige Fortbildung*. Weiterhin können fachliche Standards zugeordnet werden, die Merkmale wie *Experten-Wissen, beraterische Erfahrung, empirisch-wissenschaftlich begründete Erkenntnisse über Entstehungsbedingungen von Belastungen, über Bewältigungsressourcen und Faktoren, die das psychosoziale Wohlbefinden fördern, sowie Wissen über Interventionsmethoden* beinhalten (A. Lenz, 1998a). Welche speziellen Anforderungen an die Qualifikation des Coaches gestellt werden, wurde in Kapitel 2.4. behandelt und ist ebenfalls Thema der Untersuchung (vgl. Punkt 2.6).

Ein weiteres der Strukturdimension zuordbares Qualitätsmerkmal ist eine *tragfähige Arbeitsbeziehung*, die nach Rappe-Giesecke (1999) nicht nur auf der fachlichen Ebene, sondern ebenso auf der Ebene des Arbeitsbündnisses hergestellt und geklärt werden sollte. Dieses für die Supervision gültige Qualitätskriterium ist auf Coaching übertragbar. So sieht auch Rauen (1999) in der Kooperation zwischen Coach und Klient einen relevanten Erfolgsfaktor. Coaching als interaktives Miteinander erfordert die Kooperation als Grundlage der Beratung. Als weitere und sich untereinander beeinflussende notwendige Bedingungen für ein erfolgreiches Coaching nennt Rauen (1999) die *Kompetenz* und das *Konzept* des Coaches (vgl. Kap. 2.3.5.1).

Nach Meinhold (1997) sollten ebenfalls *institutionelle Rahmenbedingungen*, deren Einfluß auf Prozeß und Ergebnis eine Rolle spielen, beachtet werden. Im Kontext von Coaching ist der Fokus auf organisatorische Bedingungen, vor deren Hintergrund ein Coaching stattfindet, zu richten.

- Prozeßqualität

Hierzu zählen all jene Faktoren, die die Interaktion mit dem Klienten vom ersten telefonischen Kontakt über Beratungsgespräche bis zu Nachbefragungen bestimmen (Menne, 1998). A. Lenz (1998a) nennt für den Bereich der Erziehungs- und Familienberatung folgende Kriterien, die sich wegen ihrer allgemein gehaltenen Formulierung auf Coaching übertragen lassen: Angefangen über einen *gezielten Einsatz der unterschiedlichen Qualifikationen und Spezialisierungen*, was sich auf Interventionsstrategien, Setting und Indikationsüberlegungen bezieht, über die *Erstellung eines individuellen Beratungsplans, Partizipation des Klienten, Transparenz über die Methoden* bis hin zu *Klienten-Zufriedenheit* läßt sich die Prozeßqualität einschätzen bzw. erhöhen.

Für den Coaching-Prozeß nennt bisher nur Looss (1999) Qualitätsmerkmale, die hier skizziert werden: *Coaching sollte nicht mehr als zehn Sitzungen beinhalten*; *zwischen den Sitzungen liegen mehrere Wochen*, um Impulse aus der Beratung zu erproben; dies führt zu einer *Sitzungsdauer von zwei Stunden*, um das Erlebte zu berichten und auszuwerten; *Phasen von Verhaltens-Verunsicherung und -Stabilisierung auf seiten des Klienten wechseln sich ab*; *der Transfer gelingt um so leichter, je mehr Akzeptanz von seiten der Organisation gegeben ist.* Welche Qualitätskriterien sich für die Prozeßdimension im Coaching-Kontext formulieren lassen, ist für den anfänglichen Prozeß Teil und in Bezug auf die Methoden des Coaches Inhalt einer Fragestellung der Untersuchung (vgl. Kap. 2.6.).

Mit der Frage nach Qualitätsstandards des Prozesses ist nicht automatisch verbunden, einen Ablauf zu standardisieren. Es ist einleuchtend, daß es "den genormten" Ablauf nicht gibt. Vielmehr sind Flexibilität im Vorgehen des Coaches oder Beraters von wesentlicher Bedeutung. Vor diesem Hintergrund werden die Qualifikationen, Fortbildungen und Supervisionen bedeutsam. „Nur durch die fortlaufende Bewertung vorangegangener Therapieabschnitte ist eine angemessene «Qualitätslenkung» möglich: eine den Erfordernissen der Situation angemessene Steuerung des Behandlungsverlaufs“ (Bertelmann, Jansen & Fehling, 1996, S. 897f.).

- Ergebnisqualität

Der Erfolg einer Beratung weist eine komplexe Struktur auf (Dietrich, 1983), womit komplizierte Aufgaben der Erfolgsbeurteilung verbunden sind, wie z.B. folgende Fragen: An wie vielen Kriterien ist der Erfolg zu beurteilen? In welchem Ausmaß müssen diese erfüllt sein? Sind Verschlechterungseffekte berücksichtigt?

Als Merkmal der Ergebnisqualität von Coaching sieht Looss (1999) einen *Zugewinn an Lösungspotential für das ursprüngliche Problem plus einen Lerneffekt für den Klienten.* Dieser besteht in einer Zunahme an Transparenz über individuelle und organisatorische Verhaltensmuster und deren Entstehungsgeschichte, womit der Klient zusätzliche Möglichkeiten des Agierens und der Ausgestaltung seiner Rolle erhält.

Diese Ergebnisse können als ein Zugewinn an Problembewältigung, Klärung und Ressourcenaktivierung bezeichnet werden, die A. Lenz (1998a, S. 128ff.) als drei von insgesamt sechs Kriterien anführt.[9] Der *Zugewinn an Problembewältigung* ist mit einer übergreifenden Verhaltensveränderung, Erweite-

---

[9] Sieht Lenz (1998a) *Klärung, Problembewältigung* und *Ressourcenaktivierung* als Kriterien der Ergebnisqualität, wurden diese neben der *Problemaktivierung* als Wirkfaktoren für den Erfolg einer Psychotherapie von Grawe, Donati und Bernauer (1994) empirisch ermittelt (vgl. Kap. 7.1.1).

rung der Handlungskompetenzen und Bewältigungsmöglichkeiten beschreibbar. *Klärung* meint, sich über die Bedeutungen eigenen Erlebens und Verhaltens, über bewußte und unbewußte Ziele und Werte klarer zu werden. *Ressourcenaktivierung* bedeutet Potentiale, Stärken, Fähigkeiten herauszuarbeiten sowie individuelle Bewältigungsstrategien als auch soziale Ressourcen zu stärken. Schließlich sind *Kommunikation und Diskursfähigkeit, Alltags- und Lebenswelttransfer* sowie *Klienten-Zufriedenheit* als Ergebniskriterien zu nennen.

Ein weiteres Kriterium der Ergebnisqualität kann die *Akzeptanz eines Angebotes* durch Klienten und Auftraggeber sein. Dadurch können Rückschlüsse auf die Qualität der erbrachten Arbeit gezogen werden, denn Klienten bzw. Kunden werden ein Angebot um so mehr akzeptieren, je mehr es ihren Erwartungen entspricht (Meinhold, 1997).

Mögliche Qualitätsmerkmale der Struktur-, Prozeß- und Ergebnisqualität werden in Tabelle 4 zusammengefaßt dargestellt:

<table>
<tr><td colspan="3">Aushandlungsprozeß zwischen Coach, Klient, Personalentwickler, Auftraggeber, Experten, innerhalb von Verbänden, Netzwerken</td></tr>
<tr><td>Strukturqualität</td><td>Prozeßqualität</td><td>Ergebnisqualität</td></tr>
<tr><td>• Qualifikationen
• Supervision
• Fortbildung
• Berater-Erfahrung
• Handlungskonzept
• Arbeitsbündnis, Kooperation
• Institutionelle Rahmenbedingungen
• ...</td><td>• Gezielter Einsatz der Spezialisierungen (Indikation, Interventionen)
• Individueller Beratungsplan
• Partizipation
• Transparenz
• Transfer
• Max. Dauer von zehn Stunden
• Max. Sitzungsdauer zwei Stunden
• ...</td><td>• Veränderte Problemsicht
• Transfer
• Ressourcenaktivierung
• Problembewältigung
• Klärung, Transparenz über Verhaltensmuster
• Zufriedenheit
• Akzeptanz des Angebotes
• ...</td></tr>
</table>

Tabelle 4: Mögliche Qualitätsmerkmale der Struktur-, Ergebnis- und Prozeßqualität und die am Aushandlungsprozeß beteiligten Personengruppen (Quelle: Eigene Darstellung)

2.5.4 Qualitätssicherung und Evaluation

Die im Folgenden aufgeführten Möglichkeiten zur Qualitätssicherung bzw. -entwicklung sowie die beispielhaft dargestellten Verfahren weisen zwei Bezüge zu dem Anliegen der Arbeit auf (vgl. Kap. 2.6). Einerseits sind einige zu ermittelnde Qualitätsmerkmale gleichzeitig Qualitätssicherungs- bzw. -entwicklungsmaßnahmen wie z.B. die Supervision, was einen unmittelbaren Bezug zu der Fragestellung aufzeigt und Hinweise auf Qualitätssicherungsmaßnahmen gibt. Andererseits ist der Bezug nur ein indirekter, wenn ihr Stellenwert darin liegt, ausgehend von der Fragestellung dieser Arbeit Evaluationsstudien als weiterführende Schritte der Qualitätssicherung bzw. -entwicklung im Coaching anzuregen (vgl. Kap. 7.5).

Unter Qualitätssicherung werden generell alle Aktivitäten verstanden, die dazu dienen, die angestrebte Qualität erreichbar und überprüfbar zu machen (Meinhold, 1998). Qualitätssicherung stellt jedoch keinen linearen Prozeß dar, sondern ist eher in Form einer spiralförmigen Entwicklung mit wiederholten Durchläufen von Ist-Soll-Vergleichen und Anpassungsmaßnahmen zu beschreiben (Englert, 1998). Qualitätssicherung wird damit zu einem „running target“ (Gmür & A. Lenz, 1998, S. 72) bzw. zu einem kontinuierlichen Verbesserungsprozeß.

Verfahren der Qualitätssicherung sind vielgestaltig. Grob können sie in empirisch gestützte und nicht-empirische Maßnahmen unterteilt werden (Nübling & Schmidt, 1998). Zu den nicht-empirischen gehören Maßnahmen wie z.B. Ausbildungsrichtlinien, Richtlinien für Fort- und Weiterbildung, Supervisionen, Qualitätszirkel.

Die *Ausbildung und Qualifikation* der Berater bzw. Coaches stellt eine wichtige, wenn auch nicht hinreichende Grundlage für die Qualität der beraterischen Arbeit dar (vgl. Kap. 2.4). Als Maßnahmen für eine systematische Überprüfung und Förderung der Qualifikation der Berater sind neben *Aus- und Fortbildung, Supervision* und *Intervision* zu nennen. Bei der Intervision (Fengler, 1986), ein Sonderfall der Selbsthilfe, stellen sich die Mitglieder der Intervisionsgruppe ihr Wissen und ihre Erfahrungen zur Verfügung, wobei im Gegensatz zur Supervision die Mitglieder gleichrangig sind. Über einen professionellen Austausch bringt jeder im Rahmen seines Wissens, seiner Erfahrung, seiner praktischen und theoretischen Perspektiven und Kompetenzen Anregungen und neue Sichtweisen zu einem bestimmten Fall, Problem oder Thema ein. Ein solches fachliches Forum bzw. Netzwerk kann außerdem die über den Einzelfall hinausgehende Kooperation fördern.

Eine weitere Maßnahme besteht in der Bildung von *Qualitätszirkeln*, deren Aufgaben häufig mit Fallsupervision gleichgesetzt werden, deren Inhalte und Funktionen aber nicht identisch sind, wenngleich sie ähnliche Ziele verfolgen. Supervision bezieht sich auf die Sicherstellung und Verbesserung der laufenden Arbeit, während Qualitätszirkelarbeit eine Ebene darüber ansetzt (Leireiter & Vogel, 1998). Organisatorische Abläufe, Kommunikation und Zusammenarbeit werden verbessert. Übertragen auf den Coaching-Kontext könnte dies die Öffentlichkeitsarbeit, gemeinsame Projekte, die Formulierung von Qualitätsstandards etc. beinhalten.

Als Konzept der Qualitätskontrolle für den Dienstleistungsbereich gewinnt die *Evaluationsforschung* als eine empirisch fundierte Vorgehensweise zur systematischen Qualitätsprüfung und Interpretation von sog. "weichen" Aspekten an Bedeutung (A. Lenz, 1998a). Um den Forderungen einer kontinuierlichen Qualitätssicherung und -weiterentwicklung nachzukommen, reichen im Beratungsbereich traditionelle Formen der Qualitätssicherung wie Supervision, Teamarbeit und Fallbesprechungen allein nicht mehr aus. „Evaluation ist somit ein integraler Bestandteil von Qualitätssicherung und Qualitätsmanagement. Sie bildet gewissermaßen die empirische Basis für die fortlaufende Analyse und Weiterentwicklung der Qualität der Dienstleistung Beratung" (A. Lenz, 1998a, S. 121). Nach Wottawa und Thierau (1998) scheint es, trotz unterschiedlicher Herkunft, zu einer Konvergenz von Evaluation und Qualitätsmanagement, zumindest im Bereich der Dienstleistung, zu kommen.

„Evaluation ist ein außerordentlich vielfältiger Begriff. Er umfaßt eine Menge möglicher Verhaltensweisen und entzieht sich somit prinzipiell einer abstrakten, die Wirklichkeit gleichzeitig voll umfassenden Definition" (Wottawa & Thierau, 1998, S. 13). Zur Vereinheitlichung und Systematisierung der begrifflichen Diskussion schlug Suchman (1967, zit. nach Wottawa & Thierau, 1998) die Unterscheidung *Evaluation* und *Evaluationsforschung* vor: *Evaluation* wird definiert als Prozeß der Beurteilung des Wertes eines Produktes, Prozesses oder eines Programmes, was nicht notwendigerweise systematische Verfahren oder datengestützte Beweise zur Untermauerung einer Beurteilung erfordert. Evaluation meint zunächst nur Bewertung und Beurteilung. *Evaluationsforschung* hingegen bedient sich der expliziten Verwendung wissenschaftlicher Forschungsmethoden und -techniken für die Bewertungsdurchführung. Evaluationsforschung betont die Möglichkeit des Beweises anstelle der reinen Behauptung bzgl. des Wertes und Nutzens einer bestimmten sozialen Aktivität. Ihre wesentlichen Kennzeichen liegen in der Planungs- und Entscheidungshilfe mit dem Ziel, praktische Maßnahmen zu überprüfen, zu verbessern oder über sie zu entscheiden.

Unter Kapitel 2.3.6 wurde Evaluation als Teil des Coaching-Prozesses betrachtet. Evaluationsstudien von Coaching liegen bisher noch nicht vor (Sonntag & Schaper, 1999). Wird das Potential der Evaluationsforschung als Instrument der Qualitätssicherung bzw. -entwicklung betrachtet, besteht dieses für Beratung nicht nur in der Erfolgskontrolle (summative Evaluation) (Lenz, 1998a). Eine systematische Analyse der Praxis eröffnet Ansatzpunkte für eine kritische Auseinandersetzung mit den angewandten Methoden und Vorgehensweisen, liefert Hilfestellungen bei der Planung neuer Aktivitäten und trägt zur Fundierung von Entscheidungen über die Weiterführung oder Veränderung des Prozesses bei (formative Evaluation). Schließlich ermöglichen kontinuierliche Evaluationsbemühungen eine größere Transparenz der beraterischen Arbeit, wenn Ergebnisse und Prozesse nachvollziehbar dokumentiert werden. Evaluation erschöpft sich also nicht in Effizienzanalysen, sondern beinhaltet Überprüfungs- und Verbesserungsmöglichkeiten sowohl der fachlichen Kompetenz als auch der inhaltlichen Qualität der Arbeit.

Das von Wesseler (1994) beschriebene Dilemma zwischen der Komplexität von Qualität und dem Ideal der Eindeutigkeit von Evaluation in der pädagogischen Arbeit gilt genauso für den Coaching-Bereich. Angesichts der Vielfalt nur qualitativ zu erfassender Variablen wird das normative Paradigma, in dem Evaluation objektiv quantifizierbare Daten zu liefern hätte, ergänzt und weitgehend abgelöst durch einen interpretativen Ansatz. Dieser qualitative Forschungsansatz wird auch für vorliegende Untersuchung zur Ermittlung von Qualitätsmerkmalen herangezogen (vgl. Kap. 3).

Will, Winteler und Krapp (1987) beschreiben das auf dem Handlungsforschungsansatz beruhende *Helfer- und Beratungsmodell der Evaluation*. Es versteht den Evaluationsvorgang primär als sozialen Interaktions- und Beratungsprozeß und eignet sich besonders für kleine Evaluationsprojekte, die für alle Beteiligten eine wechselseitige Kommunikation zulassen. Hierbei geht es weniger um die quantitative Erfassung von Endergebnissen oder um die Messung der Zielerreichung in Relation zu vorgegebenen Zielen als um die Herausarbeitung von subjektiven Ergebnissen, die nicht wiederholbar und vergleichbar sind. Dazu werden zumeist qualitative Evaluationsmethoden eingesetzt. Diese sind nach A. Lenz (1998b) durch den verstehenden Zugang zu den subjektiven Perspektiven und Bedeutungsgehalten für den Beratungskontext – und damit auch für den Coaching-Kontext – geeigneter als quantitative Forschungsansätze.

Als eine Form der Evaluation eröffnet die *interne Evaluation* Lern- und Entwicklungschancen und erfüllt die Weiterbildungsfunktion, wenn die Betroffenen ihre Maßnahme selbst evaluieren. Sie hilft, die eigene Arbeit zu überdenken und fördert ggf. den Kontakt mit aktuellen wissenschaftlichen Entwicklungen (Will, Winteler & Krapp, 1987). Eine Unterform dieser Evaluation ist die *Selbstevaluation*. Nach Heiner (1998) zielt sie auf „(...) eine alltagsnahe Systematisierung professioneller Reflexions- und Dokumentationsprozesse (...)“ ab (S. 57). Die Person (Fachkraft, Berater, Coach) mißt sich nach eigenen Maßstäben, nutzt den kollegialen Austausch als kritisches Feedback und kann die Ergebnisse der Selbstevaluation in der Supervision kommunikativ validieren (Heiner, 1996, 1998).

2.5.5 Zusammenfassung

Qualität ist, wie gezeigt werden konnte, nichts Absolutes, sondern muß definiert, kommuniziert und zwischen den an der Dienstleistung beteiligten Gruppen (Anbieter, Kunden) ausgehandelt werden. Je nach Gegenstand (Coaching, Beratung, Psychotherapie etc.) bedarf es der Adaption bzw. Entwicklung von gegenstandsangemessenen Qualitätskonzepten, wozu nach der Dreiteilung in Struktur-, Prozeß- und Ergebnisqualität Qualitätsmerkmale formuliert werden und Maßnahmen zur Qualitätssicherung und -entwicklung angewandt werden. Mit Bezug zu dem Coaching-Kontext wurde eine Auswahl von möglichen Qualitätskriterien und Qualitätssicherungs bzw. -entwicklungsmaßnahmen aufgezeigt. In Überleitung zu der Zielsetzung und Fragestellung der Untersuchung gelten für die zu ermittelnden Qualitätsmerkmale: Die Formulierung von Qualitätsmerkmalen dient der Vermittlung von Orientierungen, ohne die Praxis festzuschreiben, erfüllt den Anspruch nach Transparenz und Überprüfbarkeit, ohne Handlungsspielräume des Coaches einzuengen und fungiert als Anregung zu einer ständigen Qualitätsoptimierung.

2.6 Konkretisierung der Zielsetzung und Fragestellung der Untersuchung

Das Ziel der Untersuchung besteht darin, Qualitätsmerkmale für Coaching aus der Perspektive von Coaching-Experten zu explorieren und zu definieren. Auf der Grundlage der ermittelten Merkmale soll die Formulierung von Qualitätskonzepten für Coaching unterstützt werden und zu einem Einsatz von Evaluationsforschung als Instrument der Qualitätssicherung angeregt werden. Außerdem soll durch zu explorierende Qualitätskriterien bzw. Orientierungshilfen dem Bedarf von seiten der Auftraggeber und Klienten nach Aufklärung und Transparenz in einem unübersichtlich gewordenen Coaching-Markt nachgekommen werden.

Coaching ist vergleichbar zu anderen Interventionsmaßnahmen wie Beratung oder Supervision eine Dienstleistung, die in einem interaktiven Prozeß zwischen Coach und Klient erbracht wird. Der Klient als Koproduzent hat damit einen erheblichen Einfluß auf die Qualität des Coachings. Dieser Einfluß beginnt bereits bei der Qualitätseinschätzung eines Coaches und seines Coaching-Angebotes. Da es keine vorgezeichneten Wege gibt, den für sich passenden Coach zu finden, bedarf es einer intensiven Vorklärung, ob Coach (inkl. Vorgehensweise und Qualifikationen) und potentieller Klient zueinander passen (Looss, 1997). Wie als anfängliche Phase des Coaching-Prozesses dargestellt (vgl. Kap. 2.3.1) betrifft diese Klärung die fachliche als auch persönliche Ebene sowie die Indikationsstellung (s.u.) (vgl. Kap. 2.2). Optimierungsmöglichkeiten dieses gemeinsamen Klärungsprozesses sollen ermittelt werden, indem Orientierungshilfen für Coach und Klient zur Klärung einer möglichen Zusammenarbeit exploriert werden. Diese bestehen aus Strukturqualitätsmerkmalen der Beteiligten, aus Prozeßqualitätsmerkmalen des anfänglichen Prozesses sowie aus kritischen Aspekten bzw. problematischen Ausgangsbedingungen, die auch den unternehmerischen Kontext einbeziehen. Orientierungshilfen für den Klienten werden in Form einer Checkliste zur Qualitätseinschätzung des Coaches und zur Auswahl eines passenden Coaches zusammengefaßt.

Wie im theoretischen Teil der Arbeit beschrieben, gibt es eine Vielfalt von Anlässen, für die Coaching geeignet erscheint. Schwieriger ist eine eindeutige Zuordnung der Maßnahme bzw. eine Eingrenzung ihres Indikationsbereiches. Coaching anlaßadäquat einzusetzen, ist bereits ein Qualitätsmerkmal, denn genauso wie für die Supervision gilt auch für Coaching: „Unrealistische Erwartungen auf der einen und overselling auf der anderen Seite schaden der Qualität der einzelnen Supervisionen und dem Ruf der gesamten Profession" (Rappe-Giesecke, 1999, S. 44). Als ein Aspekt der Klärung über die gemeinsame Zusammenarbeit wird die Indikationsstellung unter der Exploration von Orientierungshilfen für den Coach (Forschungsfrage 1, siehe Kasten) aufgegriffen.

Die Methoden des Coaches zeichnen sich durch Vielfältigkeit aus und decken weite Teile des psychotherapeutischen Interventionsrepertoires ab (vgl. Kap. 2.3.5). Ausgehend von der Beschreibung des Ist-Zustandes der im Coaching angewandten Methoden und Interventionsweisen, sollen Qualitätsanforderungen an die Auswahl und Anwendung der Methoden im Coaching ermittelt werden. Fraglich ist in diesem Zusammenhang, ob ein für Coaching spezifisches Methodenrepertoire als (Mindest- bzw.) Standardinstrumentarium formuliert werden kann und welche Vorstellungen eines wissenschaftlich fundierten Coachings in der Praxis existieren.

Der nächste Fragenkomplex bezieht sich auf die Qualifikationsanforderungen an einen Coach. Hier gibt es in der einschlägigen Literatur mittlerweile tendentielle Übereinstimmungen und einige empirische Studien, die die Qualifikationsvorstellungen aus unterschiedlichen Perspektiven beleuchten (Marlinghaus, 1996; Roth et al., 1995; Vogelauer, 1998b). Bei diesem Themenbereich geht es um das Ziel einer Formulierung von Qualifikationsanforderungen, um Qualitätsmerkmale der personellen Strukturqualität zu definieren. Betrachtet werden außerdem mögliche Ausbildungswege sowie Funktion und Formen von Professionsgemeinschaften als Regulative des Coaching-Marktes.

Schließlich wird der Abschluß eines Coachings analysiert. Von einer komplexen Struktur des Ergebnisses ausgehend, werden Erfolgskriterien sowie negativ bewertete mögliche Begleiterscheinungen exploriert. Verdeutlicht wird damit, welche Ziele mit Coaching erreicht werden sollen bzw. welche unerwünschten Effekte damit verbunden sind.

Es ergeben sich folgende Forschungsfragen:

1. Wie ist der Klärungsprozeß bzgl. einer gemeinsamen Zusammenarbeit zu optimieren bzw. welche Orientierungshilfen können für Klient und Coach formuliert werden, um Risiken eines Mißerfolges zu minimieren?
2. Welche Methoden und Interventionsweisen werden im Coaching angewandt? Welches sind die Qualitätsanforderungen an die Auswahl und Anwendung der Methoden?
3. Welche Qualitätsanforderungen können in bezug auf die Qualifikationen eines Coaches formuliert werden?
4. Wie ist die Ergebnisstruktur im Coaching zu beschreiben?

Die Forschungsfragen werden in einer explorativen Untersuchung i.S. einer deskriptiven Bestandsaufnahme von Meinungen und Qualitätsvorstellungen der zu befragenden Coaching-Experten (vgl. Kap. 4.2) erörtert. Im wissenschaftlichen Sinne ist neben dem Gewinn von Qualitätsanforderungen bzw.

-kriterien zur Qualitätserhöhung sowie zur Beschreibung und Überprüfung von Coaching auch Ziel dieser explorativen Arbeit, zu Evaluationsforschung und zu weiterer qualitativer Forschung anzuregen (vgl. 7.5). Weiterhin sollen die Daten eine mögliche Basis für Hypothesen- bzw. Modellbildungen und für quantitative Untersuchungen darstellen.

Aufgrund der Beschaffenheit der Fragestellungen werden in dieser Untersuchung Forschungsmethoden verwendet, die sich der qualitativen Forschung zuordnen lassen. Die folgenden Kapitel des Methodenteils werden Aufschluß über Grundsätze qualitativer Forschungsansätze und das zur Datenerhebung verwendete qualitative Experten-Interview geben, bevor auf den Untersuchungsablauf (Kap. 4.) und die inhaltliche Auswertung der Daten (Kap. 5) eingegangen wird.

3 Methodische Grundlagen

In diesem Kapitel erfolgt eine allgemeine Einführung in die qualitative Sozialforschung, die eine exemplarische Darstellung gemeinsamer Grundsätze sowie eine Diskussion von Kombinationsmöglichkeiten quantitativer und qualitativer Forschungsverfahren enthält. Datenerhebungs- und Auswertungsmethoden dieser Studie können darin eingeordnet und nachvollzogen werden. Als Erhebungsmethode wird das problemzentrierte (qualitative) Interview besprochen, nachdem allgemeine Differenzierungskriterien von Interviews und Kriterien qualitativer Interviews beschrieben werden. Schließlich wird die spezielle Anwendungsform als Experten-Interview erläutert. Die Aufbereitungs- und Auswertungsmethoden des durch die Interviews gewonnenen kommunikativen Materials werden in Kapitel 5 umfassend beschrieben.

3.1 Einführung in die qualitative Sozialforschung

Seit den 70er Jahren gewinnt die qualitative Sozialforschung neben der am naturwissenschaftlich-experimentellen Paradigma orientierten Forschung wieder an Bedeutung (von Kardoff, 1995; Lamnek, 1995a; Mayring, 1996). Die psychologische Forschung war bis dahin von einem deduktiven, hypothesentestenden Vorgehen geprägt. Phänomene werden gemessen und quantifiziert. Mit dem Einsatz statistischer Methoden, kontrollierter Untersuchungsbedingungen und repräsentativer Zufallsstichproben sollen allgemeingültige Gesetzesaussagen über das Verhalten und Erleben des Menschen gewonnen werden. In kritischer Auseinandersetzung mit der ausschließlichen Anwendung quantifizierender Methoden entwickelte sich das qualitative Denken in der Psychologie zu einer alternativen wissenschaftlichen Richtung. Seit seiner Zurückdrängung zu Beginn dieses Jahrhunderts erlebt dieser Ansatz eine Renaissance.[10] Diese Wiederentdeckung stellte das interpretative Paradigma zunächst in Konkurrenz zu dem quantitativen Ansatz, löste einen Methodendualismus aus und führte zu einer Grundsatzdiskussion über die Prinzipien empirischer Sozialforschung. Erst in jüngerer Vergangenheit weichen Diskussionen über einen Alleinvertretungsanspruch Bestrebungen, „(...) quantitative und qualitative Methoden nicht als prinzipiell unvereinbare Untersuchungsverfahren, sondern als sich ergänzende Alternativen im Feld empirischer Forschung zu begreifen" (Lamnek, 1995a, S. 6).

---

[10] Auf die Wurzeln, historische Entwicklung und auf wirksame Einflüsse für eine Renaissance qualitativer Forschung wird im Rahmen dieser Arbeit nicht näher eingegangen und auf die einschlägige Literatur verwiesen (Bortz & N. Döring, 1995, S. 277ff.; von Kardoff, 1995, S. 4ff; Kleining, 1995, S. 12ff, Mayring, 1996, S.3ff.)

Geht es nun um die Frage, was qualitative Forschung konstituiert und wodurch sie über die kritische Auseinandersetzung mit dem quantitativen Ansatz hinaus charakterisiert werden kann, ist zunächst herauszuheben, daß sich der Begriff "qualitativ" nicht einheitlich definieren läßt, sondern eher als Sammelbegriff für verschiedene methodologische Ansätze und methodische Verfahren der Psychologie, Soziologie und Pädagogik zu verstehen ist (Bortz & N. Döring, 1995; Graz, 1995; Kleining, 1995, Lamnek, 1995a). Ausgehend von dieser bestehenden Heterogenität beschreibt von Kardoff (1995) den kleinsten gemeinsamen Nenner der qualitativen Forschungstradition wie folgt:

> Qualitative Forschung hat ihren Ausgangspunkt im Versuch eines vorrangig deutenden und sinnverstehenden Zugangs zu der interaktiv «hergestellt» und in sprachlichen wie nicht-sprachlichen Symbolen repräsentiert gedachten sozialen Wirklichkeit. Sie bemüht sich dabei, ein möglichst detailliertes und vollständiges Bild der zu erschließenden Wirklichkeitsausschnitte zu liefern. Dabei vermeidet sie so weit wie möglich, bereits durch rein methodische Vorentscheidungen den Bereich möglicher Erfahrungen einzuschränken oder rationalistisch zu «halbieren» (Habermas, 1964). Die bewußte Wahrnehmung und Einbeziehung des Forschers und der Kommunikation mit den «Beforschten» als konstitutives Element des Erkenntnisprozesses ist eine zusätzliche, allen qualitativen Ansätzen gemeinsame Eigenschaft: Die Interaktion des Forschers mit seinen «Gegenständen» wird systematisch als Moment bei der «Herstellung» des «Gegenstandes» selbst reflektiert (Habermas, 1964; Devereux, 1973). (von Kardoff, 1995, S. 4)

Daran anknüpfend, sollen gemeinsame Grundhaltungen qualitativen Denkens dargestellt werden. Hierbei wird auf die *Theorie qualitativen Denkens* von Mayring (1996) exemplarisch zurückgegriffen.[11] Mayring (1996) formuliert die Grundsätze in Form von fünf Postulaten, die er als Grundgerüst qualitativen Denkens bezeichnet. Diese beinhalten eine Forderung nach stärkerer *Subjektbezogenheit* der Forschung (Postulat 1) und eine Betonung der *Deskription* (Postulat 2) vor der erklärenden Konstruktion. Der Untersuchungsgegenstand soll durch *Interpretation* (Postulat 3) der Forschungssubjekte erschlossen werden, was besonders für eine Analyse verbalen Materials gilt. Schließlich sollten Untersuchungen in der *alltäglichen* Umgebung (Postulat 4) stattfinden und Ergebnisse nicht automatisch durch Stichprobenziehung verallgemeinerbar sein. Sie bedürfen im spezifischen Fall einer Explizierung, für welche Situationen und Zeiten sie gelten (*Verallgemeinerungsprozeß*) (Postulat 5). Diese Postulate werden in einem zweiten Schritt in Handlungsanweisungen, d.h. in methodische Vorgehensweisen, konkretisiert, die in dem Modell „Säulen qualitativen Denkens" (Mayring, 1996, S. 15) dargestellt werden (vgl. Abbildung 14). Anhand dieser Konkretisierungen kann

[11] Andere, sich in vielen Punkten überschneidende Grundsätze sind die „zentralen Prinzipien qualitativer Sozialforschung" von Lamnek (1995a, S. 21ff.). An dieser Stelle sei auf die Originalliteratur verwiesen.

eine Übereinstimmung zwischen geforderter und tatsächlicher qualitativer Forschung geprüft werden. Sie dienen quasi als Checkliste, um zu beurteilen, ob eine Studie „als ausreichend qualitativ abgesichert gelten“ (Mayring, 1996, S. 25) kann.

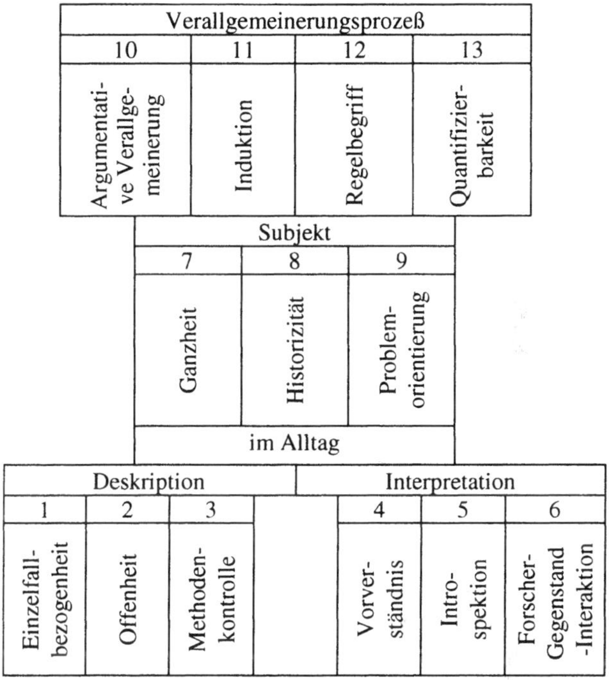

Abbildung 14: Säulen qualitativen Denkens (Quelle: Mayring, 1996, S. 15)

Mayring (1996, S. 14ff.) schlägt folgende Konkretisierungen der Postulate vor:

- Die Deskription (Postulat 2) wird konkretisiert,
  - * indem Einzelfälle erhoben und analysiert und Verfahrensweisen und Ergebnisse immer wieder auf den *Einzelfall* bezogen werden;
  - * indem der Forschungsprozeß dem Gegenstand gegenüber *offen* gehalten wird, d.h. theoretische Strukturierungen und Methoden ggf. zu ergänzen oder zu revidieren;
  - * und indem das methodische Vorgehen einer genauen *Kontrolle* unterliegt und die Explizierung und Regelgeleitetheit des Verfahrens eine Grundlage für eine Ergebnisverallgemeinerung darstellt.
- Die Interpretation (Postulat 3) bedeutet,
  - * das *Vorverständnis* des Forschungsgegenstandes zu explizieren;

* daß *introspektive Informationen* ein legitimes Erkenntnismittel darstellen;
* daß die *Forscher-Gegenstand-Interaktion* als ein konstitutives Element des Forschungsprozesses verstanden wird.

- Die Orientierung am Subjekt (Postulat 1 und 4) wird berücksichtigt, indem
  * analytische Trennungen von Funktions- oder Lebensbereichen des Subjekts wieder zu einer *Ganzheit* zusammengeführt und unter dieser Perspektive interpretiert werden;
  * die *Historizität* des Subjekts betrachtet wird;
  * die Forschung direkt am Problem der Subjekte ansetzen sollte (*Problemorientierung).*

- Die Verallgemeinerung (Postulat 5) wird durch folgende Grundsätze konkretisiert, daß
  * eine *argumentative Absicherung* der Verallgemeinerung der Ergebnisse erforderlich ist;
  * *induktive* Verfahren grundsätzlich zugelassen sind;
  * statt nach allgemeingültigen Gesetzen nach kontextgebundenen *Regeln* gesucht wird;
  * qualitative Analysen Voraussetzungen für sinnvolle *Quantifizierungen* schaffen, was ein integratives Verständnis von qualitativen und quantitativen Methoden aufzeigt.

Wie in der letzten Säule deutlich wird, befürwortet Mayring (1996) eine Integration von Verfahren qualitativer und quantitativer Forschungsansätze. Diese moderate Position und die Konkretisierung qualitativen Vorgehens waren für die Auswahl einer exemplarischen Darstellung qualitativer Grundsätze ausschlaggebend. Die Checkliste ist angesichts der unterschiedlichen qualitativen Ansätze nicht dogmatisch zu verstehen, denn trotz der wertvollen Richtlinien zum methodischen Vorgehen, weichen andere, weniger moderate qualitative Ansätze aufgrund anderer Akzente von den gestellten Forderungen ab.

Bevor auf die Anwendung qualitativer Forschung für diese Untersuchung eingegangen wird, erfolgt eine Beschreibung eines sinnvollen Einsatzes und der Relation quantitativer und qualitativer Forschungsstrategien.

3.1.1 Indikation und Kombination qualitativer und quantitativer Forschungsmethoden

Qualitative und quantitative Ansätze wurden in der Vergangenheit aufgrund ihrer unterschiedlichen methodologischen Prinzipien als unvereinbare Gegensätze betrachtet. Obwohl es zunächst wichtig war, qualitative Forschung aus ihrer vorbereitenden Position quantitativer Untersuchungen zu entheben und ihre Gleichwertigkeit neben der traditionellen Sichtweise zu betonen, konstituieren die „(...) alternativ anmutenden Forschungsauffassungen letzten Endes doch ein Ergänzungsverhältnis und können (...) als Ausgangsgrundlage und Chance für eine dringend geboten erscheinende Vervollständigung des Forschungsprogramms der Psychologie begriffen werden“ (Jüttemann, 1985, S. 11f.). So läßt sich nach von Kardoff (1995) qualitative und quantitative Forschung auf einem Kontinuum abtragen, wobei je nach Fragestellung die eine oder andere im Vordergrund steht. Damit entscheidet die Gegenstandsangemessenheit über die Anwendung der Methoden und nicht das Paradigma an sich.

Quantitative Methoden sind nach Treumann (1986) dann sinnvoll, „(...) wenn das zu analysierende soziale Phänom deutlich strukturiert ist und der Untersucher selbst ein klares Bild von dieser Struktur besitzt, die es ihm ermöglicht, Objektbereiche festzulegen, Hypothesen zu bilden und hinreichend angemessene Operationalisierungen vorzunehmen“ (S. 199).

Qualitative Verfahren sind adäquat, wenn nicht primär quantifizierte Erkenntnisse erreicht werden sollen, sondern verbales Material interpretiert wird, der Untersuchungsgegenstand noch wenig beforscht bzw. unstrukturiert ist, also einen explorativen Zugang nahelegt, das Ziel weniger in der Hypothesenüberprüfung, sondern in der Hypothesengenerierung liegt und subjektive Erfahrungen, Bedeutungen oder Meinungen der zu untersuchenden Personen erhoben werden sollen (Bortz & N. Döring, 1995; Lamnek, 1995a, Treumann, 1986).

Methoden beider Ansätze lassen sich innerhalb eines Forschungsprojektes kombinieren, wobei Verfahren des einen oder anderen Ansatzes je nach Phase des Projektes Verwendung finden. Soll z.B. nur ein Erhebungsverfahren zum Einsatz kommen und wird sich für ein quantitatives entschieden, so hebt W. Wolf (1995) hervor, enthält die Untersuchung notwendigerweise immer qualitative Elemente zu Beginn und zum Ende des Forschungsprozesses. Andersherum können auch qualitative Ergebnisse (z.B. Typen, die Nominalskalenniveau entsprechen) mit Hilfe statistischer Verfahren kontrolliert werden (W. Wolf, 1995). Vorstellbar ist ferner, quantitative Methodik in der Erkundungsphase eines Forschungsprojektes zu verwenden, um qualitative Verfahren in der Hauptphase als vertiefende oder ergänzende Methoden einzusetzen, wozu z.B. Leitfaden-Interviews mit einem Teil der Stichprobe durchgeführt werden können (von Kardoff, 1995; W. Wolf, 1995).

Eine Kombination und gleichzeitig komplementäre Kompensation der Schwächen der einen oder anderen Methode ist die Methoden-Triangulation quantitativer und qualitativer Verfahren. Hierbei wird ein Untersuchungsgegenstand aus unterschiedlichen Perspektiven betrachtet und somit ein „kaleidoskopartiges Bild“ geschaffen (Köckeis-Stangl, 1980, S. 363; siehe auch Kap. 5.2.3). Trotz des Schnittpunktes in dem jeweiligen Gegenstand, bleiben die verschiedenen Methoden nebeneinander stehen (Flick, 1995a).

Ein Beispiel für die Integration qualitativer und quantitativer Forschung in einem Verfahren ist die *qualitative Inhaltsanalyse* nach Mayring (1993). Hier werden quantitative Elemente in eine qualitative Vorgehensweise integriert. Zu Beginn des wissenschaftlichen Vorgehens steht die Erarbeitung eines Kategoriensystems an dem Datenmaterial. Im Anschluß an die qualitativen Analyseschritte „(...) können quantitative Analyseschritte vorgenommen werden, sofern sie angestrebt sind" (Mayring, 1993, S. 19). Dazu werden Aussagen aus Interviewerhebungen quantifiziert und die Häufigkeiten, mit denen bestimmte Kategorien besetzt sind, bestimmt. Die Interpretation der Ergebnisse ist dann wieder ein qualitativer Schritt. Diese Integration quantitativer Elemente sowie die an der quantitativen Methodologie angelehnte Systematik des Analyseablaufs (vgl. Kap. 5.2.) verdeutlichen, daß sich Methoden wie die *qualitative Inhaltsanalyse* von Mayring nicht mehr eindeutig dem qualitativen oder quantitativen Paradigma zuordnen lassen, sondern in einem Verfahren beide Forschungsperspektiven miteinander vereint werden.

3.2 Die Anwendung qualitativer Forschung in Bezug auf die Untersuchung

Aufgrund des bis dato wenig erforschten Untersuchungsgegenstandes gestaltet sich diese Studie als eine explorative Herangehensweise an das Forschungsfeld. Die Forschungsstrategie dient nicht der Hypothesentestung, sondern der Vorbereitung von Hypothesenformulierungen und Theoriekonstruktionen. Hypothesen sind also nicht der Ausgangspunkt, sondern das Ziel, womit das Forschungsvorgehen als ein induktives zu bezeichnen ist (vgl. Abbildung 14, Säule 11).

Die Offenheit auf theoretischer Ebene ist jedoch „(...) nicht gleichzusetzen mit theoretischer Voraussetzungslosigkeit" (Hopf, 1979, S. 15), sondern mit einem flexiblen Umgang vorläufiger Annahmen. Der Forscher ist angehalten, in seinen theoretischen Vorstrukturierungen die Zusammenfassungen bisherigen Wissens über den Untersuchungsgegenstand darzustellen, für Unerwartetes offen zu bleiben, bisheriges Wissen zu ergänzen oder zu revidieren. In dieser Arbeit fließt das bisherige Wissen in die Konzeption des Interviewleitfadens sowie in die Bearbeitung des kommunikativen Materials ein. An gewonnene Daten wird zunächst ein Kategoriensystem herangetragen, das im Wechselspiel mit der Empirie modifiziert werden kann (vgl. Kap. 5.2.2.; vgl. Abbildung 14, Säule 4).

Die Forderung nach Offenheit gilt außerdem für die methodischen Instrumente der Datenerhebung und Auswertung, die ggf. modifiziert werden können (vgl. Abbildung 14, Säule 2). Lamnek (1995a) spricht von einer Flexibilität während des Forschungsprozesses und hebt diese Vorgehensweise von dem klar strukturierten Ablauf deduktiver Forschungsstrategie ab. Auf die Modifizierungen des Datenerhebungsinstruments bzw. des Analyseverfahrens zur Auswertung dieser Untersuchung wird an entsprechender Stelle eingegangen (vgl. Kap. 5.2.1).

Auf methodischer Ebene ist eine offene bzw. keine standardisierte Methode zur Datenerhebung indiziert. So werden die Aussagen der befragten Coaching-Experten nicht von vorne herein durch vorgegebene Antwortkategorien und Frageitems eingeschränkt. Es werden auch jene Perspektiven und Relevanzsysteme aufgegriffen, die möglicherweise mit einem standardisierten Instrument nicht erfaßt würden. Der Praktiker soll zu Wort kommen und seine Stellungnahmen nicht unnötig begrenzen. „Den Wahrnehmungstrichter (...) so weit wie möglich offen zu halten, um dadurch auch unerwartete, aber dafür um so instruktivere Informationen zu erhalten“ (Lamnek, 1995a, S. 22), ist das mit der Anwendung nicht standardisierter Erhebungsmethoden verfolgte Ziel. Für diese Untersuchung ist das *problemzentrierte Interview* nach Witzel (1982, 1985) als qualitatives Interview zur Erhebung der Meinungen der Coaching-Experten geeignet (vgl. Kap. 3.3.2; vgl. Abbildung 14, Säule 6).

Da die erhaltenen Informationen im Zuge der Auswertung deskriptiv aufgearbeitet werden, ist gerade für eine offene (bzw. teilstrukturierte) Datenerhebung eine systematische und regelgeleitete Analyse notwendig (vgl. Abbildung 14, Säule 3). Diese ermöglicht eine Überschaubarkeit des umfangreichen Materials, ohne Komplexität einzubüßen, und eine intersubjektive Überprüfung der Ergebnisse. Die *qualitative Inhaltsanalyse* nach Mayring (1993) stellt ein systematisches und in ihrem Ablauf explizites Verfahren zur Auswertung verbalen Materials dar und ist demnach ein positives Beispiel für die Forderung nach Explikation und kontrolliertem Vorgehen qualitativer Forschung (Lamnek, 1995a).

Die Forschungsfragen richten sich an einen bestimmten Bereich. Zu den genannten Forschungsfragen (vgl. Kap. 2.6) werden die Meinungen von Coaching-Experten, die sich auf den Coaching-Bereich beschränken, eingeholt. Diese geforderte Gegenstandsnähe wird als Vorteil qualitativer Herangehensweisen gesehen (von Kardoff, 1995). So auch Mayring (1996): „Und schließlich heißt subjektorientierte Forschung auch immer, an den konkreten praktischen Problemen des Subjekts (...) anzusetzen“ (S. 13), was im Rahmen dieser Arbeit gewährleistet ist (vgl. Abbildung 14, Säule 9).

3.3 Das Interview als Datenerhebungsverfahren

Ein Interview ist „(...) eine planmäßige und zweckbestimmte sprachliche Interaktion zwischen zwei Personen, die (...) auf bestimmte relevante Inhalte gelenkt wird mit dem Ziel, vom Interviewpartner durch gezielte Fragen oder Bemerkungen verbale Informationen objektiver und/oder subjektiver Art zu gewinnen“ (Wittkowski, 1994, S. 26). Gilt das Interview in der quantitativen Forschung als der methodische „Königsweg“ (Lamnek, 1995b, S. 35), ist es zur Erhebung qualitativer Daten als nicht- oder teil-standardisierte Befragung als eine der wichtigsten Grundtechniken zu sehen (Bortz & N. Döring, 1995; Lamnek, 1995b).

Mit Bezug zu Atteslander (1995) sind wesentliche Differenzierungsmerkmale von Interviews die *Kommunikationsform* (d.h. Stärke der Strukturierung) und die *Kommunikationsart* (mündlich oder schriftlich), die gefolgt von anderen Differenzierungsmerkmalen im Anschluß dargestellt werden. Mit dem Differenzierungsmerkmal "Strukturierung" bezieht sich Atteslander (1995) auf die gesamte Interviewsituation, die in ihrer Strukturiertheit von der Standardisierung des Instrumentes, diese wiederum von der Offenheit der einzelnen Fragen und von dem Interviewerverhalten abhängig ist. Diese Differenzierung hebt sich von der in der Literatur oft synonymen Verwendung der Begriffe "Strukturierung" und "Standardisierung" ab. Hier bezieht sich die Bezeichnung "Standardisierung des Instruments" auf die Benutzung von Antwortkategorien und die "Offenheit der Frage" bezeichnet den Äußerungsspielraum, der dem Befragten gelassen wird.

Interviews lassen sich nach dem Grad ihrer Strukturiertheit in *wenig strukturiertes*[12], *stark strukturiertes und teil- bzw. halbstrukturiertes Interview* unterteilen. In einem *wenig strukturierten Interview* bestehen für beide Interviewpartner hohe Freiheitsgrade. Das Vorgehen ist nicht vorfixiert, auf seiten des Befragten sind höchste Reaktionsmöglichkeiten gegeben. Vorgegeben wird lediglich ein thematischer Rahmen. Formulierung und Anordnung der Fragen werden dem Gegenüber individuell angepaßt. Offene Fragen sollen zu ausführlichen Antworten Anstoß geben. Diese werden nicht in ein Antwortschema eingeordnet, sondern meist in der ursprünglichen Formulierung aufgezeichnet. Der Interviewer hat die Aufgabe, den Informationsfluß aufrecht zu erhalten, wobei sich die Fragen aus den Äußerungen des Befragten entwickeln.

In einem *stark strukturierten Interview* werden durch die hohe Standardisierung die Handlungsspielräume beider Interviewpartner stark eingeschränkt. Die Fragen sind in ihrem Wortlaut und in der Reihenfolge vorgegeben. Häufig werden Antwortkategorien vorher festgelegt, die bei geschlossenen Fragen dem Befragten vorgelegt werden oder dem Interviewer die Aufzeichnung der Antworten erleichtern. Nicht die ursprünglichen Aussagen werden festgehalten, sondern eine reduzierte Information, die dem vorgegebenen Antwortraster entspricht.

Bei dem *teil- oder halbstrukturierten Interview* liegt dem Interviewer ein Leitfaden vor, der vorformulierte offene Fragen enthält, die in ihrer Abfolge nicht festgelegt sind. Es ist möglich, Themen aufzugreifen, zu vertiefen oder

---

[12] Atteslander (1995) wendet sich gegen die in vielen Lehrbüchern verwendete Bezeichnung "unstrukturiert", da es seiner Meinung nach keine soziale Situation ohne Struktur gibt.

bei Bedarf Sekundärfragen aus dem Leitfaden bzw. ad hoc zu stellen. Antwortvorgaben werden nicht gegeben und eine freie Artikulation der Befragten ermöglicht. Durch die Grobstruktur des Leitfadens wird der Erhalt von Mindestinformationen gewährleistet. Gleichzeitig wird ein Gestaltungsspielraum offen gehalten, um Inhalte zu berücksichtigen, die nicht im Leitfaden vorgesehen waren, aber zu dem thematischen Rahmen gehören (Wittkowski, 1994). Der Vorteil dieser Form ist ihre große Elastizität, d.h. die Anpassung an den Befragten, und eine höhere Vergleichbarkeit als bei wenig strukturierten Interviews.

Ein weiteres Unterscheidungskriterium ist die *Kommunikationsart* (mündlich oder schriftlich). Ist eine schriftliche Befragung ebenfalls ein geeignetes Instrument zur Erfassung qualitativer Aspekte, wird in der qualitativen Forschung i.d.R. eine mündliche Befragung durchgeführt. Dabei ist einerseits die persönliche Beziehung von Bedeutung (Lamnek, 1995a) und andererseits die Möglichkeit einer Regel- und Kontrollfunktion des Interviewers gegeben. Ausführungen des Befragten können reflektiert, paraphrasiert, zusammengefaßt oder ggf. konkretisiert werden. Diese Funktion, die als kommunikative Validierung der Datenerhebung zu bezeichnen ist (vgl. Kap. 5.2.3), wäre bei einer schriftlichen Erhebung in dieser Form nicht gegeben. Diese Interpretationshilfen dienen der methodologischen Prämisse qualitativer Forschung nach Explikation (Lamnek, 1995a) bzw. methodischer Kontrolle (Mayring, 1996).

Interviews können außerdem durch das *Interviewerverhalten* (weich, neutral, hart) differenziert werden. Bei weichem Interviewerverhalten steht der Aufbau eines Vertrauensverhältnisses im Vordergrund. Es folgt den Prinzipien der Gesprächspsychotherapie in einer betont einfühlsamen, emotional involvierten Gesprächsführung, die zu authentischen und ausführlichen Antworten anregen möchte (Bortz & N. Döring, 1995). Bei dem harten Interview ist die Haltung als eine autoritäre zu beschreiben, bei der sozialer Druck zum Aufbrechen möglicher Widerstände auf seiten des Befragten ausgeübt wird. Neben diesen extremen Formen betont das neutrale Verhalten die Gleichwertigkeit der Interviewpartner (Bortz & N. Döring, 1995). Nach Spöhring (1989) verhält sich der Interviewer freundlich, aber distanziert, wobei die informationssuchende Funktion (s.u.) im Vordergrund steht.

Schließlich lassen sich nach Bortz und N. Döring (1995), Lamnek (1995b) sowie Spöhring (1989) weitere, für diese Arbeit relevante Differenzierungskriterien nennen: *Anzahl der Befragten* (Einzelinterview, Gruppeninterview), *Anzahl der Interviewer* (ein, zwei, mehrere Interviewer) und *Funktionen des Interviews* (informationsermittelnder, informationsvermittelnder). Steht bei erster Funktion der Informationsgewinn im Vordergrund, wobei der Befragte als Träger abrufbarer Information gesehen wird, gehören zur informationsvermittelnden Funktion z.B. Beratungsgespräche, bei denen der Befragte das Ziel informatorischer Kommunikation ist.

3.3.1 Charakteristika qualitativer Interviews

Bevor näher auf das in dieser Untersuchung verwandte Verfahren, das Experten-Interview als *problemzentriertes Interview* (Witzel, 1982, 1985), eingegangen wird, sollen in Anlehnung an Lamnek (1995b) und Hopf (1995) Charakteristika des qualitativen Interviews nach den im vorherigen Kapitel dargestellten Differenzierungsmerkmalen zusammengefaßt werden (vgl. Tabelle 5):

Differenzierungsmerkmale	Formen	Qualitatives Interview
Strukturiertheit der Interviewsituation	wenig halb stark	wenig halb
Standardisierung des Instrumentes	nicht halb stark	nicht halb
Offenheit der Fragen	offen geschlossen	offen
Kommunikationsart	mündlich schriftlich	i.d.R. mündlich
Interviewerverhalten	weich neutral hart	weich neutral
Anzahl der Befragten	Einzelinterview Gruppeninterview	Einzelinterview Gruppeninterview (Gruppendiskussion)
Anzahl der Interviewer	ein zwei mehrere	ein zwei mehrere
Funktion des Interviews Informations-...	ermittelnd vermittelnd	ermittelnd vermittelnd

Tabelle 5: Formen der Differenzierungsmerkmale und ihre Anwendung im qualitativen Interview (Quelle: Eigene Darstellung in Anlehnung an Lamnek, 1995b)

In diesen zentralen Aspekten qualitativer Interviews kann Bezug zu den in Kapitel 3.1 genannten methodologischen Aspekten qualitativer Forschung bzw. zu den Säulen qualitativen Denkens (vgl. Abbildung 14) genommen werden: Das Prinzip der *Offenheit* findet sich in der geringen Strukturiertheit der Interviewsituation wieder, wozu auch eine geringe Standardisierung und offene Fragen gehören. Meinungen, subjektive Sichtweisen, Einstellungen der Befragten, also ihre Wirklichkeitsdefinition lassen sich ermitteln, ohne sie in eine Prädetermination einer Standardisierung einzugliedern, womit der Forscher für unerwartete Informationen zugänglich bleibt (Lamnek, 1995b). Weiterhin berücksichtigt gerade das Interview das Prinzip der *Forscher-Gegenstand-Interaktion* bzw. die Interaktion zwischen Forscher und Beforschten als ein den Forschungsprozeß konstituierendes Element. In dem Interaktionsprozeß des Interviews werden subjektive Deutungen der Wirklichkeit erst gebildet, d.h., wie Mayring (1996) betont, werden Daten nicht lediglich registriert, sondern in der Interviewsituation generiert bzw. verändert. Der Forscher als Interviewer ist somit Teil der Forschung, was die Relevanz seines Verhaltens (weich bis neutral) für die Gestaltung der Gesprächsatmosphäre verdeutlicht.

3.3.2 Das problemzentrierte Interview als qualitatives Interview

Hopf (1995) zufolge zählt das *problemzentrierte Interview* nach Witzel (1982, 1985) neben Struktur- oder Dilemma-Interviews, klinischen und biographischen Interviews zu den Interviewformen, die als teilstrukturiert oder Leitfaden-Interview zu bezeichnen sind. Witzel (1982, 1985) versteht darunter eine Methodenkombination aus qualitativem Interview, Fallanalyse, biographischer Methode, Gruppendiskussion und Inhaltsanalyse. In den folgenden Ausführungen wird sich auf die Konzeption des qualitativen Interviews als Einzelmethode der Datenerhebung konzentriert. Da das Interview dieser Arbeit unter formalen Gesichtspunkten dem problemzentrierten Interview am ehesten entspricht, wird auf seine Grundsätze, Instrumente zur Datenerfassung und auf zentrale Kommunikationsstrategien eingegangen.

Zentraler Grundsatz ist die *Problemzentrierung.* Ausgangspunkt des Forschungsprozesses ist die Wahrnehmung einer gesellschaftlichen Problemstellung, die in einer vorläufigen theoretischen Formulierung in den empirischen Prozeß eingeht. Bezogen auf das Interview wird der Wissenshintergrund des Forschers in Form eines Leitfadens thematisch organisiert. Dieser bleibt gemäß des Offenheitprinzips elastisch und kann durch den Forschungsprozeß erneuert, fundiert und/oder modifiziert werden. Dem Befragten wird dadurch ein möglichst großer Äußerungsfreiraum eingeräumt, um seine Problemsicht zur Geltung zu bringen. Mit der *Gegenstandsorientierung* ist gemeint, die Forschungsmethode der Problemstellung flexibel anzupassen. Es wird eine bewußte Auswahl und eine mögliche Modifikation des methodischen Zugangs zu dem Gegenstand sichergestellt, ohne eine Eignung der Methode von vornherein implizit vorauszusetzen, was andernfalls als "instrumentenorientiert" bzw. als „Primat der Methode“ (Lamnek, 1995a, S. 11) zu kritisieren wäre. Die *Prozeßorientierung* als dritter Grundsatz bezieht sich auf den gesamten Forschungsablauf, der wie oben dargestellt, aus deduktiven und induktiven Schritten oder aus einem Wechselprozeß aus vorhandenen und zu ermittelnden theoretischen Wissen besteht. Insgesamt finden sich in den Grundsätzen die bei Mayring (1996) und Lamnek (1995a) genannten methodologischen Forderungen qualitativer Forschung wieder.

Das problemzentrierte Interview enthält die Instrumente *Kurzfragebogen, Leitfaden, Tonbandaufzeichnung* und *Postscriptum.* Dient der *Kurzfragebo-*

gen zu Beginn als Einstieg in das Thema, besteht seine zweite Funktion darin, die Angaben zur Person von dem eigentlichen Interview zu trennen, um den Interviewfluß nicht in ein Frage-Antwort-Schema zu überführen. Der *Leitfaden*, der aus den Vorkenntnissen zu dem Problembereich entwickelt ist, dient als Orientierungshilfe und Gedächtnisstütze. Das Problemfeld wird in Form thematischer Bereiche formuliert, worin die jeweiligen Inhalte stichpunktartig oder als Fragen subsumiert werden. Mit Hilfe des Leitfadens kann der Interviewer die Beantwortung der Forschungsfragen kontrollieren, überprüfen, ob die wichtigen Themenbereiche abgedeckt sind, und Anregungen zur Nachfrage bei unergiebigen Ausführungen ableiten. Insgesamt dient der Leitfaden einer „kontrollierten und vergleichbaren Herangehensweise an den zu explorierenden Gegenstand" (Witzel, 1985, S. 250). Die Interviewaufzeichnung auf *Tonband* gewährleistet eine Konzentration auf das Gespräch und ist Grundlage für die Fixierung des kommunikativen Materials (Transkription, vgl. Kap. 5.1). In dem *Postscriptum* werden relevante, aber auf Tonband nicht festgehaltene Kontextinformationen (z.B. persönliches Gespräch nach dem Interview, Nachfragen zur Untersuchung etc.) notiert, die für die spätere Interpretation der Aussagen hilfreich sein können.

Der oben genannte Wechselprozeß zwischen bestehendem und zu ermittelndem Wissen spiegelt sich in den *zentralen Kommunikationsstrategien* wider, die eine erzählungs- und eine verständnisgenerierende Funktion haben. Es werden vier Strategien unterschieden: der *Gesprächseinstieg*, der dem Aufbau einer narrativen Gesprächsstruktur dient, die *allgemeine Sondierung*, die eine materialfördende Detaillierung von Sachverhalten und Zusammenhängen zum Ziel hat, die *spezifische Sondierung*, bei der die verständnisgenerierende Funktion durch Zurückspiegelung, Verständnisfragen und Konfrontation im Vordergrund steht, sowie *Ad-hoc-Fragen*, die im Leitfaden festgehaltene Themen ansprechen, zu denen sich der Befragte nicht spontan geäußert hat oder die sich im Laufe des Interviews als relevant herausstellen.

Mit der Darstellung des problemzentrierten Interviews abschließend, sei eine Kritik bzgl. der Begriffswahl "problemzentriert" erwähnt. Hopf (1995) bezeichnet den Begriff als wenig trennscharf, „denn wer möchte schon darauf verzichten, problembezogene Interviews zu führen" (S. 178). Positiv festzuhalten ist mit Flick (1995a), daß das problemzentrierte Interview in seinen Teilelementen und Grundsätzen Leitgedanken qualitativer Forschung vereint und Vorschläge für den Interviewer zur Gestaltung der Interviewsituation liefert, wovon besonders Einsteiger in die qualitative Forschung profitieren.

3.3.3 Das Experten-Interview

Lehnt sich das hier verwandte Leitfaden-Interview formal an das problemzentrierte Interview an, ist die anwendungsfeldbezogene Form des Leitfaden-Interviews ein *Experten-Interview*. Dieses wird kurz beschrieben, bevor auf das Expertenverständnis und die abschließende Beschreibung des in dieser Studie verwandten Interviews eingegangen wird.

In einem Experten-Interview kommt dem Leitfaden im Vergleich zu der Darstellung von Witzel (1982, 1985) eine stärkere Steuerungsfunktion zu, da die Bandbreite der Informationen, die der Experte liefert, stärker eingeschränkt ist als bei anderen Interviews (Flick, 1995a). Diese stärkere Orientierung am Leitfaden schließt nach Meuser und Nagel (1994) aus, daß „(...) das Gespräch sich in Themen verliert, die nichts zur Sache tun, und erlaubt zugleich dem Experten, seine Sache und Sicht der Dinge zu extemporieren" (S. 448). Der Interviewer sollte über inhaltlich-theoretische Kenntnisse verfügen, um das Interview autonom durchführen zu können, d.h. entscheiden zu können, wann und in welcher Reihenfolge welche Fragen gestellt werden, ob und wann detaillierter nachgefragt werden sollte oder bei ausholenden Ausführungen zum Leitfaden zurückkehrt werden sollte (Hopf, 1995). Um eine zu starre Orientierung am Leitfaden zu vermeiden, ist eine hohe Sensibilität für die Interviewsituation und den Interviewten notwendig. Insgesamt ist eine permanente Vermittlung zwischen Interviewverlauf und Leitfaden gefordert, um ein Gleichgewicht zwischen Offenheit und Steuerung zu erzielen.

In Experten-Interviews werden Personen mit spezifischem Wissen zu einem vorgegebenen Bereich oder Thema befragt. Der Experte wird nach Hitzler (1994) als eine Person gesehen, die nicht nur technische Kenntnisse für ein bestimmtes Gebiet besitzt, um darin kompetent handeln zu können, sondern darüber hinaus über „komplexe Relevanzsysteme" (ebd., 1994, S. 26) verfügt. „Er [der Experte] kennt typischerweise den Wissensbestand, der für ein bestimmtes Gebiet bezeichnend bzw. relevant ist, (...) und kann innerhalb dessen prinzipielle Problemlösungen anbieten bzw. auf Einzelfragen applizieren" (Hitzler, 1994, S. 26). Einen anderen Expertenbegriff definieren Meuser und Nagel (1994). Hier wird der Expertendefinition die Funktion, die eine Person in einem Sozialsystem erfüllt, zugrunde gelegt. Damit kann prinzipiell jedermann zum Experten werden, denn Experten sind „(...) ein Teil des Handlungsfeldes, dessen Probleme gelöst werden sollen" (ebd., 1994, S. 182).

In dieser Untersuchung werden zu der Expertengruppe Personen gezählt, die entweder beide oder eine der genannten Begriffsdefinitionen erfüllen. Nach dem Expertenbegriff von Meuser und Nagel (1994) ist in dieser Arbeit die Tätigkeit als externer Coach inkl. praktischer Erfahrungen Kriterium für die Bezeichnung. Ist die Person jedoch kein Coach, Coach i.S. einer Nebentätigkeit oder schränkt die Bezeichnung Coach für sich selbst ein, erfüllt aber das Expertenverständnis, wie es von Hitzler (1994) formuliert ist, gilt sie als Experte bzw. erfüllt, wie bei den beiden letztgenannten Varianten, beide Kriterien.

Obwohl sich das Interview dieser Untersuchung in formaler Hinsicht dem problemzentrierten Interview als qualitatives Interview zuordnen läßt, wurde es gemäß der Prämisse einer flexiblen Anpassung der Methode an den Gegenstand modifiziert. Zusammenfassend läßt es sich folgendermaßen beschreiben (vgl. Tabelle 6):

Differenzierungs-merkmale	Formen	Qualitatives Interview	Interview dieser Studie
Strukturiertheit der Interviewsituation	wenig halb stark	wenig halb	halb
Standardisierung des Instrumentes	nicht halb stark	nicht halb	halb
Offenheit der Fragen	offen geschlossen	offen	offen
Kommunikationsart	mündlich schriftlich	i.d.R. mündlich	mündlich
Interviewerverhalten	weich neutral hart	neutral weich	neutral
Anzahl der Befragten	Einzelinterview Gruppeninter-view	Einzelinterview Gruppeninterview bzw. -diskussion)	Einzelinterview
Anzahl der Inter-viewer	ein zwei mehrere	ein zwei mehrere	ein
Interviewfunkti-on/Informations-...	ermittelnd vermittelnd	ermittelnd vermittelnd	ermittelnd

Tabelle 6: Formen der Differenzierungsmerkmale und ihre Anwendung in dem Interview dieser Studie (Quelle: Eigene Darstellung in Anlehnung an Lamnek, 1995b)

Es wurde eine teilstrukturierte Interviewform gewählt. Der Interviewerin[13] lag zu der mündlichen Befragung ein Leitfaden mit vorformulierten offenen Fragen vor, in den das theoretische Hintergrundwissen einfloß. Die Orientierung an dem Leitfaden und die Gesprächssteuerung während des Experten-Interviews war stärker als die bei Witzel (1982, 1985) beschriebene. So konnte gewährleistet werden, alle Themenbereiche (vgl. Punkt 4.1) abzudekken und eine Vergleichbarkeit der Interviews zu erhöhen. Dennoch wurde viel Wert auf einen möglichst großen Äußerungsfreiraum der Befragten innerhalb der Themenbereiche gelegt, um vorher nicht berücksichtigte Aspekte aufnehmen zu können (Problemzentrierung bzw. Offenheit). Die Reihenfolge der Fragen mußte nicht eingehalten werden, um den Gesprächsfluß nicht

[13] Alle Interviews wurden von einem der Autoren durchgeführt und ausgewertet. Dies vermeidet Fehler aufgrund unterschiedlicher Instruktionen und wird der Forderung von Hopf (1995) nach ausreichender Kenntnis des Forschungsprojektes gerecht.

mehr als nötig zu stören.

Entgegen Witzels Vorschlag, den Kurzfragebogen vor das eigentliche Interview zu schalten, wurde er am Ende verwendet und dessen zweite Funktion genutzt (Vermeidung eine Frage-Antwort-Struktur auf den Dialog zu übertragen). Das Verhalten der Interviewerin war als neutral zu bezeichnen. Das Interview wurde als Einzelbefragung durchgeführt und diente der Informationsermittlung.

3.4 Zusammenfassung

Qualitative Forschungsprämissen und -methoden finden in dieser Studie Verwendung. Die allgemeine Einführung in die qualitative Sozialforschung mit dem sich anschließenden Bezug zu der Untersuchung diente der Offenlegung der Charakteristika des empirischen Teils dieser Arbeit. Im Anschluß wurde speziell auf die Anwendung des qualitativen Interviews als die hier benutzte Datenerhebungsmethode eingegangen, nachdem unterschiedliche Typen und allgemeine Beschreibungsmerkmale des Interviews vorgestellt worden sind.

Eine Form qualitativer Interviews ist das problemzentrierte Interview, das als Leitfaden-Interview in seinen zentralen Grundsätzen, Teilelementen und Kommunikationsstrategien beschrieben wurde. Da es sich in dieser Studie um die Befragung von Experten handelt, wurde auf Kennzeichen dieser speziellen Anwendungsform des Leitfaden-Interviews eingegangen. Das Verständnis des Expertenbegriffs und die Beschreibung des Experten-Interviews dieser Untersuchung bilden den Abschluß des Kapitels.

4 Praktischer Teil der Untersuchung

Dieses Kapitel gibt den Ablauf des empirischen Vorgehens in seinen einzelnen Phasen wider (vgl. Abbildung 15). Die Erkundungs- und Planungsphase enthielt alternative Überlegungen zur Untersuchungsgestaltung wie z.B. die Befragung von Führungskräften nach ihren Coaching-Erfahrungen, nach ihren Kriterien bei der Auswahl eines Coaches und nach ihren Anforderungen an einen Coach und ein Coaching. Coaching-Gespräche, so wird immer wieder betont, werden mit einer hohen Diskretion behandelt. Diese Umstände erschweren die Umsetzung dieser alternativen Überlegungen. Auch die evaluative Begleitung eines Coaching-Prozesses wäre aus gleichen Gründen schwer durchführbar gewesen.

Für die Untersuchung wurde ein Interviewleitfaden entwickelt, dessen Konzeption im folgenden Abschnitt beschrieben wird. Daran schließen sich Ausführungen zu der Rekrutierung und Beschreibung der Stichprobe an. Die Daten zu den aggregierten Werten sind dem "Fragebogen zur Person" entnommen (vgl. Anhang, Kap. 9B). Schließlich erfolgt die Beschreibung der Untersuchungsdurchführung, der ein Pretest des Interviewleitfadens vorgeschaltet war, und die Darstellung der "Merkmale guter Interviewer", an denen sich die Interviewerin zur praktischen Interviewdurchführung orientierte.

Erkundungs- und Planungsphase

⇩

Entwicklung des Interviewleitfadens

⇩

Kontaktaufnahme und Rekrutierung der Coaching-Experten

⇩

Pretest (vgl. Kap. 4.3)

⇩

Durchführung der Interviews (vgl. Kap. 4.3)

⇩

Transkription (vgl. Kap. 5)

⇩

Auswertung (vgl. Kap. 5)

Abbildung 15: Ablaufdiagramm des empirischen Vorgehens (Quelle: Eigene Darstellung)

4.1 Aufbau des Interviewleitfadens

Nach Bortz und N. Döring (1995) wird in der Phase der *Makroplanung* die Struktur eines Interviews bestimmt. Hier werden die einzelnen thematischen Teilbereiche mit Hilfe der theoretischen Vorarbeit in ihrer Abfolge festgelegt. In der vorliegenden Untersuchung gliedert sich der Interviewleitfaden in folgende fünf Themenbereiche:

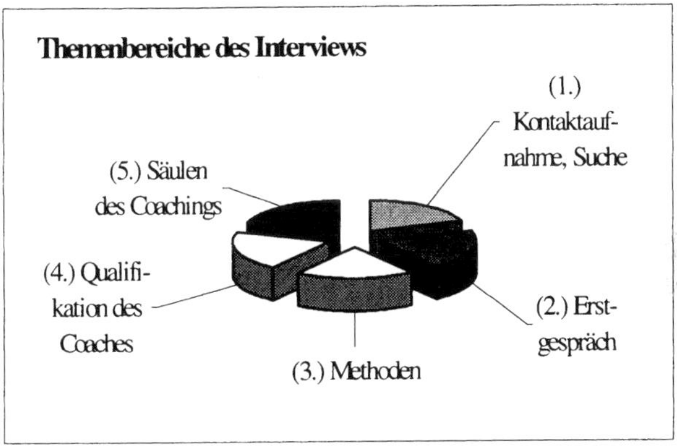

Abbildung 16: Themenbereiche des Interviews (Quelle: Eigene Darstellung)

Die Themenbereiche ("Suche nach einem Coach", "Erstgespräch") wurden an den Anfang plaziert, um eine Parallele zu dem Ablauf eines Coaching-Prozesses herzustellen. Dieser Logik folgend, bildet der Fragenkomplex zur Ergebnisstruktur und den notwendigen Erfolgsfaktoren ("Säulen des Coachings") das Ende. Bei der Behandlung des Themenkomplexes "Methoden" wird die Prozeßebene z.T. und bei dem Themenbereich "Qualifikationen" nicht fortgeführt. Die Reihenfolge der Themenbereiche ist von der Interviewerin flexibel zu handhaben, da Querverbindungen evident sind und damit Überleitungen nahe liegen. Dabei sollte darauf geachtet werden, einen Wechsel fließend zu gestalten, wozu Aussagen des Interviewpartners zusammengefaßt werden oder daran angeknüpft wird (Wittkowski, 1994). Kriterium ist, alle Themenbereiche während des Interviews abzudecken.

In der *Mikrophase* der Interviewleitfadenkonzeption erfolgt eine Ausdifferenzierung der Themenbereiche. Es wurden Inhalte, die unter den Themenbereichen erfragt werden sollen, spezifiziert und festgelegt. Zu den Themenbereichen wurden zunächst über Brainstorming Fragen gesammelt. Die endgültige Ausdifferenzierung erfolgte nach mehreren Überarbeitungsschritten. Fragen wurden nach Plausibilität und Eignung für die Problemstellung ausgewählt, zusammengefaßt und hierarchisiert (Einteilung in Primär- und Sekundärfragen bzw. fakultative Fragen) sowie hinsichtlich Notwendigkeit und

Vermeidung von Suggestivfragen beurteilt (Bortz & N. Döring, 1995). Pro Themenbereich entstanden Fragenkomplexe, die sich als Operationalisierungen der Forschungsfragen für geeignet erwiesen. Durch offene Fragen wurden die Vorstellungen, Meinungen, Anregungen und Ideen der Experten erfaßt. Eine explizite Frage nach weiteren, im Gespräch nicht angesprochenen Aspekten stellt den Abschluß der Befragung zu den Themenbereichen dar. Die ausdifferenzierten Themenbereiche können wie folgt aufgeführt werden (Tabelle 7):

<table>
<tr><th colspan="3">Kontaktaufnahme/Suche nach einem Coach</th><th colspan="3">Erstgespräch</th></tr>
<tr><td colspan="3">• Beachtenswertes bei der Suche nach einem Coach
• Merkmale eines seriös praktizierenden Coaches
• K.O.-Kriterien bei der Auswahl eines Coaches
• Wünschenswerte Entwicklungen des Coaching-Marktes</td><td colspan="3">• Inhalte des Erstgesprächs
• Beachtenswertes bzgl. des Coaches im Erstgespräch
• Indikation/Kontraindikation</td></tr>
<tr><th colspan="2">Methoden</th><th colspan="2">Qualifikationen des Coaches</th><th colspan="2">Ergebnis/Säulen des Coachings</th></tr>
<tr><td colspan="2">• Allgemeine Anforderungen an die Methoden
• Eingesetzte Methoden/Vorgehensweisen
• wissenschaftlich fundiertes Coaching</td><td colspan="2">• Fachliche/ Persönliche Qualifikationsanforderungen
• Ausbildungswege</td><td colspan="2">• Erfolg
• Nebenwirkungen
• Notwendige Aspekte für das potentielle Gelingen</td></tr>
</table>

Tabelle 7: Ausdifferenzierte Themenbereiche des Interviews (Quelle: Eigene Darstellung)

Die Befragung zu den Themenbereichen gliedert sich in den Gesamtablauf des Interviews ein. Die Dauer des Interviews wurde auf ca. 1 ¼ Stunde konzipiert, wobei die Fragen zu den Themenbereichen ca. eine Stunde einnehmen. Insgesamt ergeben sich fünf Interviewabschnitte:

Einleitung

- Bedankung für die Teilnahmebereitschaft
- Vorstellung der eigenen Person
- Definition des Coachings
- Vorstellung der Ziele der Arbeit
- Erklärung zur Anonymität der Bandaufzeichnung

⇩

Befragung zu den Themenbereichen

- Themenbereich: Kontaktaufnahme/Suchprozeß
- Themenbereich: Erstgespräch
- Themenbereich: Methoden
- Themenbereich: Qualifikationen des Coaches
- Themenbereich: Erfolg/Säulen des Coachings

⇩

Ergänzungen zu den Themenbereichen

- Aufgreifen von Ideen, Sichtweisen, Anregungen

⇩

Angaben zur Person

- Demographische Daten, Tätigkeit, Ausbildung, Honorrahmen

⇩

Ende der Interviews

- Raum für Fragen/Austausch der Interviewpartner
- Verabschiedung

Abbildung 17: Interviewverlauf (Quelle: Eigene Darstellung)

In der *Einleitung*, schließt sich an die Begrüßung die Bedankung für die Teilnahme, die Vorstellung der eigenen Person und die Festlegung einer Definition von Coaching an. Aufgrund der unterschiedlichen Varianten bzw. Formen von Einzelcoaching (externer, interner, Führungskraft, vgl. Kap. 2.1.1.1) wird explizit auf den Bezug zu dem externen Coaching verwiesen. Die Verwendung des Begriffes "Coach" soll männliche als auch weibliche Personen einschließen. Die vorgestellte Definition von Coaching als "individuelle Prozeßberatung primär beruflicher Inhalte für Führungskräfte" schafft die Voraussetzung eines gleichen Verständnisses, denn von einer einheitlichen Definition kann nicht ausgegangen werden. Ein weiterer Bestandteil ist die Vorstellung der Ziele der Arbeit. Dieser Abschnitt schließt mit der Zustimmungseinholung zur Tonbandaufnahme, der Anonymitätsfrage und mit der Klärung möglicher Fragen des Interviewpartners.

Der Mittelteil besteht aus der *Befragung zu den Themenbereichen* und ihre *Ergänzung*. Die endgültige Version der Fragen ist in dem Interviewleitfaden im Anhang (vgl. Kap. 9B) nachzulesen.

Der Abschnitt *Angaben zur Person*, erfaßt neben Geschlecht und Alter des Befragten Angaben zu der Tätigkeit, welchen Anteil die Coaching-Tätigkeit einnimmt sowie Angaben zu eigenen Ausbildungswegen und Erfahrungen. Abschließend werden die Experten gebeten, einen in ihren Augen angemessenen Honorrahmen zu formulieren.

Der Dank für die Teilnahme und die Gelegenheit für einen Austausch oder eine Reflexion über die Befragung bzw. Untersuchung bilden das *Ende des Interviews*.

4.2 Rekrutierung und Beschreibung der Stichprobe

Die Kontaktaufnahme zu Coaches erfolgte auf sehr unterschiedlichen Wegen. Im Zuge der Literaturrecherche wurden Buch- bzw. Artikelautoren kontaktiert, um sie als Interviewpartner zu gewinnen. Bei zwei Interviewpartnern ergab sich der Kontakt über einen bereits rekrutierten Gesprächspartner und über die Teilnahme an einem Seminar zum Thema "Coaching" an der Universität Osnabrück. Ein weiterer Weg war die Kontaktaufnahme zu einer Vereinigung von Coaches (European Coaching Association ECA e.V.).

Die Stichprobe setzt sich aus Personen zusammen, die sich nicht zufällig für oder gegen die Teilnahme entschieden, sondern deren Interesse an der Thematik der Untersuchung ausschlaggebend war, womit eine gewisse Selektivität vorliegt. Kriterium für die Teilnahmeeignung war die Tätigkeit und praktische Erfahrung als externer Coach und/oder das Vorhandensein von Expertenwissen nach Hitzler (1994) (vgl. Kap. 3.3.3). Von den Autoren wurde beachtet, die Teilnehmergruppe nicht nur aus Diplom-Psychologen zu bilden, da Coaches vom Ausbildungshintergrund her ein sehr heterogenes Bild aufweisen.

Insgesamt wurde mit 13 Personen ein Interview durchgeführt, wobei eines aufgrund einer zu ausgedehnten Interviewdauer und entstandener Probleme bei der Tonbandaufzeichnung ausgeschlossen werden mußte. Die Gruppe bestand somit aus 12 Teilnehmern, davon sind 50% Mitglied in der ECA, womit der Verein nicht überrepräsentiert ist. Die angestrebte Anzahl der Teilnehmer (n=12) ist zu gering, um zu statistisch repräsentativen Ergebnissen führen zu können. Einerseits ist die gewählte Anzahl mit ökonomischen Überlegungen zu erklären (Kosten- und Zeitaufwand für die Erhebung, Aufbereitung und Auswertung der Daten), andererseits werden Verallgemeinerungen in der qualitativen Forschung nicht – wie in der quantitativen – durch ein Verfahren wie das der repräsentativen Stichprobenziehung erzielt (Lamnek, 1995b; Mayring, 1996; vgl. Kap. 5.2.3). Das Ziel dieser Studie liegt primär in der Deskription des Qualitätsverständnisses der befragten Coaching-Experten und nicht in dem Erreichen von nomologischen Aussagen wie bei der Hypothesentestung. So kann hier von der Abbildung eines Ergebnistrends gesprochen werden. Die Ergebnisse spiegeln wegen der heterogenen Zusammensetzung der Teilnehmergruppe (unterschiedlicher Ausbildungshintergrund, unterschiedlicher Gesamttätigkeiten) das vorhandene Meinungsbild für den externen Coach, mit der in der Untersuchung gegebenen Coaching-Definition, gut wider.

Aus den Antworten zu den "Fragen zur Person" (vgl. Anhang, 9B) werden die aggregierten Daten zumeist in Form von Diagrammen präsentiert. Von den 12 interviewten Personen waren drei weiblichen und neun männlichen Geschlechts. Die Altersspanne lag zwischen 29 und 59 Jahren. Antworten aus der Frage, wie lange die Coaching-Tätigkeit[14] bereits ausgeübt wird, wie groß der Coaching-Anteil an der Gesamttätigkeit ist und welche weiteren Tätigkeiten die Gesamttätigkeit konstituieren, ergibt über die Teilnehmer hinweg folgendes Bild (vgl.Abbildung18, Abbildung 19, Abbildung 20):

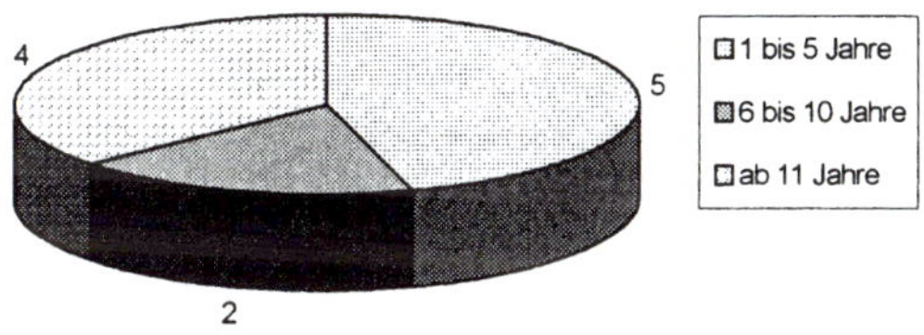

Abbildung 18: Dauer der Coaching-Tätigkeit der Befragten (N=11) (Quelle: Eigene Darstellung)

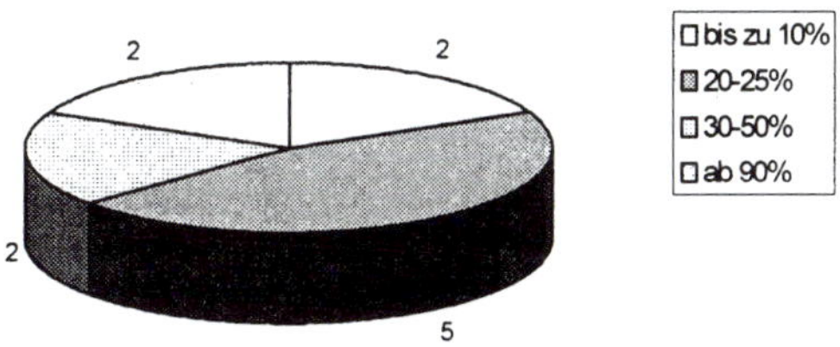

Abbildung 19: Coaching-Anteil an Gesamttätigkeit der Befragten (N=11) (Quelle: Eigene Darstellung)

[14] Eine Person vermittelt Coaches. Dementsprechend können ihre Angaben nicht in die drei folgenden Berechnungen miteinfließen.

Hinsichtlich der Dauer der Tätigkeit besteht die Gruppe zur Hälfte aus Personen, die eine mindestens sechsjährige Coaching-Erfahrung besitzen. Auf diese Weise sind sowohl unerfahrene als auch erfahrene Coaches in der Gruppe repräsentiert. Die Abbildung 20 verdeutlicht, daß Coaching, wie auch aus in der einschlägigen Literatur ersichtlich, zumeist als nebenberufliche Tätigkeit ausgeübt wird.

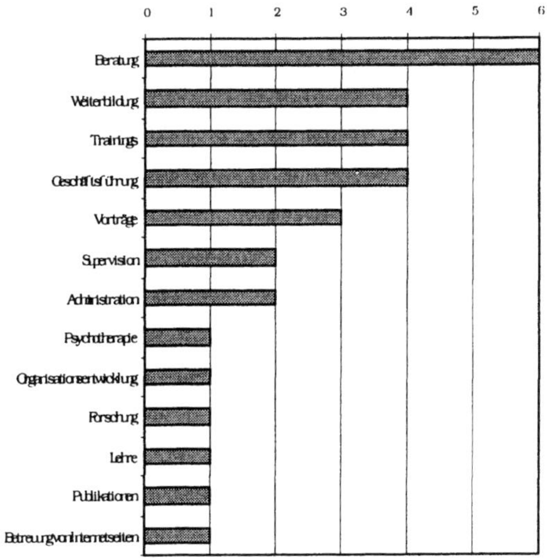

Abbildung 20: Weitere Tätigkeiten der Befragten (Quelle: Eigene Darstellung)

Die Antworten der Befragten ergeben, daß Coaching von ihnen als Teiltätigkeit zumeist im Kontext coachingnaher Bereiche wie Beratung, Weiterbildung und Training ausgeübt wird.

In Bezug auf die in der Literatur oft erwähnte Doppelqualifikation, wurde nach einer psychologischen und betriebswirtschaftlichen Ausbildung gefragt. Als psychologische Ausbildung geben fünf der Befragten ein *Psychologie-Studium* an, einer ein *Vordiplom in Psychologie*, einer eine *psychologische Studienergänzung* und fünf *keine psychologische Ausbildung*. Ausbildungen der "Nicht-Diplompsychologen" (n= 6 von 7) waren *Dipl.-Ingenieur* (2), *Industriekaufmann* (1), *Industriekaufmann und Wirtschaftsassistenten* (1) *Dipl.-Volkswirt* (1), *Dipl.-Kaufmann* (1). Drei von fünf der befragten Diplom-Psychologen haben zusätzlich *wirtschaftliche Kenntnisse* (wirtschaftliche Studienergänzung (2), Management-Trainee-Ausbildung (1)). Zwei Personen aus dem wirtschaftlichen/technischen Bereich gaben *psycho-*

logische Kenntnisse an. *Betriebswirtschaftliche Kenntnisse* gaben insgesamt sieben an. Aufgrund des Ausbildungshintergrundes der Befragten wird sowohl der psychologische als auch der wirtschaftlich/technische Bereich abgedeckt, so daß nicht von einseitigen Tendenzen in den Ergebnissen auszugehen ist.

Das folgende Diagramm spiegelt aggregierte Werte von therapeutischen Zusatzausbildungen bzw. spezifischen Coaching-Ausbildungen wieder.

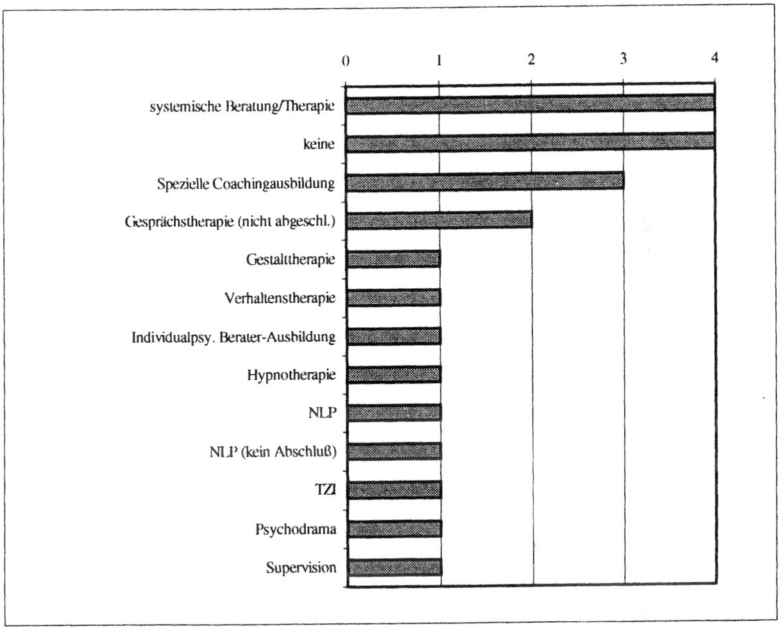

Abbildung 21: Zusatzausbildungen der Befragten (Quelle: Eigene Darstellung)

Die Zusatzausbildungen ergeben einen Querschnitt durch die gängigen Psychotherapie-Schulen, weshalb von einer übermäßigen Gewichtung einer therapeutischen Richtung in den Antworten der Befragten nicht auszugehen ist. Besitzen vier der Befragten keine Zusatzausbildung, gaben acht zwischen ein bis vier Zusatzausbildungen an.

Den Abschluß bildet eine Graphik der Nennungen zu Ausbildungen und Erfahrungen, die die Teilnehmer für ihre Tätigkeit als relevant erachten.

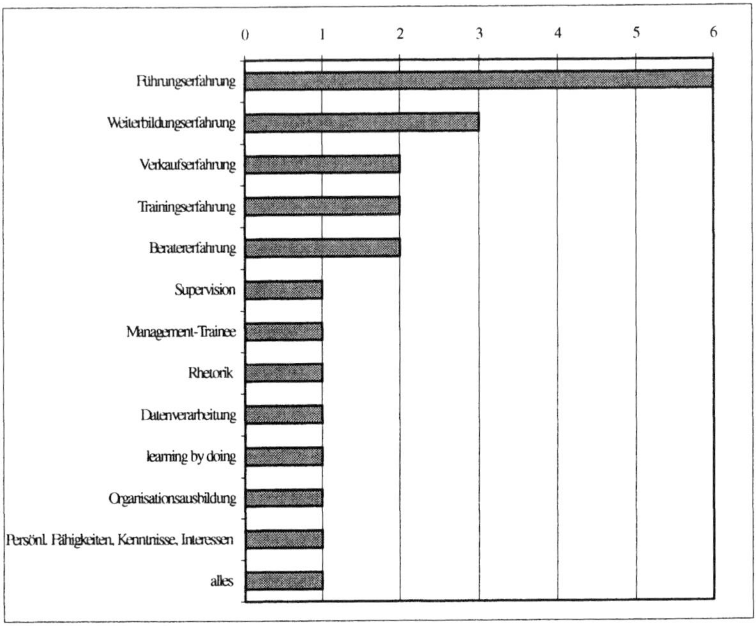

Abbildung 22: Weitere relevante Ausbildungen/Erfahrungen der Befragten (Quelle: Eigene Darstellung)

Wurde, wie auch in der einschlägigen Literatur, Führungserfahrung als relevante Erfahrung zur Ausübung der Coaching-Tätigkeit am häufigsten genannt, hielten die Befragten außerdem Erfahrungen aus anderen wirtschaftlichen Kontexten oder Weiterbildungsbereichen für bedeutsam.

Die Fragen nach einem angemessenen Honorrahmen wurde in den Interviewteil "Angaben zur Person" integriert, um durch dieses Frage-Antwort-Schema den Interviewfluß während des zweiten Interviewabschnittes nicht zu stören (vgl. Witzel, 1982, 1985). Aussagen zu allgemeinen Honorarvorstellungen der Befragten werden in der zusammenfassenden Ergebnisinterpretation und -diskussion aufgeführt, wo sie als Information für die Auswahl eines Coaches aufgenommen wurden (vgl. Kapitel 7.1.2, Abbildung 25).

4.3 Pretest und Durchführung der Interviews

Nach Entwicklung des Interviewleitfadens schloß sich ein Probeinterview mit einem Coach an, dessen kritische Anregungen für die Modifikation des Interviewleitfadens sehr wertvoll waren. Als Resultat des Pretests wurden

Schwerpunktsetzungen (Primär- und Sekundärfragen) verändert und einige Fragen konkretisiert, um die zeitliche Dauer der ersten Version zu begrenzen.

Der Untersuchungszeitraum erstreckte sich von Dez. 1998 bis März 1999. Alle Interviews fanden "unter vier Augen" statt. Die Interviewdauer belief sich in den meisten Fällen auf 1½ Stunden. Die inhaltliche Kompetenz zur Interviewdurchführung war durch die Einarbeitung in die Thematik während der Planungs- und Konzeptionsphase gegeben. Ferner wurden „allgemeine Merkmale eines guten Interviewers" (Wittkowski, 1994, S. 36f.) und eine offene, vertrauensvolle und kooperative Haltung sowie eine enge Orientierung an den Inhalten beachtet. Schließlich galt es, die Rolle als Zuhörerin angemessen auszufüllen, um in dem passiv-rezeptiven Part des Interviews den „Anfängerfehler" (Hopf, 1995, S. 182) zu vermeiden, der sich als fehlende Geduld beim Zuhören und beim Aufgreifen von Anhaltspunkten für Nachfragen darstellt. Gesprächsnotizen wurden als Postskriptum benutzt. So konnten Daten gesammelt werden, die das Verständnis einzelner Passagen im Zuge der Datenerhebung und Auswertung unterstützten.

4.4 Zusammenfassung

Nach der Erörterung spezifischer Merkmaler qualitativer Experten-Interviews im vorherigen Kapitel, wurde in diesem Kapitel auf die konkrete Umsetzung eingegangen. Zunächst wurde die Interviewleitfadenkonzeption in seiner Makro- und Mikroplanung beschrieben sowie ein Einblick in die einzelnen Phasen des konkreten Interviewablaufs geboten. Daran schloß sich die Beschreibung der Teilnehmer an. Den Abschluß des Kapitels bildet die Darstellung des Probeinterviews, der Interviewdurchführung und der im Interviewverlauf beachteten Aspekte. Das in der Experten-Befragung gesammelte kommunikative Material wird in den sich anschließenden Schritten aufbereitet und ausgewertet. Diese werden in dem kommenden Kapitel gemäß der Forderung qualitativer Forschung nach Methodenkontrolle bzw. Transparenz des Untersuchungsprozesses eingehend beschrieben.

5 Auswertung der Interviews

In diesem Kapitel wird auf die Aufbereitung und Auswertung der Experten-Interviews eingegangen. Zunächst erfolgt die Darstellung der Transkriptionsregeln nach denen die Interviewdaten vom Tonband verschriftet und aufbereitet wurden. Im Anschluß wird als Auswertungsverfahren die *qualitative Inhaltsanalyse* nach Mayring (1993) und das allgemeine Ablaufmodell der Analyse vorgestellt. Daran schließt sich die Beschreibung des für diese Untersuchung modifizierten Auswertungsverfahrens an, das eine Integration zweier Analysetechniken nach Mayring darstellt. Nach einer detaillierten Erläuterung der Umsetzung einzelner Analyseschritte schließt das Kapitel mit der Einschätzung der Analyseergebnisse anhand einer Auswahl qualitativer Gütekriterien.

5.1 Aufbereitung der Interviews

Grundlage für die inhaltsanalytische Auswertung ist die fixierte Kommunikation in Form transkribierter Tonbandaufzeichnungen. Relevant für die Untersuchung sind nur inhaltliche Aspekte der gemachten Aussagen. Nonverbale (z.B. Mimik) und paraverbale Äußerungen (z.B. Hüsteln, Lachen) sind bei der Transkription nicht gekennzeichnet worden. Das Interesse an den thematischen Informationen hätte eine zusammenfassende Protokollierung nahegelegt. Eine wörtliche Transkription nach unten genannten Regeln erschien unter Berücksichtigung der Verfügbarkeiten des Transkriptionsgerätes jedoch ökonomischer. Als Protokolltechnik wurde die *Übertragung in normales Schriftdeutsch* (d.h. Beheben von Satzbaufehlern, Glätten von Stilen) gewählt, die bei inhaltlich-thematischem Interesse und bei Befragungen von Zeugen, Experten oder Informanten sinnvoll ist (Mayring, 1996).

Da es *das* Transkriptionsverfahren nicht gibt, wurden die Interviews in Anlehnung an Bortz und N. Döring (1995) sowie Ehlich und Swittala (1976) nach folgenden Regeln verschriftet:

- Situationsdaten (Ort, Datum) werden festgehalten.
- Die Äußerungen des Interviewers werden mit "A", die des Interviewten mit "B" gekennzeichnet.
- Bei Sprecherwechsel wird eine neue Zeile benutzt.
- Im Interview erwähnte dritte Personen werden anonymisiert.
- Aussagen werden „geglättet“ (d.h. nach konventioneller Orthographie transkribiert)
- Zwischenlaute (z.B. „äh“) und Pausenfüller (z.B. „ehm“) werden weggelassen
- Abgebrochene Aussagen werden mit „...“ gekennzeichnet.

Zur Materialreduktion wurde anschließend die fixierte Kommunikation nach der *zusammenfassenden Protokolltechnik* (Mayring, 1996) pro Interview überarbeitet.

5.2 Das Auswertungsverfahren: Die Qualitative Inhaltsanalyse nach Mayring

Lamnek (1995b) zufolge gilt Mayring als einer der bekanntesten Vertreter der qualitativen Inhaltsanalyse. Im Gegensatz zu der *objektiven Hermeneutik* – eine andere Technik inhaltsanalytischer Verfahren – die „die manifesten Kommunikationsinhalte als Ausformungen latenter Sinnstrukturen betrachtet, die es letztendlich zu identifizieren gelte" (Lamnek, 1995b, S. 200), untersucht die *qualitative Inhaltsanalyse* nach Mayring (1993) bewußte und explizite Aussagen der Befragten.

Den Grundgedanken formuliert Mayring (1996) folgendermaßen: „Qualitative Inhaltsanalyse will sprachliches Material, Texte systematisch analysieren, indem sie das Material zergliedert und schrittweise bearbeitet; [und] indem sie im theoriegeleitet am Material entwickelten Kategoriensystem die Analyseaspekte vorher festlegt" (S. 91). Die Technik soll den Anspruch einer systematischen Vorgehensweise und ihrer intersubjektiven Überprüfbarkeit erfüllen, aber auch der Komplexität und Bedeutungsfülle des sprachlichen Materials gerecht werden.

Mayring (1985) betrachtet die Auswertungsform als eine Methode, die „(...) sich die qualitativen Schritte dezidiert zum Thema macht, den Einbau von quantitativen Schritten aber nicht ausschließt" (S. 192) und lehnt damit eine Dichotomisierung in "qualitativ-quantitativ" ab (vgl. Kap. 3.1). Lamnek (1989) zufolge zählt Mayrings Analyse zu der Form qualitativer Inhaltsanalyse, die sich von der quantitativen Datenerhebung nur dadurch unterscheidet, „(...) als daß sie nicht oder nur in Teilbereichen nicht quantifiziert. Ansonsten ist sie wie die quantitative Datenerhebung: vorher theoretisch entwickelte Analyseeinheiten, -dimensionen und -kategorien werden auf akzidentale [z.B. Zeitungsartikel] und ausgewählte [z.B. Interviews] Dokumente angewandt" (ebd., 1989, S. 192). Qualitative Inhaltsanalyse, die der qualitativen Forschung im engeren Sinne entspricht, geht ohne vorher formulierte theoretische Analysekriterien vor.

Obwohl der Ablauf und die Systematik Mayrings an die quantitative Forschung angelehnt ist und sich der Analyseschritt der *Zusammenfassung* an der quantitativen Form der Inhaltsanalyse orientiert, in der Einzelfälle nicht in ihrer Gesamtheit erfaßt werden, sondern durch zergliedernde Kategorien analytisch bearbeitet werden, ist die Methode dennoch als eine qualitative zu bezeichnen. Sie bleibt gemäß der qualitativen Grundsätze offen für empirisch begründete Kategorien.

Mayring (1993) gliedert den allgemeinen Analyseablauf in einzelne Schritte und gibt auf diese Weise eine Anleitung zu einem regelgeleiteten, intersubjektiv nachvollziehbaren Vorgehen. Dieser Schutz vor Beliebigkeit von Interpretationen und Deutungen macht die Stärke dieser qualitativen Inhaltsanalyse aus. Der allgemeine Analyseablauf wird in Abbildung 23 beschrieben. Zunächst werden die einzelnen Schritte allgemein beschrieben und die Analysetechniken der qualitativen Inhaltsanalyse dargestellt.

Abbildung 23: Allgemeines Ablaufmodell qualitativer Inhaltsanalyse nach Mayring (Quelle: Mayring, 1993, S. 50)

Das Ablaufmodell beginnt mit einer *Festlegung des zu analysierenden Materials* (z.B. Ausschnitte von Interviews mit Bezug auf die Forschungsfragen). Im Anschluß folgt eine *Beschreibung der Entstehungssituation* der Kommunikation (z.B. halbstrukturierte Interviews) und der *formalen Charakteristika des kommunikativen Materials*, d.h. in welcher Form die Protokolle vorliegen (z.B. wörtliche Transkription). In einem sich anschließenden Schritt erfolgt die Beschreibung dessen, was aus dem Material herausinterpretiert werden soll, d.h. die *Richtung der Analyse* wird festgelegt (z.B. thematische Inhalte). Die *theoriegeleitete Differenzierung* der Fragestellung bedeutet eine Formulierung der Forschungsfragen vor einem theoretischen Hintergrund. Nach der *Bestimmung der Analysetechnik* werden im Hauptteil der Analyse die *Analyseeinheiten definiert*. Es wird die Kodiereinheit, d.h. der kleinste Materialbestand, der ausgewertet wird und unter eine Kategorie fallen darf, und die Kontexteinheit, d.h. größter Materialbestand, bestimmt sowie die Auswertungseinheit definiert, d.h. welche Textteile nacheinander kodiert werden (Wörter, Sätze, Absätze, Seiten, Fälle). Zur Bestimmung der Analysetechnik(en) können drei Grundformen[15] *Zusammenfassung, Explikation* und *Strukturierung* unterschieden werden, die jeweils ein weiteres Ablaufmodell ergeben. Die Analysetechniken *Explikation* und *Strukturierung* lassen sich noch weiter differenzieren. So entstehen insgesamt sieben verschiedene Analyseformen, die zunächst beschrieben werden (vgl. Tabelle 8):

Grundformen der Analyse	Differenzierungen	
• Zusammenfassung	(1)	Zusammenfassung
• Explikation	(2)	Enge Kontextanalyse
	(3)	Weite Kontextanalyse
• Strukturierung	(4)	Formale Strukturierung
	(5)	Typisierende Strukturierung
	(6)	Skalierende Strukturierung
	(7)	Inhaltliche Strukturierung

Tabelle 8: Katalog qualitativer Analysetechniken (Quelle: Mayring, 1993, S. 55)

• Zusammenfassung

Hier wird das transkribierte Material mit Hilfe reduktiver Prozesse in eine Kurzversion transformiert, die die Kernaussagen des Ausgangsmaterials umfaßt. Diese Prozesse bestehen aus der *Paraphrasierung* (*Auslassen* von ausschmückenden, verdeutlichenden Wendungen, Transformation in eine grammatikalische Kurzform) und der *Generalisierung* (Zur Schaffung eines

---

[15] In einer Inhaltsanalyse können, müssen aber nicht alle drei Techniken angewandt werden.

einheitlichen Abstraktionsniveaus werden Gegenstände der Aussagen durch begrifflich übergeordnete Pharaphrasen ersetzt). Ferner werden zentrale Aussagen beibehalten (*Selektion*), ähnliche gebündelt (*Bündelung*) und Paraphrasen mit mehreren Inhalten zu einem Gegenstand zusammengefaßt (*Konstruktion/Integration)*. Die neuen Aussagen werden als Kategorien zusammengestellt. Es resultiert ein induktiv gebildetes Kategoriensystem.

- Explikation

Im Gegensatz zu der Zusammenfassung, ist hier das Ziel „ (...) zu einzelnen fraglichen Textteilen zusätzliches Material heranzutragen, das das Verständnis erweitert, das die Textstelle erläutert, erklärt, ausdeutet" (Mayring, 1993, S. 54). Zur Explikation wird aus zwei verschiedenen Quellen Material an die unverständlichen Textstellen herangetragen: Als *enge Kontextanalyse* aus anderen Textstellen des protokollierten Interviews oder als *weite Kontextanalyse* aus Informationen über den Befragten oder über die Erhebungssituation.

- Strukturierung

Diese als die zentralste inhaltsanalytische Technik hat zum Ziel, „(...) eine bestimmte Struktur aus dem Material herauszufiltern. Diese Struktur wird in Form eines Kategoriensystems an das Material herangetragen. Alle Textbestandteile, die durch die Kategorien angesprochen werden, werden dann aus dem Material systematisch extrahiert" (Mayring, 1985, S. 197). Die Kategorien werden anhand der Fragestellung und theoretischer Begründungen bestimmt. Die Entscheidung, wann ein Textbestandteil unter eine Kategorie fällt, erfolgt nach der *Definition der Kategorien*, der Formulierung von *Ankerbeispielen* (konkrete Textstellen gelten als repräsentatives Beispiel für eine Kategorie) und nach festgelegten *Kodierregeln*, die eine eindeutige Zuordnung zu den Kategorien ermöglichen. Diese Bestimmungen sind im Laufe der Analyse modifzierbar (z.B. können neue Ankerbeispiele aufgenommen, neue Kodierregeln formuliert werden) und dienen als Anweisung für den (die) Auswerter mit dem Ziel, eine möglichst hohe Auswertungsübereinstimmung zu erreichen. Innerhalb der Technik werden vier Strukturierungsvarianten unterschieden: Die *formale Strukturierung* filtert eine innere Struktur (z.B. die Satzstruktur) aus dem Materials heraus, die *typisierende Strukturierung* extrahiert markante Ausprägungen ("Typen"), die *skalierende Strukturierung* schätzt das Material auf einer Ordinalskala ein und bei der *inhaltlichen Strukturierung* werden in Bezug auf bestimmte Themen, Inhalte oder Aspekte Hauptkategorien theoriegeleitet gebildet, die zumeist in Subkategorien gesplittet werden.

Das gemeinsame Charakteristikum der Auswertungsstrategien besteht in der Entwicklung eines Kategoriensystems. Im folgenden Schritt des allgemeinen Ablaufmodells wird dieses Kategoriensystem an *Theorie und Material rücküberprüft* und gegebenenfalls überarbeitet. Auf diese Weise werden die Kategorien in einem Wechselspiel zwischen Theorie und Empirie entwickelt.

Zum Schluß werden die *Ergebnisse interpretiert* und ihre Aussagekraft mit Hilfe von *inhaltsanalytischen Gütekriterien* bemessen.

5.2.1 Auswahl der Analysetechniken

Wie erwähnt liegt die Stärke der qualitativen Inhaltsanalyse nach Mayring in ihrer Regelgeleitetheit und in dem systematischen Vorgehen, wie es das allgemeine Ablaufmodell und die jeweiligen Analysemodelle in ihrer Schrittabfolge verdeutlichen. Gleichzeitig hebt Mayring (1996) jedoch hervor: „Die Auswahl von Untersuchungsplan und Techniken der Erhebung, Aufbereitung und Auswertung, die Zusammenstellung des konkreten Analyseinstrumentariums (...) muß auf den Gegenstand und die Fragestellung der Untersuchung bezogen sein" (ebd., 1996, S. 108). Die Anforderungen dieser Untersuchung an die Auswertungstechnik legen eine Modifizierung i.S. einer integrierenden Kombination zweier Analysetechniken der qualitativen Inhaltsanalyse nahe.

Zunächst ist die *inhaltliche Strukturierung* nach Mayring (1993) als Auswertungsstrategie geeignet. Es wird ein Kategoriensystem auf das vorliegende Material angewandt, alle Textteile systematisch extrahiert und den Kategorien zugeordnet. Dieses Vorgehen gilt für die Hauptkategorien, die sich zunächst aus den Themenbereichen des Interviews ergaben. Die Subkategorien konnten jedoch nicht gänzlich aus vorherigen Überlegungen an das Material herangetragen werden. Aus diesem Grund wurden zu deduktiv gebildeten Subkategorien, die sich aus den Unterfragen der Leitfragen ableiten, induktiv gebildete Subkategorien ergänzt. Dazu wurde die Analysetechnik der *Zusammenfassung* nach Mayring in die inhaltliche Strukturierung als Zwischenschritt integriert. Diese „(...) systematische Ableitung von Auswertungsgesichtspunkten aus dem Material, also eine induktive Kategorienbildung (...)" (Mayring, 1996, S. 92), nimmt in der qualitativen Forschung einen hohen Stellenwert ein. Sie gewährleistet die Berücksichtigung von relevanten Aussagen, die sich aus dem Material zu neuen Kategorien entwickeln. Der Forscher ist offen für im voraus nicht bedachte Aspekte, die in die Konstruktion des Kategoriensystems einfließen.

Eine Alternative hätte auch die *grounded theory* von Glaser und Strauss (1998) geboten (vgl. Rohe, 1999). Ausgehend von der Kritik logisch-deduktiver Forschungsstrategien werden mit dieser Methode Theorien aus dem konkreten Untersuchungsmaterial entwickelt, die in den Daten begründet (grounded) sind. Im Vergleich zu der qualitativen Inhaltsanalyse nach Mayring, deren Ergebnis in einer Reihe von nur locker verbundenen Kategorien liegt, zielt die gegenstandsbezogene Theoriebildung (grounded theory) auf eine feine Vernetzung der Kategorien und Subkategorien ab (Lamnek, 1989). Außerdem spricht auch ein ungünstiges Kosten-Nutzen-Verhältnis und die Menge zusätzlichen Deutungsmaterials, das durch die Kodierungen erzeugt wird, gegen die Anwendung der gegenstandsbezogenen Theoriebildung. In Anbetracht der relativ langen Interviewdauer und der daraus resultierenden Materialfülle sollten Umfang und Komplexität der Analyse nicht zusätzlich erhöht werden. Für die induktive Subkategorienbildung wurde aus diesen Gründen die *zusammenfassende Inhaltsanalyse* herangezogen. Es ergibt sich für die Auswertung eine Integration der *zusammenfassenden Inhaltsanalyse* in die *inhaltliche Strukturierung*, worauf im folgenden Kapitel eingegangen wird.

5.2.2 Auswertungsablauf dieser Untersuchung

Das allgemeine Ablaufmodell, das den übergeordneten Rahmen des Auswertungsvorgehens abbildet, und die Beschreibung der einzelnen Schritte wurde in der Abbildung 23 (vgl. Kapitel 5.2) geschildert. Die ersten Schritte des allgemeinen Ablaufmodells beinhalten für diese Untersuchung:

- *Festlegung des Materials*: Das auszuwertende Material besteht aus 12 Interviewprotokollen von Coaching-Experten (zur Beschreibung der Stichprobe vgl. Kap.4.2)
- *Analyse der Entstehungssituation*: Die Befragten nahmen freiwillig an den halbstrukturierten Experten-Interviews teil (zur Untersuchungsdurchführung vgl. Kap.4)
- *Formale Charakteristika des Materials*: Die Interviews wurden auf Tonband aufgenommen und nach festgelegten Regeln transkribiert und anschließend zusammenfassend protokolliert (vgl. Kap. 5.1)
- *Richtung der Analyse*: Analysiert werden Aussagen von Coaching-Experten, die sich auf Qualitätsvorstellungen bestimmter Themenbereiche beziehen (vgl. Kap. 4.1)
- *Theoretische Differenzierung*: Der theoretische Hintergrund wurde in dem Theorieteil (Kapitel 2), die Fragestellung in Kapitel 2.6 beschrieben.
- *Bestimmung der Analysetechniken und Festlegung des konkreten Ablaufmodells*: Für die Hauptkategorien dieser Studie wird die inhaltliche Strukturierung und für die ergänzende Bildung von Subkategorien die Zusammenfassung als Analysetechnik gewählt (vgl. Kap. 5.2.1)

Der weitere Ablauf des Modells (*Definition der Analyseeinheiten, Analyseschritte mittels Kategoriensystem, Rücküberprüfung des Kategoriensystems an Theorie und Material*) wird in dem modifizierten Auswertungsablaufmodell (vgl. Abbildung 24) und der sich anschließenden Beschreibung der einzelnen Schritte dargestellt.

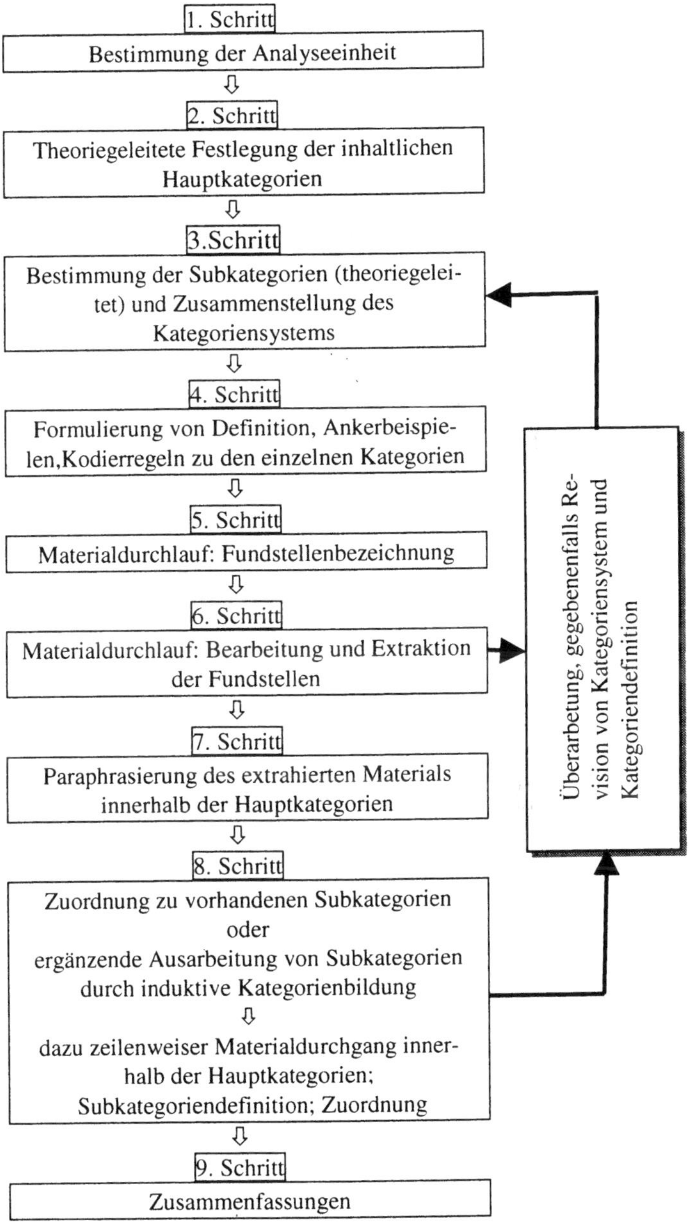

Abbildung 24: Modifiziertes Auswertungsablaufmodell (Quelle: Eigene Darstellung in Anlehnung an Mayring, 1993, S. 78 und 83)

- 1. Schritt: Bestimmung der Analyseeinheiten

In diesem für alle drei Analysestrategien gleichen Schritt wird als Kodiereinheit das Wort gewählt, als Kontexteinheit ein vollständiger Satz und als Auswertungseinheit gelten die jeweiligen Interviews, die nacheinander ausgewertet werden.

- 2. und 3. Schritt: Theoriegeleitete Festlegung der inhaltlichen Hauptkategorien und Bestimmungen der Subkategorien

Der Entwurf des Kategoriensystems orientierte sich an den Themenbereichen bzw. Leitfragen des Interviewleitfadens. Hieraus wurden z.T. auch die Subkategorien gebildet, die als Unterfragen zur Spezifizierung der Leitfragen vorlagen. Zunächst wurde ein Kategoriensystem abgeleitet, das jedoch revidiert wurde. Es zeigte sich, daß die theoretische Bestimmung der Hauptkategorien zu breit angelegt war und Material enthielt, das nicht unmittelbar der Beantwortung der Fragestellung diente. So wurde z.B. die Hauptkategorien "wünschenswerte Entwicklungen des Coaching-Marktes" auf "Regulative des Coaching-Marktes" begrenzt und Nennungen zu "notwendigen Erfolgsfaktoren" wurden durch andere Hauptkategorien erfaßt. Das revidierte Kategoriensystem ergibt insgesamt elf Hauptkategorien. Pro Forschungsfrage ergeben sich folgende Kategorien (vgl. Tabelle 9):

Forschungsfrage	Kategorien
1. Wie ist der Klärungsprozeß bzgl. einer gemeinsamen Zusammenarbeit zu optimieren bzw. welche Orientierungshilfen können für Klient und Coach formuliert werden, um Risiken eines Mißerfolges zu minimieren?	• Kategorie I: Beurteilungskriterien für den Klienten • Kategorie II: Klient • Kategorie III: Inhalte und Funktion des Erstgesprächs • Kategorie IV: Indikation • Kategorie V: Kontra-Bedingungen bzw. problematische Ausgangsbedingungen
2. Welche Methoden und Interventionsweisen werden im Coaching angewandt? Welches sind die Qualitätsanforderungen an die Auswahl und Anwendung der Methoden?	• Kategorie VI: Anforderungen an die Auswahl und Anwendung der Methoden • Kategorie VII: Interventionsweisen im Coaching (Verhaltenselemente und Methoden) • Kategorie XI: Wissenschaftliche Fundierung
3. Welche Qualitätsanforderungen können in bezug auf die Qualifikationen eines Coaches formuliert werden?	• Kategorie VIII: Qualifikationsanforderungen an den externen Coach und Ausbildungswege • Kategorie X: Regulative Coaching-Marktes
4. Wie ist die Ergebnisstruktur im Coaching zu beschreiben?	• Kategorie IX: Ergebnisstruktur des Coachings

Tabelle 9: Ableitung der Kategorien aus den Forschungsfragen (Quelle: Eigene Darstellung)

- 4. Schritt: Formulierung von Definitionen, Ankerbeispielen und Kodierregeln zu den einzelnen Hauptkategorien

Für die Hauptkategorien wurde ein Kodierleitfaden entwickelt, um die Textstellen zuordnen zu können. Obwohl nur eine Person die Kodierungen vornahm und der Kodierleitfaden damit die Funktion einer erhöhten intersubjektiven Kodierübereinstimmung verliert, ist die Formulierung von Definition, Ankerbeispielen und Kodierregeln hinsichtlich der Transparenz des Auswertungsprozesses dennoch sinnvoll. Der im Folgenden dargestellte Kodierleitfaden bezieht sich auf die endgültige Version, die bei der Analyse verwendet wurde.

Kategorie I: Beurteilungskriterien für den Klienten

Diese Kategorie betrifft die Klärung über eine mögliche Zusammenarbeit aus der Perspektivenübernahme des Klienten. Dafür werden Beurteilungskriterien bzgl. des Coaches und des Coachings sowie kritische Aspekte ermittelt, die dem Klienten in dem Vor- bzw. Erstgespräch zur Kompetenzeinschätzung des Coaches bzw. als Entscheidungsgrundlage dienen.

- Kodierregel:

Unter diese Kategorie werden alle Aussagen zusammengefaßt, die aus der Perspektivenübernahme der Befragten Hinweise enthalten, worauf aus Sicht des Klienten bei der Auswahl eines Coaches zu achten ist, was sich sowohl auf den Coach als auch auf Komponenten des anfänglichen Prozesses bezieht. Außerdem werden Äußerungen über kritische Kriterien, die Vorbehalte gegen einen Coach oder sein angebotenes Coaching aufkommen lassen, zugeordnet. Durch die Erhebung von Beurteilungskriterien des Coaches können Aussagen jedoch nicht eindeutig zugeordnet werden, da sich Überschneidungen zu der Hauptkategorie VIII "Qualifikationsanforderungen an den externen Coach" ergeben. Da sich diese Äußerungen aus der Perspektivenübernahme des Klienten ergeben und einen Hinweis darauf geben, welche Qualifikationsanforderungen die Befragten aus der Sicht des Klienten für aussagekräftig bzgl. einer Kompetenzeinschätzung halten, werden Doppelnennungen markiert und ihre absolute Häufigkeit in Bezug zu der absoluten Gesamthäufigkeit der Nennungen angegeben (z.B. Feldkompetenzen* 7 von 10).

- Ankerbeispiele:

„Geprüft werden sollte, in welche Supervisions- und Diskussionskreise der Coach eingebunden ist“ (A)

„den Zeitrahmen wissen wollen, der vereinbart wird“ (C)

für kritische Aspekte: „Jemand, der fundamental einer bestimmten Methoden nachhängt“ (I)

Kategorie II: Klient

Diese Kategorie beschreibt Voraussetzungen des Klienten für ein Coaching und Vorbereitungsempfehlungen für den Klienten.

- Kodierregel:

Hierin werden alle Aussagen zusammengefaßt, die für ein Coaching mitzubringende Voraussetzungen des Klienten enthalten. Außerdem werden

Textstellen subsumiert, die für das Klärungsgespräch als hilfreich angesehen werden und Vorbereitungsmöglichkeiten darstellen.

- Ankerbeispiel:

„Bereitschaft, etwas zu verändern" (E)
„Der Kunde sollte Informationen zu dem Begriff Coaching haben" (A)

Kategorie III: Inhalte und Funktion des Erstgesprächs
Diese Kategorie stellt auf der inhaltlichen Ebene typische Komponenten des Erstgesprächs dar und auf der Beziehungsebene relevante Beziehungsmerkmale, die auf einen möglichen Beziehungsaufbau zwischen Coach und Klient verweisen.

- Kodierregel:

Es werden alle Aussagen zugeordnet, die darstellen, welche Themenbereiche ein Erstgespräch enthalten sollte. Außerdem werden alle Textstellen subsumiert, die auf eine Beziehungsetablierung verweisen, d.h. welche Beziehungsmerkmale für eine aussichtsreiche Zusammenarbeit relevant sind.

- Ankerbeispiele:

„Den Übergang von Problemformulierung zur Zielformulierung" (H)
„Jemand, bei dem nach den ersten Gesprächen ein Vertrauen da ist" (D)

Kategorie IV: Indikation
Bei dieser Kategorie geht es um Problemtypen, die für die Maßnahme Coaching sprechen, sowie um Verfahrensarten der Indikationsklärung. Es soll allgemein erfaßt werden, wann die Maßnahme Coaching angemessen ist.

- Kodierregel:

Textstellen, die Dimensionen bzw. Problemtypen enthalten, die für einen Einsatz von Coaching sprechen, werden hier subsumiert. Ferner werden Textstellen zugeordnet, die Arten der Indikationsklärungen benennen.

- Ankerbeispiele:

„Coaching ist für mich genau da angesiedelt, wo es um die Rolle geht" (H)
„Wenn ich das Arbeitspanorama gemacht habe und merke, daß sich jemand nicht drauf einlassen kann, dann ist das eine Warnlage" (K)

Kategorie V: Kontra-Bedingungen bzw. problematische Ausgangsbedingungen
Diese Kategorie erfaßt Bedingungen, die gegen ein Coaching sprechen bzw. ungünstige Ausgangsbedingungen für ein Coaching darstellen.

- Kodierregel:

Hierunter werden alle Äußerungen zusammengefaßt, die problematische Anfangsbedingungen bzw. Kontra-Bedingungen auf seiten des Klienten, Coaches, der Arbeits-Beziehung oder auf seiten des Unternehmens benennen.

- Ankerbeispiele:

„Psychische Krankheit - wenn jemand erkennbar schizophren ist oder irgend eine massive Neurose oder Phobie hat" (K)
„Wenn das Vertrauen nicht vorhanden ist" (B)
„Der Coach dem definierten Problem des Klienten nicht gewachsen ist oder darin keine Erfahrung hat" (L)

„Eine Grund von der Unternehmensseite her, wäre wenn Coaching als Druckmittel benutzt wird“ (G)

Kategorie VI: Anforderungen an die Auswahl und Anwendung der Methoden
Eine Forschungsfrage bezieht sich auf die Qualitätsanforderungen an die Methoden im Coaching. Diese Kategorie soll beschreiben, welche allgemeinen Anforderungen an die Auswahl und Anwendung der im Coaching verwendeten Methoden formuliert werden können. Dies beinhaltet auch, welche Methoden für den Coaching-Kontext für nicht anwendungsfähig gehalten werden.

- Kodierregel:

Äußerungen über allgemeine Anforderungen an die Auswahl und Anwendung von Methoden sowie Aussagen über Methoden, die im Coaching nicht angewandt werden sollten, werden hier zugeordnet.

- Ankerbeispiele:

„Hier halten wir Methodenvielfalt für sinnvoll“ (L)
nicht-anwendungsfähige Methoden: „Alle Methoden, die von der Lebens- und Erfahrungswelt dieser Menschen zu weit weg sind, die also zuviel Selbstüberwindung erfordern“ (A)

Kategorie VII: Interventionsweisen im Coaching (Verhaltenselemente und Methoden)
Zur Beschreibung dessen, wie im Coaching vorgegangen wird, dient diese Kategorie. Sie ermöglicht einen Überblick über die im Coaching verwendeten Methoden und Interventionsweisen (Verhaltenselemente).

- Kodierregel:

Textstellen, die Beschreibungen von angewandten Methoden (Interventionsformen) bzw. Aktivitäten (Verhaltenselemente) des Coaches enthalten, werden hier zugeordnet.

- Ankerbeispiele:

„die kognitivistischen Ansätze aus der RET“ (E)
„dann gebe ich auch Impulse“ (C)

Kategorie VIII: Qualifikationsanforderungen an den externen Coach und Ausbildungswege
Eine weitere Forschungsfrage bezieht sich auf die Person des Coaches bzw. auf die personelle Strukturqualität im Coaching. Die Kategorie beschreibt Anforderungen an die Qualifikationen des externen Coaches. Weiterhin interessieren hier Ausbildungswege zum Coach.

- Kodierregel:

Hierunter werden alle Aussagen subsumiert, die Qualifikationsanforderungen an den Coach enthalten (fachliche, methodische, soziale Kompetenzen, Eigenschaften/persönliche Erfahrungen etc.). Außerdem werden Äußerungen zu Ausbildungswegen oder zu Coaching-Ausbildungsprogrammen unter diese Kategorie gefaßt.

- Ankerbeispiele:

„Ich muß nicht unbedingt ein Betriebswirtschaftsstudium gemacht haben, aber ich sollte zumindest praktische Erfahrung in Betrieben haben" (I)
„Ich erwarte von einem guten Coach, daß er das, was er tut auch reflektieren kann" (F)
„Den akademischen Abschluß möchte ich auf jeden Fall haben" (J)

Kategorie IX: Ergebnisstruktur des Coachings
Bei dieser Kategorie wird mit Bezug auf die letzte Forschungsfrage die Ergebnisstruktur des Coachings näher betrachtet. Erfolgskriterien sowie mögliche Nebenwirkungen, d.h. unerwünschte Begleiterscheinungen eines erfolgreichen Abschlusses, werden beschrieben. Ferner enthält die Kategorie Quellen der Ergebnisbeurteilungen. Schließlich sind problematische Effekte, sowie deren Entstehungsbedingungen und Vermeidungsmöglichkeiten in dieser Kategorie enthalten, obwohl letztere nur einen indirekten Bezug zu der Ergebnisstruktur ergeben.

- Kodierregel:

Textstellen, die Äußerungen zu Erfolgskriterien, zu problematischen Begleiterscheinungen und problematischen Effekten beinhalten, werden hierin aufgenommen. Außerdem werden Aussagen aufgenommen, die beschreiben, welche Personen an der Bewertung teilnehmen. Schließlich fallen Darstellungen zu der Entstehung problematischer Effekte und zur Vermeidung dieser unter diese Kategorie.

- Ankerbeispiele:

Erfolgskriterium: „Man müßte entlasteter rausgehen" (B)
Begleiterscheinung: „Es kann sein, daß sein Anspruchsniveau an Leben und Arbeitsumgebung steigt" (H)
problematischer Effekt: „Der Klient traut sich nicht mehr zu, etwas ohne seinen Coach zu entscheiden" (L)
Vermeidungsmöglichkeiten: „Je besser der Draht zum Klienten ist (...), desto eher kann so etwas vermieden werden" (E)
Quelle der Bewertung: „Ich würde in die Umgebung gucken, das tue ich auch häufig und sage, was sagt die Umgebung (Organisation, Vorgesetzte, Kollegen, Mitarbeiter) jetzt über den" (H)

Kategorie X: Regulative des Coaching-Marktes
In dieser Kategorie werden Reglementierungsmöglichkeiten zur Klärung des Coaching-Marktes bzw. zur Schaffung eines entsprechenden Professionalitätsniveaus am Coaching-Markt dargestellt. Darin sind Formen von Professionsgemeinschaften und deren Funktion zur Schaffung eines entsprechenden Professionalitätsniveaus in der Praxis inbegriffen.

- Kodierregel:

Zugeordnet werden Aussagen, die sich auf Formen zur Regulation des Marktes beziehen, d.h. Arten von Professionsgemeinschaften und deren Funktion.

- Ankerbeispiele:

„Es gibt eine Bereinigung am Markt dadurch daß die Profis überleben" (E)

„In Netzwerken zusammen arbeiten" (G)
Funktion von Professionsgemeinschaften: „Richtlinien bzgl. der Ausbildung formulieren" (I)

Kategorie XI: Wissenschaftliche Fundierung
Diese Kategorie stellt Interessen der Befragten hinsichtlich einer wissenschaftlichen Fundierung von Coaching dar.

- Kodierregel:

Zugeordnet werden alle Aussagen, die Forschungsinteressen der Befragten enthalten.

- Ankerbeispiele:

„Prozeß erforschen" (D)
„Nachweis, daß Coaching dem Seminar überlegen sein kann" (J)

- 5. und 6. Schritt: Materialdurchlauf: Fundstellenbezeichnung, Bearbeitung und Extraktion der Fundstellen

Innerhalb dieser Schritte werden nacheinander alle transkribierten Interviews in Hinblick auf jede Hauptkategorie hin durchgearbeitet und Fundstellen, d.h. Passagen, die aufgrund der Kodierregeln zugeordnet werden konnten, mit einer farbigen Numerierung markiert. Dieses Verfahren wurde für alle weiteren Hauptkategorien angewandt. In dem sich anschließenden Schritt wurden die markierten Fundstellen pro Interview unter die Hauptkategorien subsumiert.

- 7. Schritt: Paraphrasierung des extrahierten Materials innerhalb der Hauptkategorien

Ein Paraphrasierung wurde nicht vorgenommen. Sie erfolgte bereits im Rahmen der Aufarbeitung der Interviews.

- 8. Schritt: Zuordnung zu vorhandenen Subkategorien oder Zusammenfassungen innerhalb der Hauptkategorien zur induktiven Bildung ergänzender Subkategorien

Diese beiden Analyseschritte, die die Auswertung innerhalb der Hauptkategorien betreffen, werden gemeinsam dargestellt. Für bereits bestehende Subkategorien wurden die dazugehörigen Paraphrasen über alle Interviews hinweg zugeordnet. Aus den verbleibenden Aussagen wurden nach der *zusammenfassenden Inhaltsanalyse*, die sich zur induktiven Kategorienbildung eignet (Mayring, 1996), Subkategorien aus dem Material heraus gebildet. Kategorisierungsdimension und Abstraktionsniveau wurden definiert und ein Selektionskriterium festgelegt. Das Material wurde durchgearbeitet und aus der ersten Textstelle, die zu der Kategoriendefinition paßt, eine Kategorie konstruiert. Weitere im Analyseverlauf passende Textstellen werden subsumiert. Aus Textstellen, die zu der induktiv gebildeten Subkategorie nicht passen, wird eine neue Subkategorie definiert. Daraus ergeben sich Kategorien, denen spezifische Textstellen zugeordnet sind. So ergaben sich z.B. innerhalb der Hauptkategorie "Bewertung des Coachings" zusätzlich die Subkategorien "problematische Effekte", "Entstehung problematischer Effekte" und "Vermeidung problematischer Effekte" sowie in der Hauptkategorie "Interventionsweisen im Coaching" ergänzende Subkategorien zu den Verhaltenselementen.

rekursiver Schritt: Überarbeitung, gegebenenfalls Revision des Kategoriensystems und der Kategoriendefinition
Wie in Abbildung 24 erkennbar, kann das Kategoriensystem bis zu seiner endgültigen Version mehrmals überarbeitet werden. Eine mehrfache Revision des Kategoriensystems wurde vorgenommen. Definitionen, Kodierregeln und/oder Ankerbeispiele wurden bis zu der endgültigen Version des Kategoriensystems verändert. Die endgültige Zuordnung der Paraphrasen zu den Subkategorien bedurfte ebenfalls wiederholter Durchgänge. Schließlich resultiert ein durch mehrere Überarbeitungsvorgänge optimiertes Kategoriensystem, das sich im Wechselspiel zwischen Theorie und Empirie entwickelt hat.

9. Schritt: Zusammenfassungen
Innerhalb der Subkategorien werden die Elemente zusammengefaßt. Auch hier wird auf die zusammenfassende Inhaltsanalyse von Mayring zurückgegriffen, jedoch ohne eine Kategorienbildung vorzunehmen, da bereits Subkategorien vorliegen (entweder deduktive oder induktiv gebildete). Die Resultate der Zusammenfassungen pro Hauptkategorie sind in Kapitel 6 dargestellt.

Die letzten Schritte des allgemeinen Ablaufmodells (vgl. Abbildung 23) beinhalten:

- *Interpretation der Ergebnisse in Richtung der Hauptfragestellung*: Die zusammenfassende Ergebnisinterpretation und -diskussion wird in Kapitel 7 dargestellt.
- *Anwendung der inhaltsanalytischen Gütekriterien*: Die Diskussion der Gütekriterien wird in dem folgenden Kapitel aufgegriffen.

5.2.3 Betrachtung der Gütekriterien

Wie es zum Standard quantitativer Forschung gehört, die Qualität der Ergebnisse anhand von Gütekriterien einzuschätzen, gilt dies ebenfalls für die qualitative Forschung. Eine Übertragung der klassischen Gütekriterien quantitativer Forschung, die in der Validität (Gültigkeit, d.h. ob das gemessen wird, was gemessen werden soll), Reliabilität (Zuverlässigkeit, d.h. die Genauigkeit der Messung) und Objektivität (interindividuelle Zuverlässigkeit) liegen, ist nicht möglich und nicht erwünscht. Eine Anwendung der z.B. Split-half-Methode[16] zur Reliabilitätsprüfung wäre nicht sinnvoll, da „ (...) der Umfang des Instrumentes (der Kategorien) meist so bestimmt wird, daß in einzelnen

---

[16] Bei dieser Methode wird das Instrument in zwei gleiche Hälften geteilt. Die Zuverlässigkeit ergibt sich aus der Korrelation der Meßergebnisse der beiden Hälften.

Teilen zentrale, das Gesamtergebnis verändernde Erkenntnisse auftauchen können" (Mayring, 1993, S. 104). Gütekriterien qualitativer Forschung werden neu definiert. Die Geltungsbegründungen sollen gemäß dem Prinzip der Gegenstandsangemessenheit flexibler gestaltet werden, denn „nicht nur die Methoden sollten dem erforschten Gegenstand angemessen sein, sondern auch die Kriterien der Bewertung sollten den eingesetzten Methoden gerecht werden können" (Flick, 1987, S. 247).

Zur Geltungsüberprüfung der vorliegenden Untersuchung wird auf sieben Kriterien Bezug genommen, auf die Mayring (1996), Flick (1987, 1995a) und Lamnek (1995a) verweisen.

- Verfahrensdokumentation

Reicht in der quantitativen Forschung zumeist die Angabe des verwendeten standardisierten Erhebungsinstrumentes für die methodische Beurteilung aus, bedarf es in der qualitativen Forschung einer detailgerechten Darstellung des Vorgehens, um den Forschungsprozeß intersubjektiv überprüfen zu können. Dies ist besonders dann notwendig, wenn die Methoden für den jeweiligen Gegenstand modifiziert wurden, was für diese Untersuchung zutrifft. Die geforderte Transparenz wird durch die Beschreibung der Interviewleitfadenentwicklung (vgl. Kap. 4.1), die Darstellung der Untersuchungsdurchführung (vgl. Kap. 4.3) und durch die detaillierte Auswertungsbeschreibung (vgl. Kap. 5.2.1, 5.2.2) anhand des allgemeinen und modifizierten Ablaufmodells erfüllt.

- Güte der Interviews

Ein Ansatz zur Bestimmung der Validität bei Interviews liegt darin, auf die Authentizität bei Zustandekommen der Daten zu achten. Im Verlauf der Interviews dieser Studie wurden zur Gewährleistung von Authentizität entsprechende Rahmenbedingungen geschaffen. Dazu zählt die Herstellung einer angemessenen, natürlichen Atmosphäre und eine adäquate Gesprächsführung. Eine herkömmliche Asymmetrie zwischen Interviewerin und Befragten war nicht gegeben. Eine Expertenbefragung führt zu einer Hierarchieveränderung im Forschungsprozeß (Köhler, 1992). Einflußfaktoren dieser Art sowie Tendenzen der sozialen Erwünschtheit können bei dieser Personengruppe vernachlässigt werden. Mögliche Einbußen an Authentizität durch Unterbrechungen des Erzählschemas, konnten durch die kommunikative Validierung (s.u.) und einer gänzlich offenen Abschlußfrage (vgl. Kap. 9B) kompensiert werden (Flick, 1995b).

- Kommunikative Validierung

Eine weitere Möglichkeit der Validitätsbestimmung, besteht in der Einbeziehung der Forschungssubjekte in den Interpretationsprozeß. In der Auswertungsphase werden die Ergebnisse und Interpretationen an den Befragten rückgekoppelt. Interpretationen gelten dann als abgesichert, wenn die rekonstruierten Daten dem entsprechen, was der Befragte meinte und sich die Personen in Analyseergebnissen und Interpretationen wiederfinden. Zwischen Forscher und Beforschten wird eine Übereinstimmung über die Analyseergebnisse diskursiv hergestellt. Auf eine Abgleichung der Ergebnisse nach der Auswertung wurde jedoch verzichtet, um das Entgegenkommen der Befragten nicht zu sehr zu strapazieren. Die kommunikative Validierung während der Datenerhebung wurde berücksichtigt und die Geltung einer Interpretation im Dialog erarbeitet. Während der Erhebung wurden die Aussagen der Befragten reformuliert, zusammengefaßt, reflektiert. So wurde jedem Gesprächspartner die Möglichkeit gegeben, ein falsches Verständnis des Gesagten zu korrigieren oder Aussagen zu konkretisieren.

- Regelgeleitetheit

Diesem Anspruch wird gerade die systematisierte Vorgehensweise der *qualitativen Inhaltsanalyse* nach Mayring (1993) gerecht. Die einzelnen Analyseschritte werden vorher festgelegt, das Material zergliedert und die Auswertung schrittweise durchgeführt. Ohne diese Regelgeleitetheit, die trotzdem flexibel bleibt, denn auch hier gilt, „keine Regel ohne Ausnahme" (Mayring, 1996, S. 120), würde qualitative Forschung willkürlich und damit wertlos. Diesem Kriterium wird insofern Rechnung getragen, als daß die Auswertung Schritt für Schritt nach dem modifizierten Auswertungsablaufmodell (vgl. Abbildung 24) durchgeführt wurde. Dieses wiederum ist als Teil des übergeordneten allgemeinen Ablaufmodells nach Mayring (1993) (vgl. Abbildung 23) zu sehen, das den Rahmen der Auswertung festlegt. Insgesamt erfüllt dieses Vorgehen die Forderung nach einer systematisierten, intersubjektiv nachvollziehbaren Analyse.

- Triangulation

Analog zu der „multitrait-multimethod-Methode" der quantitativen Forschung (d.h. Hypothesenüberprüfung mit mehreren Testmethoden), übernimmt in der qualitativen Forschung die Triangulation nach Denzin (1989) die Funktion, denselben Untersuchungsgegenstand mit unterschiedlichen Methoden zu betrachten. Die unterschiedlichen Methoden lassen sich jedoch nicht als Korrektiv der anderen darstellen, denn jede Methode konstituiert bzw. beeinflußt den Gegenstand auf ihre Weise (Flick, 1987, 1995b). Dementsprechend bezeichnet Köckeis-Stangl (1980) die Triangulation als mehrperspektivische und adäquatere Alternative, die „ (...) als Ergebnis kein einheitliches, sondern eher ein kaleidoskopartiges Bild (...)" schafft (S. 363). Die Geltungsbegründung liegt damit weniger in der Überprüfung von Ergebnissen, sondern „(...) in der systematischen Erweiterung und Vervollständigung von Erkenntnismöglichkeiten (...)" (Flick, 1995a, S. 251).

Triangulationen sind unterschiedlich gestaltbar: Datensätze können nach Personen verändert werden (Daten-Triangulation); die Forscherperson/Auswerter können wechseln, um durch systematischen Vergleich Verzerrungen zu minimieren (Untersucher-Triangulation); Theorien und Methoden können ausgetauscht werden, um für die Fragestellung unterschiedliche Lösungswege zu entwerfen, Ergebnisse zu vergleichen und ein mehrperspektivisches Bild zusammenzusetzen (Theorien-Triangulation; methodologische Triangulation).

Für diese Studie konnten, in Vorgriff auf die Ergebnisdarstellung und -diskussion, Ergebnisse der Hauptkategorien VII: "Interventionsweisen im Coaching" und der Hauptkategorie VIII "Qualifikationsanforderungen" über einen Subtyp der Daten-Triangulation validiert werden. In diesen Kategorien wurde derselbe Gegenstand zu verschiedenen Zeitpunkten, an verschiedenen Orten mit verschiedenen Personen untersucht wie in einer 1995 durchgeführten empirischen Studie zum Berufsverständnis von Coaches von Roth et. al.. Erhebungs- und Auswertungsmethode beider Untersuchungen unterscheiden sich kaum. Das Interview dieser Studie war strukturierter als das in der genannten Studie und die strukturierende Inhaltsanalyse dieser Untersuchung wurde leicht modifiziert. Bei den genannten Kategorien konnten vergleichbare Ergebnisse gefunden werden (vgl. Kap. 7.2, 7.3).

Eine Validierungsmöglichkeit dieser Studie hätte in einer Parallelbefragung von Führungskräften bzw. Auftraggebern und in der Gegenüberstellung der Ergebnisse der unterschiedlichen Gruppen gelegen. Dies wäre gerade bei dieser Forschungsfragestellung sinnvoll gewesen, um die Anbieter-Perspektive um die Kunden-Perspektive zu ergänzen und dem Aushandlungsprozeß zur Qualitätsbestimmung (vgl. Kap. 2.5) näher zu kommen. Schwierigkeiten hätten allerdings in der Fülle der erhobenen Daten gelegen, deren Auswertung den Rahmen überschritten hätte.

- Intercoderreliabilität

Eine Möglichkeit zur inhaltsanalytischen Reliabilitätsbestimmung besteht in der Berechnung der Intercoderreliabilität, bei der die Analyseergebnisse verschiedener Kodierer verglichen werden. Für die Überprüfung der intersubjektiven Übereinstimmung der Zuordnungen ist besonders die Berechnung des kappa-Koeffizienten nach Cohen (1960) geeignet. Der Übereinstimmungskoeffizient gibt nicht nur die tatsächlichen Übereinstimmungen an, sondern tatsächliche Übereinstimmungen, die an den durch Zufall zu erwartenden Übereinstimmungen relativiert wurden. Je mehr sich der Koeffizient an den Wert "1" annähert, desto identischer sind die Zuordnungen der unterschiedlichen Kodierer. Nach Fleiss (1981) sind Werte zwischen .40 und .75 als "annehmbar bis gut" und Werte darüber als "ausgezeichnet" zu interpretieren.

Es gibt jedoch auch kritische Stimmen, die eine inhaltliche Aussagekraft dieser Überprüfungsart hinterfragen. Ritsert (1972) sieht die Sinnhaftigkeit der Reliabilitätsprüfung auf nur sehr einfache Analysen beschränkt: „Je differenzierter und umfangreicher das Kategoriensystem, desto schwieriger ist es, eine hohe Zuverlässigkeit der Resultate zu erzielen, obwohl gleichzeitig die inhaltliche Aussagekraft einer Untersuchung steigen kann“ (S. 70). In Anbetracht der Komplexität des vorliegenden Kategoriensystems wäre demnach die Sinnhaftigkeit in Frage zu stellen. Obwohl es sich für die vorliegende Untersuchung als nicht realisierbar erwies, die Intercoderreliabilität zu bestimmen, liegen die Gründe jedoch mehr in pragmatischen Gesichtspunkten als in der genannten Einschränkung. Es erscheint auch bei komplexen Kategoriensystemen durchaus gerechtfertigt, das Maß der intersubjektiven Übereinstimmung zu bestimmen. Vor dem Hintergrund des oben genannten Einwandes ist es jedoch erforderlich, den Umfang des Kategoriensystems bei der Interpretation der erzielten Koeffizienten zu berücksichtigen. Dies hätte für die Bewertung des berechneten Koeffizienten dieser Untersuchung zugetroffen.

- Nähe zum Gegenstand

Inwiefern die Gegenstandsangemessenheit und -nähe gelungen ist, stellt ein weiteres Gütekriterium dar. Ziel der Gegenstandsnähe ist es, an der Alltagswelt des Forschungssubjektes anzuknüpfen, sich anstelle von Laboruntersuchungen der natürlichen Lebenswelt der Beforschten zu nähern und deren Interessen in die Forschung einzubeziehen. Dieses zeigte sich in der vorliegenden Studie durch die hohe Teilnahmebereitschaft der Coaches. Es ist vielen Anbietern nach wie vor ein Anliegen, Coaching für Auftraggeber und Klienten transparenter zu machen, eine qualitätsvolle Maßnahme anzubieten und sich von unseriösen Coaches abzugrenzen. „Die Leute [Coaches] wollen ja seriös arbeiten und ihr Ruf wird auch dadurch kaputt gemacht, daß es viele unseriöse Leute gibt und das kann man nur bekämpfen, indem man aufklärt" (Zitat eines Interviewpartners). Damit werden sowohl die Interessen der Anbieter als auch die der Nachfrager von Coaching berücksichtigt.

- Repräsentativität und Generalisierbarkeit

In der quantitativen Forschung soll die Stichprobe bzgl. bestimmter Merkmale die Struktur der Grundgesamtheit abbilden, um als repräsentativ zu gelten. Grundsätzlich wird in der qualitativen Forschung nicht durch viele zufällig ausgewählte Fälle, sondern durch theoriegeleitet ausgewählte, typische Fälle generalisiert. Obwohl Lamnek (1995a) hierin keinen substantiellen Unterschied sieht, denn „in beiden Fällen wird (...) der Anspruch erhoben, repräsentativ für eine wie auch immer definierte Grundgesamtheit oder eben typisch für eine bestimmte soziale Gruppierung zu sein" (ebd., 1995a, S. 192), haben die Ergebnisse zunächst nur Gültigkeit für den Bereich, in dem sie gewonnen worden sind (vgl. Mayring, 1996). Damit ergeben die Vorstellungen der befragten Coaching-Experten zunächst nur ein repräsentatives Bild für diese Coaching-Variante (externer Coach bei gegebener Definition). Eine Generalisierung auf andere Varianten (interner Coach, Führungskraft als Coach) bedürfte einer Bestimmung und argumentativen Absicherung und geschieht nicht wie bei hyothesentestenden Verfahren automatisch durch Stichprobenziehung (Hopf, 1979; Mayring, 1996; Lamnek, 1995b).

5.3 Zusammenfassung

Inhalt dieses Kapitels war die Darstellung der Aufbereitung und Auswertung des kommunikativen Materials. Zu Beginn wurde das Transkriptionsverfahren erläutert, nach dem die Daten für die Auswertung aufbereitet wurden. Im Anschluß wurde eine Einführung in das Auswertungsverfahren der qualitativen Inhaltsanalyse nach Mayring (1993) gegeben, der eine Beschreibung der Modifikation des Auswertungsvorgehens folgte. Anhand des Auswertungsablaufs wurden die einzelnen Schritte der Analyse dargestellt und für diese Untersuchung nachvollziehbar gemacht. Insgesamt erlaubt die Regelgeleitetheit und die Explikation des analytischen Vorgehens von Mayring (1993) eine Nachvollziehbarkeit und methodische Kontrolle der Auswertung. Die integrative Kombination zweier Analysetechniken ergab ein gegenstandsangemessenes Analyseverfahren, das den inhaltlichen Anforderungen des Datenmaterials gerecht wurde. Schließlich wurde dargelegt, welche methodenspezifischen Gütekriterien in die Konzeption, Durchführung und Auswertung der Untersuchung einbezogen wurden und in Vorgriff auf die Ergebnisse, welche über die Daten-Triangulation validiert werden können, was an entsprechender Stelle in der Ergebnisdiskussion aufgegriffen wird (vgl. Kap. 7.2, 7.3). Im folgenden Kaptitel werden die aus der Auswertung resultierenden Ergebnisse dargestellt.

6 Darstellung der Einzelergebnisse

Die Darstellung der Einzelergebnisse erfolgt nach den Hauptkategorien. Die einzelnen Subkategorien und deren Elemente sind inkl. ihrer absoluten Häufigkeiten in Form von Tabellen im Anhang (vgl. Kapitel 9A) nachzulesen. Zahlenangaben im Text beziehen sich auf die Häufigkeit der Nennungen der Elemente, Buchstaben hinter einem wörtlichen Zitat kennzeichnen die anonymisierten Interviewpartner. Die Zuordnung von Buchstaben zu Interviewpartnern erfolgte willkürlich. Zu Beginn jeder Kategorie wird ein Überblick über die in der Kategorie enthaltenen Subkategorien gegeben.

6.1 Kategorie I: Beurteilungskriterien für den Klienten

Als Orientierungshilfen für den Klienten zur Auswahl eines Coaches werden Beurteilungskriterien in Bezug auf das Coaching (89) und den Coach (51) dargestellt. Außerdem umfaßt diese Kategorie kritische Aspekte in Bezug auf den Coach bzw. das angebotene Coaching (40). Doppelzuordnungen zu der Kategorie XIII (Qualifikationsanforderungen an den externen Coach und Ausbildungswege) werden kenntlich gemacht (vgl. Kap. 5.2.2)

- Beurteilungskriterien bzgl. des Coachings (89)

Für eine Entscheidung über eine mögliche Zusammenarbeit sind Informationen über das Coaching sowie die Beachtung von Qualitätskriterien des anfänglichen Prozesses relevant. Dazu gehört primär die Vertragsbesprechung des *formalen und psychologischen Vertrags* (11). Hier werden „Spielregeln" (E,H), Schweigepflicht des Coaches, Regelung bei Absage etc. vereinbart und das *Honorar* (10) mit dem Klienten oder Unternehmen ausgehandelt. Ein weiteres Gütekriterium liegt in der *Transparenz des Coaches bzgl. seiner professionellen Orientierung und in seiner Auskunftsbereitschaft* (10). Hier fließen Informationen über die theoretische Basis, Menschenbild, Werte, Coaching-Definition, Arbeitsprinzipien/Profil ein. Die Offenheit des Coaches dient außerdem i.S. einer symmetrischen Arbeits-Beziehung der Gleichwertigkeit beider Partner und der „Steuerung des Offenheitsgrades" (J) des Klienten. *Keine vorschnellen Lösungen* (9) anzubieten, sondern Probleme zu präzisieren ist ein weiteres Kompetenzmerkmal des Coaches. Der Coach greift das Problem des Klienten zunächst auf, fragt nach und beschreibt es in eigenen Worten. Für relevant werden *Informationen über die Vorgehensweise/Arbeitsweise*[17] (9) des Coaches gehalten. Der Coach sollte den Klienten über die „Arbeitsintensität" (C) bzw. über die mit der Interventionsform

[17] Hier sind im Vergleich zu der Transparenz in Bezug auf die professionelle Orientierung präzisere Informationen über die Vorgehensweise gefordert.

verbundenen „Anforderungen an den Klienten" (A) informieren. Grundsätzlich „sollte der Klienten, wissen, was auf ihn zukommt" (G), wozu eine „Falldarstellung" (B) oder eine „Anarbeitung des Themas" (K) hilfreich sein kann. Die *formale Prozeßgestaltung* (8) (inkl. Dauer des Prozesses, Anzahl, Häufigkeit und Dauer der Sitzungen, Termine) werden vermittelt bzw. zwischen den Vertragspartner verhandelt. Einen *Zeitrahmen festzulegen* (4), wird von einigen Befragten als hilfreich betrachtet, damit Coaching nicht „ins Unendliche praktiziert wird" (C) und „Abhängigkeiten oder Bindungen" (L) vermieden werden. Der Zeitrahmen von Coaching sollte zwischen *zwei bis maximal zehn Sitzungen* (6) liegen. Das Aufzeigen bzw. Verhandeln von *Prozeß- und Sitzungsablauf* (6) ist eine weitere relevante Information über den Coaching-Prozeß. Ferner ist die *Erklärung der Interessenvertretung des Coaches und die Klärung der Berichterstattung* (5) bedeutsam. Klient und Unternehmen sollten wissen, daß der Coach den Zielen des Klienten verpflichtet ist, die günstigster Weise mit dem Vorgesetzten von seiten des Klienten abgeglichen sind. Zwischen Coach, Klient und Auftraggeber sollte geklärt sein, worüber der Coach wen informiert bzw. worüber er keine Informationen weitergibt (z.B. über die „Inhalte des Coachings" (F,G)). Der Klient sollte außerdem über die *Ablehnungs-* (4) und *Abbruchmöglichkeit* (3) informiert werden. Nach zwei Befragten sollten *die Treffen nicht am Arbeitsplatz* (2) des Klienten stattfinden, aber der Coach sollte den Klienten (wenn möglich) an den *Arbeitsplatz begleiten* (1) ein Befragter betrachtet das *Aufzeigen der Grenzen* (1) von Coaching (z.B. die Abgrenzung zur Therapie) als eine wichtige Information.

- Beurteilungskriterien bzgl. des Coaches (51)

Um die Kompetenz des Coaches im Vorgespräch einschätzen zu können, wurde generell die Beachtung der *Qualifikation bzw. Ausbildung* (10) genannt. Auf die inhaltliche Ausdifferenzierung der Qualifikationen wird innerhalb der Kategorie VIII (vgl. Punkt 6.8) eingegangen. Grundsätzlich ermöglichen diese Informationen dem Klienten einen Einblick, ob die Ausbildung fundiert ist oder „im Schnellverfahren" (C) stattgefunden hat. Als Komponenten der Qualifikation werden folgende Elemente zur Beurteilung des Coaches von den Befragten aus der übernommenen Sicht des Klienten herausgestellt:

Hohe Übereinstimmung fand sich darin, die *bereichsspezifischen Coaching-Erfahrungen/Spezialisierungen** (12 von 12, vgl. Kat. VIII) des Coaches zu beachten. Der Hinweis „Hüte Dich vor Alleskönnern" (A) erfordert vom Coach eine thematische Angebots-Differenzierung, die die Nennung von Tätigkeitsbereichen und -dauer sowie Arbeitsschwerpunkte beinhaltet, denn „er sollte einschätzen können, für welchen Bereich er kompetent ist" (G). Erfragt der Klient *Feldkompetenzen** (7 von 10, vgl. Kat. VIII) des Coaches, d.h. Kenntnisse aus dem beruflichen Kontext des Klienten, kann er einschätzen, ob der Coach „Muster wiedererkennen kann" (H), d.h. ob er bereichsspezifische Probleme, Abläufe und Strukturen kennt. Ein Befragter relativiert die Relevanz der Feldkompetenz, wenn er je nach Problem und Ziel auch einen bereichsfremden Coach, der systemfremde Sichtweisen anbietet, für sinnvoll hält. Ein weiteres Gütekriterium des Coaches ist die *Supervision oder Intervision** (4 von 9, vgl. Kat. VIII), die der Reflexion seiner Vorgehensweise und der Qualitätssicherung dient. Außerdem können *Referenzen* (4) Einschätzungsmöglichkeiten bieten. Beachtenswert ist ferner, ob der Coach klare Antworten und Rückmeldungen gibt und nach subjektiven Bedeutungen fragt, was einen Hinweis auf seine *Kommunikationsfähigkeiten** (2 von 7, vgl. Kat. VIII) gibt. Der Coach sollte eine geschützte Atmosphäre gewährleisten (*Diskretion**) (2 von 2, vgl. Kat. VIII), *methodische Kompetenzen** (2 von 8, vgl. Kat. VIII) und eine *ideologische bzw. methodische Offenheit** (2 von 3, vgl. Kat. VIII) besitzen. Außerdem sollte beachtet werden, ob der Coach *in erkennbarer Verantwortlichkeit* steht (1) und *wie viele Klienten* er betreut (1). Einschätzungsmöglichkeiten der Kompetenz des Coaches ergeben schließlich *eigene Führungserfahrung** (1 von 4, vgl. Kat. VIII), *Fortbildung** (1 von 5, vgl. Kat. VIII) und *betriebswirtschaftliche Kenntnisse** (1 von 9, vgl. Kat. VIII) sowie das Vorhandensein einer *Praxis* (1).

- Kritische Aspekte (40)

Eine *ideologische bzw. methodische Fixierung* (9) wurde von den meisten der Befragten als K.O.-Kriterium bewertet. Darunter wird die Zugehörigkeit zu einer bestimmten Vereinigung oder Sekte sowie eine methodische Festlegung in der Vorgehensweise verstanden. „Ich würde Führungskräften raten, daß sie nicht ausgesprochene Richtungsvertreter suchen, sei es aus der klinisch psychologischen Ecke oder NLP“ (D). Vorbehalte entwickeln die Befragten, wenn *Coaching über einen langen Zeitraum vertraglich festgelegt, häufig stattfindet und Sitzungen zu lange dauern* (4). Ein zu hohes *Honorar* bzw. wenn es „demonstriert, daß der Coach den Markt nicht kennt“ (A) (3), *Intransparenz bzgl. des Ablaufs/Vorgehensweise* (3) und die *Nicht-Beherrschung der Techniken* (2), wobei der Klient merke, wann der Coach z.B. „bei der Spiegelung überfordert ist“ (D), sind weitere kritische Aspekte. *Ein Versprechen, das Problem zu lösen* (2) stellt ein weiteres kritisches Merkmal dar. Skepsis würden die Befragten entwickeln, wenn der Coach bei eindeutigen Fragen ausweicht oder mit Gegenfragen antwortet, also eine *mangelnde Auskunftsbereitschaft* (2) zeigt oder *sich ohne Differenzierung profiliert* (3). Weiterhin wecken *keine Zusatzausbildung* (2), *keine Feldkompetenzen* (1) sowie *keine Doppelqualifikation* (2) i.S. von „Manager und Therapeuten, die ihre Management-Erfahrung bzw. Therapie als Coaching verkaufen“ (K) Vorbehalte gegen den Coach. Außerdem würde der Einsatz *manipulativer Techniken** (1 von 1, vgl. Kat. VI) der Versuch des Coaches, die *Beziehung zum Klienten zu monopolisieren* und sie dauerhaft zu machen (1), *in persönlicher Ausstrahlung, Auftreten und Verhalten nicht glaubwürdig* zu erscheinen (1), die *Diskretion nicht zu wahren* (1), *keine klare zeitliche Grenze* zu vereinbaren (1) gegen die Wahl eines Coaches sprechen. Schließlich sieht es ein Befragter als kritisch, wenn der Coach *keine Praxis* (1) vorweisen kann und ein Interviewpartner, wenn der Coach in *Fachzeitschriften für sich wirbt* (1).

6.2 Kategorie II: Klient

Diese Kategorie umfaßt Klientenvoraussetzungen (23) als auch Vorbereitungsempfehlungen (23) für den Klienten, die als Merkmale für ein Coaching gegeben sein sollten bzw. für die Klärung einer gemeinsamen Zusammenarbeit als hilfreich gesehen werden.

- Voraussetzungen des Klienten (23)

Wie auch im theoretischen Teil dieser Arbeit dargestellt (Kap. 2.2.3), besteht in der *Veränderungsbereitschaft bzw. Freiwilligkeit* (10) des Klienten eine wichtige Ausgangsvoraussetzung, um sich auf ein Verfahren einzulassen, daß „nicht in der Alltäglichkeit der Rolle enthalten ist" (H). Voraussetzung für die kompetenzfördernde Funktion des Coachings ist außerdem das Vorhandensein einer *Selbstregulationsfähigkeit bzw. von Wohlbefinden* (5), d.h. vorhandene Handlungsspielräume bzw. Arbeits- und Lernfähigkeit des Klienten. Wichtig ist außerdem das Vorhandensein eines *Problembewußtseins bzw. eines „Bedürfnisses, etwas zu verbessern*" (E) (4). Außerdem sollte bei dem Klienten ein *Bewußtsein über Mitarbeit/Zeitaufwand* (3) vorhanden sein, denn die Problemverantwortung und -lösung wird nicht von dem Coach übernommen, sondern bleibt i.S. der Prozeßberatung bei dem Klienten. Schließlich gilt als eine weitere Voraussetzung die *Bereitschaft, Emotionen zuzulassen* (1), wodurch die persönliche Involviertheit des Klienten im Coaching betont wird.

- Vorbereitungsempfehlungen für den Klienten (23)

Hilfreich ist, wenn der Klient für sich klärt, was er persönlich von der Zusammenarbeit erwartet (*Erwartungsklärung*) (6) und eine *Auftrags- bzw. Problemformulierung/-präzision* (5) vornimmt. Eingeräumt wird, daß gerade in der Präzisierung eines diffusen Problems der Coaching-Anlaß liegen könnte (E), was dieser Vorbereitungsmöglichkeit Grenzen setzt. Eine weitere Vorbereitungsempfehlung liegt darin, sich darüber zu *informieren, was Coaching ist* (5). Außerdem ist eine *Zielklärung* (4) im voraus sinnvoll. Dem Klienten ist schließlich zu raten, mit *mehreren Coaches Gespräche zu führen* (3).

6.3 Kategorie III: Inhalte und Funktion des Erstgesprächs

Diese Kategorie beinhaltet sowohl relevante Beziehungsmerkmale (41) als auch Komponenten, die ein Erstgespräch enthalten sollte (36). Die Funktion des Erstgesprächs besteht darin, eine Beziehungsaufnahme einzuschätzen.

Für Coach und Klient dienen Beziehungsmerkmale als Orientierungshilfen für eine mögliche Zusammenarbeit.

- Orientierungshilfen zur Einschätzung einer möglichen Arbeits-Beziehung (Qualitätsmerkmale einer Arbeits-Beziehung) (41)

Die Arbeits-Beziehung zwischen Coach und Klient spielt als Grundlage des Coachings eine wichtige Rolle (Rauen, 1999; Schmidt, 1995, vgl. Kap. 2.3.5.2). Ergänzend sei auf die genannte Relevanz der Beziehung für den Erfolg (9) eines Coaching-Prozesses verwiesen. Große Übereinstimmung zwischen den Interviewpartnern gab es hinsichtlich des *Vertrauens* (11), das als Merkmal für eine mögliche Arbeits-Beziehung zwischen Coach und Klient spricht. Es sollte eine Atmosphäre entstehen, „die Vertrauen weckt, was in der Situation erspürbar ist" (E). Zu beachten ist, ob der „Coach Vertrauen aufbauen kann" (G, L) und ob er das „Vorhandensein von Vertrauen als Grundvoraussetzung prüft" (E). Für eine gute Zusammenarbeit sollte eine *persönliche Passung* (8) gegeben sein. Aufgrund der eigenen Vorstellungen und des Welt- und Menschenbildes sollte die „Chemie" (G) zwischen Coach und Klient stimmen. Die Entscheidung basiert auf dem „subjektiven Beurteilungsvermögen" (F), auf dem „Gefühl, der Intuition, des Eindrucks" (K). Zu raten ist, daß „Coach und Klient ihre emotionale Stimmung in der Gegenwart des anderen überprüfen" (H). Der Klient kann beachten, ob er „sich gut aufgehoben fühlt" (K), „sich verstanden und hinreichend sicher, aber auch ein Stück herausgefordert, neugierig fühlt" (H). Außerdem sollte eine *berufliche Passung* (6) zwischen Coach und Klient gegeben sein. Schließlich sollte eine *gegenseitige Akzeptanz* (7) und *Sympathie* (5) sowie eine *Gleichwertigkeit* (2), *Offenheit* (1) und *Ehrlichkeit* (1) bestehen bzw. aufbaubar sein.

- Inhalte des Erstgesprächs (36)

Teil des Erstgesprächs sollte die *Klärung des Arbeitsthemas, des Problems bzw. Anliegens* (10) sowie eine *Schilderung der Arbeits- und Lebenssituation* (6) des Klienten bzw. die Betrachtung der Entwicklungsgeschichte, Auswirkungen und Hintergrund des Problems sein. Dies dient einerseits der Präzisierung des Anliegens und ermöglicht andererseits einen Einblick in subjektive Wahrnehmungen des Klienten. „Es werden zwei Sachen thematisiert: Einmal der Inhalt und gleichzeitig wie etwas thematisiert wird" (F). Die *Zielformulierung* (8), die gemeinsam bestimmt wird, sollte ein weiteres Element des Erstgesprächs sein. Dabei kann es Teil der Auftragsklärung sein, „verdeckte Ziele transparent zu machen" (A). Eine weitere Komponente des Erstgesprächs ist die *Zielkonkretisierung* (6), die für die Bewertung von Coaching bedeutsam ist (vgl. Kategorie IX). Schließlich sollten *Erwartungen des Klienten* (5) in bezug auf die Coaching-Maßnahme besprochen und *Tabuzonen* (1) geklärt werden.

6.4 Kategorie IV: Indikation für Coaching

Diese Kategorie enthält Arten der Indikationsklärungen (13) und Problemtypen (6), die für eine Bearbeitung im Coaching sprechen. Sie dienen dem Coach als Orientierungshilfen, ob die Maßnahme Coaching überhaupt sinnvoll ist.

- Art der Indikationsklärung (13)

Zur Indikationsklärung wird der Klient hauptsächlich *exploriert* (6), wobei der Coach „auf seine Erfahrungen zurückgreift" (H, K). Zur Indikationsklärung werden nach sechs der Befragten *keine Test-Verfahren* herangezogen (6). Sie finden jedoch z.T. während des Prozesses Anwendung und erfüllen eine diskussionsanregende Funktion wie z.B. Selbst-Fremdbild-Vergleiche. Nur ein Befragter bedient sich für die Indikationsklärung eines *projektiven Verfahrens* (Arbeitspanorama), um zu prüfen, inwiefern sich der Klient auf das Coaching einlassen kann, wobei Vermeidungs- und Ausweichstrategien des Klienten gegen ein Coaching sprechen würden.

- Problemtypen für einen anlaßadäquaten Einsatz von Coaching (6)

Hinsichtlich der Frage, ob Coaching bei einer bestimmten Person mit einem bestimmten Anlaß indiziert ist, wiesen drei Befragte darauf hin, daß keine allgemeinen Indikationsregeln existieren. „Es gibt keine Symptome, anhand derer man eine Person ins Coaching schicken kann" (B), dennoch „muß man sich immer fragen: Hat Coaching einen Sinn?" (K,E).

Coaching ist bei *dem Wunsch nach Weiterentwicklung bzw. Reflexion* (2) als Arbeitsform indiziert, wenn die Person „eine Situation reflektieren möchte, in der eigenen Entwicklung reflektiert weiterkommen möchte" (D) oder „sich an neue Herausforderungen anpassen, fachliches Wissen erweitern und persönliche Potentiale ausbauen möchte" (G). Ein Interviewpartner sieht die Indikation für Coaching dort angesiedelt, wo es um die Rolle geht, die zwischen Organisation und Person wie ein Korridor angesiedelt ist. „Coaching richtet sich an *Rollenschwierigkeiten* (1) und ist nicht mehr indiziert, wenn sich diese aus persönlichen Störungen speisen oder sich daraus ergeben, wie die Rolle strukturell angelegt ist" (H). Für einen der Befragten richtete sich der Fokus auf die formalen Bedingungen der *Fragestellung* (1), *die „überschaubar und begrenzt" (A)* sein sollte. Coaching ist mit einer zeitlichen Begrenzung von ca. zehn Sitzungen und seiner Zielorientierung keine Arbeitsform, die auf eine langfristige Begleitung angelegt ist, womit der Indikationsbereich über formale Bedingungen des Anlasses eingegrenzt wird. Bezugnehmend auf die Zielgruppe ist die Arbeitsform Coaching „für alle nützlich, die hohe Leistungen bringen müssen, mit *Konflikten, Schwierigkeiten* und mit anspruchsvollen Situationen konfrontiert sind" (D) (1). Ein Interviewpartner kann sich *„keine Situation vorstellen, wo Coaching grundsätzlich nicht paßt"* (B) (1). Ergänzend sei erwähnt, daß drei Interviewpartner auf die Indikationsentscheidung im Vorfeld hinwiesen. „Ob Coaching mit diesem Klienten mit diesem Anlaß indiziert ist, entscheidet der Klient" (F).

6.5 Kategorie V: Kontra-Bedingungen bzw. problematische Ausgangsbedingungen

Es wurde nach Bedingungen gefragt, die gegen ein Coaching sprechen, woraus im Umkehrschluß zusätzliche Voraussetzungen gewonnen werden konnten (z.B. *Vergangenheitsorientierung, psychische Störungen* auf seiten des Klienten; *Abhängigkeit* in der Beziehung; *finanzielle Abhängigkeit* des Coaches). Andere Elemente (z.B. *Selbstregulationsfähigkeit* des Klienten) finden sich je nach positiver bzw. negativer Ausprägung in beiden Kategorien wieder (vgl. Kategorie II und V) und stellen im Gegensatz zu solchen Elementen, die nicht in beiden Kategorien genannten wurden (z.B. *Bewußtsein über Mitarbeit/Zeitaufwand*) strukturelle Merkmale dar, die unter einem strengerem Kriterium für notwendig gehalten werden. Elemente wie z.B. *keine Solitärbeziehung*, die sich in ihrer negativen Ausprägung unter dieser Kategorie befinden, aber in ihrer positiven Ausprägung nicht unter der dazugehörigen Kategorie (vgl. Kategorie III) auftauchen, ergeben einen Hinweis darauf, daß je nach Zielrichtung der Frage (negativ/positiv) ein Qualitätskriterium leichter abrufbar ist. Je nach Erkennbarkeit der einzelnen problematischen Ausgangsbedingungen und je nach Möglichkeiten der Einflußnahme entsteht ein entsprechender Handlungs- bzw. Klärungsbedarf für den Coach. Darin inbegriffen ist ggf. auch die Ablehnung des Auftrags. Zusammengefaßt wurden solche Kontra-Bedingungen bzw. problematischen Ausgangsbedingungen, die auf seiten des Klienten (25), in der Arbeits-Beziehung (20), im Unternehmen (20) und bei dem Coach (11) liegen.

- Kontra-Bedingungen auf seiten des Klienten (25)

Die Coaching-Grenze ist dann überschritten, wenn *psychische Störungen* (9) vorliegen. Als Beispiele wurden genannt: psychotische Störungen, neurotische Störungen, Angststörungen, Depressionen, psychosomatische Störungen, Abhängigkeitserkrankungen, Suizidgefahr. Der Coach müsse darauf achten, „Coaching nicht fälschlicherweise als Ersatz für eine Psychotherapie" (A,D) zu benutzen. Die Maßnahme ist außerdem nicht indiziert, „wenn der Klient in Therapie ist" (A). Außerdem wurde ein *zu großer Leidensdruck bzw. eine starke Einschränkung des Selbstregulationsvermögens* (7) genannt wie z.B. „bei Verlust des Partners" (K), wenn „der Klient nicht hinreichend beweglich, im Sprachlichen festgefahren" (F) oder „persönlich geschwächt" (F) ist. Problematisch bzw. abzulehnen ist ein Auftrag bei *mangelnder Veränderungs- und Reflexionsbereitschaft sowie mangelnder Freiwilligkeit* (6). Indikatoren liegen z.B. in: „mangelnder Offenheit und Commitment" (G), „keine Zeit bzw. ständige Terminabsagen" (E), „keine aktive Mitarbeit" (C). Besonders schwierig ist die Situation dann, wenn „der Klient sich eigentlich weigert, aber seine Stelle auf dem Spiel steht" (B). Eine Prozeßberatung ist durch die über den gesamten Prozeß aufrechterhaltene Verantwortungsübernahme des Klienten gekennzeichnet. Eine *mangelnde Verantwortungsübernahme* (2), d.h. wenn der Klient von dem Coach eine Problemlösung erwartet oder er „immer anderen die Schuld an seinen Problemen zuschreibt" (C) stellt eine weitere problematische Ausgangsbedingung dar. Schließlich paßt eine *Vergangenheitsorientierung* (1) des Klienten nicht zu den Charakteristika des Coachings.

- Kontra-Bedingungen in der Beziehung (20)

Ablehnungsgründe bzw. problematische Ausgangsbedingungen, die in der Beziehung liegen, ergeben sich aus *einer mangelnden subjektiven Passung* (7). Diese setzt sich zusammen aus einer „zu großen Diskrepanz zwischen Werten, Vorstellungen, Weltbild“ (A,C), „bei völlig verschiedenen kulturellen Vorräten, Sprachvorräten“ (H). Pointiert ausgedrückt könnte ein im wirtschaftlichen Bereich angesiedelter deutscher Coach „keine balinesische Tempeltänzerin coachen“ (H). Ist die Arbeits-Beziehung im Coaching *keine Solitär-Beziehung* (5) wäre die Neutralität des Coaches in Frage gestellt. Dies ist dann der Fall, wenn der Coach in das „persönliche System des Klienten eingebunden ist (z.B. Verwandtschaft)“ (K), sich „eine Partnerschaftsbeziehung entwickelt“ (L,F,C) oder der Coach gleichzeitig als „Veränderungsprozeßberater für das Unternehmen tätig ist und in einen Loyalitätskonflikt gerät“ (K). Schließlich wurden *fehlendes Vertrauen* (4) und *fehlende Akzeptanz* (3), die durch unterschiedliche Faktoren wie Altersgefälle, zu wenig Berufserfahrung, zu wenig Feldkompetenz etc. entstehen kann, genannt. Die Entwicklung der Arbeits-Beziehung in eine *Abhängigkeit* (1) ist eine weitere problematische Bedingung, die allerdings erst während des Prozesses festgestellt werden kann und eine Fortführung des Coachings in Frage stellt.

- Kontra-Bedingungen im Unternehmen (20)

Coaching findet vor einem organisationalen Hintergrund statt, ist in die Unternehmensbedingungen eingebettet sowie direkt und indirekt von diesen beeinflußt. Coaching ist dann keine geeignete Maßnahme, wenn es von seiten des Unternehmens für andere Zwecke *funktionalisiert* wird (6). Dies ist gegeben, wenn Coaching als „Druckmittel oder Entscheidungshilfe für eine mögliche Kündigung benutzt wird“ (G,D,E,B), „als Alibi“ (J) fungieren soll oder „der Vorgesetzte des Klienten keine Bereitschaft zur Auseinandersetzung zeigt“ (C). Wenngleich diese Bedingungen nicht sofort durchschaubar sind, kann ein Coach die Einstellung des Unternehmens zu der Maßnahme abschätzen. Kritisch wäre, wenn das eigentliche Problem in anderen Bereichen besteht und das *Problem individualisiert* (5) werden würde. Nicht indiziert wäre Coaching (als einzige Maßnahme) bei z.B. „Strukturproblemen der Organisation“ (H), „wenn sich Coaching an eine andere Person richten müßte“ (F,B), ein Problem in den informellen Interaktionen besteht wie z.B. „Mobbing“ (D) oder Coaching durch andere „organisatorische Probleme überlagert wird“ (L). Ferner liegt in einer *vorgegebenen Zielformulierung des Auftraggebers* (5) ein Merkmal für die falsch verstandene Funktion des Coachings im Unternehmen. Der Coach würde auf diese Weise als „Anpassungs- oder Umsetzungsgehilfe für innerbetriebliche Ziele“ (E) gelten. Eine weitere problematische Ausgangsbedingung bzw. Kontra-Bedingung besteht darin, wenn das im Coaching Thematisierte in dem Unternehmenskontext nicht umgesetzt werden kann (*mangelnde Umsetzungsmöglichkeiten*) (2). Eine *Diskrepanz zwischen Coach und Unternehmen* (2) stellt eine weitere Schwierigkeit dar. Dies kann „unterschiedliche Werte" (L) betreffen oder „unterschiedliche Vorstellungen der hierarchischen Strukturierung" (A) (Hierarchie vs. gleichwertige Beziehungen).

- Kontra-Bedingungen von seiten des Coaches (11)

Ein Coaching abzulehnen, liegt bei dem Coach in *persönlichen Gründen* (6). Dazu zählen „zuviel Angst oder Respekt dem Klienten gegenüber" (H), „sich unwohl, unsicher fühlen" (G,H), „mangelnde Sympathie" (I), „wenn er sich langweilt" (F) oder „Zweifel hat, einen Zugang zum Klienten zu finden" (J). *Fehlende Erfahrung für das Problem des Klienten bzw. mangelnde Feldkompetenz* (3) von seiten des Coaches sowie eine *finanzielle Abhängigkeit* (2) stellen weitere Bedingungen dar, ein spezielles Coaching abzulehnen. Die Prüfung genügender Erfahrungen, Feldkompetenzen und die Passung zum Klienten würde ggf. bei finanziell problematischer Situation übergangen werden

6.6 Kategorie VI: Anforderungen an die Auswahl und Anwendung der Methoden

Welche methodenübergreifenden Anforderungen (48) an die Auswahl und Anwendung der Interventionen zu stellen sind, betrifft die erste Subkategorie. Die zweite enthält nicht-anwendungsfähige Methoden (14), die indirekt weitere Hinweise auf die Auswahl und Anwendung der Methoden geben. Schließlich beinhaltet eine weitere Subkategorie Nennungen zu einem Handlungskonzept (4).

- Allgemeine Anforderungen bei Auswahl und Anwendung der Methoden (48)

Hohe Übereinstimmung zwischen den Befragten besteht darin, daß es nicht für die Qualität eines Coachings spricht oder dieser zuträglich ist, über ein bestimmtes Standardinstrumentarium (*keine Methodenfestlegung*) (9) zu verfügen. Vielmehr fordern die Interviewpartner eine hohe *Methodenvielfalt* (8) im Repertoire des Coaches. Der Coach sollte nicht einer bestimmten Schule angehören, sondern eine „Methoden-Mischung beherrschen" (B). Damit verbunden ist eine „experimentierfreudige Einstellung" (K), das Ausprobieren und die Integration neuer Methoden. Eine Anforderung an die Methoden sahen vier der Befragten darin, vornehmlich *empirisch bewährte Methoden* (4) im Coaching zu verwenden.

In Bezug auf den Einsatz der Methoden, sollen die *Methoden individuell abgestimmt* (17) bzw. in Berücksichtigung unterschiedlicher Bedingungen[18]

[18] An dieser Stelle werden die zusammengefaßten Nennungen aufgrund ihrer Relevanz aufgeschlüsselt wiedergegeben.

eingesetzt werden. Diese sind „Klientenmerkmale" (5), „situative Gegebenheiten" (1), „momentanes Problemfeld" (1), „Ziele" (5), „zeitliche Bedingungen" (1), „Wirkung" (3). *Transparenz und Erklärbarkeit der Methoden* (6) sind weitere Anforderung an die Methoden, die der Coach umsetzen sollte. Der Klient „sollte an jeder Stelle wissen, was geschieht und weshalb welche Methode benutzt wird" (L). Den Charakteristika der Prozeßberatung Rechnung tragend ist die *Klientenmitbestimmung* (4) bei der Vorgehensweise bedeutsam. „Coach und Klient müssen sich über die Methode einig sein" (L) bzw. sollte die Ablehnung einer Methode von seiten des Klienten respektiert werden, „selbst wenn der Coach es für eine geeignete Methode hält" (G).

- Nicht-anwendungsfähige Methoden (14)

Wie oben deutlich wurde, sind solche Interventionsweisen zu wählen, die u.a. mit dem Klienten übereinstimmten, was eine Berücksichtigung der Lebens- und Erfahrungswelt der Klienten einschließt. Dazu passend ist die Ablehnung von *Interventionsweisen, die zu weit von der phänomenalen Welt der Zielgruppe entfernt* (4) sind. Genannt wurden z.B. „Urschrei" (A), „Singen, Trommeln, Turnen" (K), „Körperarbeit" (A,C), „Hypnose" (G,C) oder „Trance-Tanz" (C), „Meditation" (C). Ausgehend von der Zielgruppe für Coaching sind solche Methoden kaum anwendungsfähig, wenngleich sie bei Wunsch des Klienten nicht auszuschließen sind, denn „letzten Endes entscheidet der Betreffende selbst" (J).

Grundsätzlich widerspricht es dem Verständnis der Gesprächsverteilung im Coaching, wenn *deutlich mehr als 30% des Gesprächsanteils auf seiten des Coaches* liegen (3). Abzulehnen sind grundsätzlich *Methoden, die die Gleichwertigkeit verletzen bzw. die Arbeits-Beziehung überschreiten* (2), „unmoralisch" (D) sind, diagnostisch festschreibende Interpretationen beinhalten i.S. von „das ist Ihr Problem" (B) oder „definitive Interpretationen des nonverbalen Verhaltens" (D) darstellen. Schließlich sind *Methoden, die durch das Gesetz zur Ausübung der Heilkunde nicht erlaubt sind* (1) und *manipulative Methoden* (1) nicht-anwendungsfähige Methoden im Coaching. Coaching als mittelfristige Maßnahme grenzt außerdem *Methoden aus, die von vorne herein auf einen längeren Zeitraum angelegt sind* (1) (wie z.B. psychoanalytische Methoden). Ferner sind *keine Passung zwischen Konzept und Methoden* bzw. ein Umschwenken der Methoden (z.B. erst NLP, dann psychoanalytische Verfahren) (1) kritisch und spiegeln ein beliebiges Vorgehen wieder. Auch *selbstentwickelte Methoden* (1), „die nicht dem wissenschaftlichen Diskurs ausgesetzt waren" (A) werden als problematisch gesehen.

- Handlungskonzept (4)

Vier Befragte fordern eine *konzeptionelle Fundierung* (4) bzw. eine der praxeologischen Ebene übergeordnete Theorie-Ebene und eine Integration in eine Wissensstruktur. Dieses Handlungsmodell dient dem Coach als innere "Landkarte". „Ein Methodeninventar muß in seinen Wurzeln beschreibbar sein. Es reicht nicht, wenn Coaches sagen, sie coachen aus dem Bauch heraus

(...) Er muß angeben können, aufgrund welcher Wahrnehmungen, Erfahrungen, Annahmen, Hypothesen diese Intervention gemacht wird und was damit erreicht werden soll" (H). Die Theorie-Ebene setze sich aus „Theorien des Gegenstandes (z.B. der Rolle der Führungskraft, Konflikt etc.), Theorien der Veränderung (z.B. Lernen, Bewältigung von Veränderungen, Entwicklung) und Theorien der Interventionen zusammen" (H). Ein anderer Befragter verwies auf integrative Ansätze aus der Psychotherapie, die sich auf Coaching übertragen ließen.

6.7 Kategorie VII: Interventionsweisen im Coaching (Verhaltenselemente und Methoden)

Um einen Einblick in den Ist-Zustand der im Coaching verwendeten Methoden bzw. angewandten Verhaltenselemente zu geben, sind unter diese Kategorie Interventionsweisen zusammengefaßt, die nach psychotherapeutischen Methoden (32) und Verhaltenselementen systematisiert sind.

Wie in Kapitel 2.3.5.3 ("Interventionselemente und typische Interventionsformen") dargestellt, umfaßt die Art der Vorgehensweise im Coaching aufgrund unterschiedlicher Ausbildungen und eklektischer Arbeitsformen die gängigen psychotherapeutischen Interventionsformen.

- Methoden (Systematisierung nach psychotherapeutischen Interventionsformen) (32)

Vorausgeschickt werden soll, daß einige Interviewpartner bewußt den Begriff "Methoden" ablehnten (5) und die Vorgehensweise im Coaching lieber mit „Werten" (A), „sich von Intuition leiten lassen" (G), „Prozesse der Zusammenarbeit" (J), „Persönlichkeit" (J) oder „Arbeitsprinzipien" (K) beschreiben. Dennoch konnte ein Überblick über die im Coaching gängigen Interventionsmethoden bzw. -techniken gewonnen werden:

Obwohl nicht eindeutig der Gesprächspsychotherapie zuordnebar, steht im Coaching das *Gespräch* (12) im Vordergrund, das als z.B. „sokratischer Dialog" (E), „ermutigende Gesprächsführung" (A), „lösungsorientierte Kommunikation" (I) bezeichnet wird, und wurde hier den Methoden zugeordnet. Daneben finden Techniken Anwendung, die den *systemischen Ansätzen* (8) zuzuordnen sind wie z.B. „systemische Fragen (zirkuläre Fragen, Wunderfrage)" (D) oder die „Integration der Umgebung" (A) sowie Visualisierungstechniken wie z.B. die „Szenoskulptur" (K) oder ähnliche Formen wie „Inszenario" (F). Ferner wurden *kognitiv-verhaltenstherapeutische Methoden* (3) wie z.B. „RET (Rational-Emotive-Therapie)" (E) sowie Techniken *aus klassisch verhaltenstherapeutischen Vorgehensweisen* (4) wie z.B. „Rollenspiele" (H,I) oder „Lernexperimente" (H) genannt. Zwei der Befragten arbeiten mit Elementen, die der *Gestalttherapie* (2) angehören und ein Befragter mit *Psychodrama* (1). Schließlich arbeiten zwei der Interviewpartner mit *NLP* (2).

In Anlehnung an Looss (1997; vgl. Kap. 2.3.5.3) wurden Subkategorien der Verhaltenselemente gebildet. Die Subkategorien konnten induktiv um die *Beziehungsgestaltung, Vermittlung von Techniken, Fordern, Aufbereiten von Entscheidungssituationen* erweitert werden.

Ein häufig angewandtes Verhaltenselement ist *Nachfragen* (8). Dieses dient zu Beginn des Prozesses als „Erkundigungsaktivität, d.h. dem Hineinfragen in die Wirklichkeit des Klienten" (H) und liefert Informationen über das zu bearbeitende Problem sowie über erwünschte Veränderungsbereiche des Klienten. Durch Fragen wird der Klient darin begleitet, „eigene Lösungswege zu finden" (G). Bei kritischen und emotional belastenden Themenbereichen unterstützt der Coach durch „einfühlende Fragen" (B), um eine emotionale Verarbeitung zu erleichtern und arbeitet mit „offenen Fragen" (B), um Antwortmöglichkeiten nicht von vornherein einzuschränken.

In Zusammenhang mit dem Element "Nachfragen" steht *Zuhören und Zusehen* (7). Neben der Fähigkeit des Aktiven Zuhörens, die ein einfühlendes Verstehen in die phänomenale Welt des Klienten ermöglicht, beachtet der Coach das nonverbale Verhalten des Klienten und macht auf Inkongruenzen zwischen verbaler und nonverbaler Botschaft aufmerksam.

Ein weiterer wichtiger Bestandteil ist die *Beziehungsgestaltung* (8) (vgl. "Beziehungsgestaltungskompetenz", Kategorie VIII). Die gleichwertige Beziehung stellt für den Klienten ein „Modell, wie Beziehungen gelebt werden können" (A) dar. Zur Beziehungsgestaltung gehört, die Arbeits-Beziehung zu beenden, „loslassen, (...) wirklich ein Ende zu setzen, (...) weil alles andere etwas von Bindung hätte" (B).

Der Coach bietet *Unterstützung* (6). Er vermittelt „keine Handlungsanweisungen" (A), sondern „der Klient erkennt für sich selber, wo er hin will" (C). Der Coach begleitet „neun Schritte des Klienten, den zehnten muß der Klient selber gehen" (B).

Ein weiteres Verhaltenselement ist die *Konfrontation* (6). Hierzu wird die Spiegelung zum Selbstbild/Fremdbild-Vergleich sowie das Feedback (E,J) gezählt. Der Coach konfrontiert den Klienten mit eigenen Wahrnehmungen und Beobachtungen, um einen Reflexionsprozeß anzuregen bzw. den sog. "blinden Fleck" zu verkleinern. Er möchte „dem Klienten bewußt machen, was dieser nicht sieht, spürt, merkt, beachtet" (H). Auch wahrgenommene Ängste des Klienten, Verhaltensmuster, die er ändern möchte, Konflikte oder vom Coach wahrgenommene Inkonsistenzen sind Inhalt der Konfrontation.

Eine fachliche Hilfe ist die *Vermittlung von bestimmten Techniken* (6). Die Befragten nannten Entspannungsmethoden (z.B. „Progressive Muskel Relaxation oder Atemtechniken"(F)) sowie Arbeitstechniken (z.B. „Zeitgestaltung" (F), „Selbstorganisation" (K)).

Anregen (5) als ein weiteres Verhaltenselement weist viel Ähnlichkeiten zu dem von Looss (1997) formulierten „Arbeitsvorschläge geben" (S. 126) auf. Hierbei lädt der Coach den Klienten ein, etwas auszuprobieren, das bisher eine nicht geläufige Erfahrung des Klienten darstellt. Der Coach regt den Klienten an, „eingefahrene Gleise zu verlassen“ (F).

Das *Klären* (5) soll dem Klienten helfen, sich selbst, sein eigenes Erleben und Verhalten sowie seine Werte und Ziele besser zu verstehen, was das von Looss (1997) genannte Element „Bedeutungen klären“ (S. 125) beinhaltet. Dieses bezieht sich auf die Semantik von Ausdrücken und Verhaltensweisen in bestimmten Kontexten, um eine gemeinsame Verständigungsbasis zu schaffen und einen neuen Zugang zu eigenem und fremden Verhalten zu ermöglichen.

In der Vorgehensweise sind auch direktive Elemente enthalten, wenn der Coach den Klienten *fordert* (4). „Der Coach sollte Initiative entfalten können“ (A). In Bezug auf den Reflexionsprozeß gilt es, diesen „aktiv zu fördern“ (D).

Ein weiteres Verhaltenselement ist die *Aufbereitung und Klärung von Entscheidungssituationen* (4). „Ermutigungsprozesse gestalten zu können“ (A) bedeutet, ausgehend von einer Situationsanalyse inkl. der damit verbundenen Bewertungen und Emotionen, verschiedene Lösungsmöglichkeiten zu erörtern und die damit verbundenen Konsequenzen einzuschätzen. „So wie ein guter Schachspieler, der auf bestimmte strategische Positionen hinarbeitet, die in viele Möglichkeiten führen, was Österreich mit Divergenz, Effizienz meint“[19] (D)

Als Kontrast zu einer sachlichen und oft technischen Sprache bietet Coaching einen Rahmen, emotionale und gedankliche Ausdrucksweisen wieder zu erlernen bzw. zu erweitern. Es gilt zusätzliche oder bisher vernachlässigte Formen des *Selbstausdrucks* (3) zu finden. Die Arbeit mit „Metaphern oder Geschichten“ (G) bietet eine Erweiterung expressiver Verhaltensmöglichkeiten. Das gleiche ist mit Hilfe von Materialien wie z.B. „Malen“ (C) erreichbar. Schließlich erklärt der Coach und *gibt Informationen* (2), die sich auf psychologische und ökonomische Inhalte beziehen.

6.8 Kategorie VIII: Qualifikationsanforderungen an den externen Coach und Ausbildungswege

Sind die Qualifikationen eines Coaches ein relevantes Beurteilungskriterium bei der Auswahl eines Coaches, wird an dieser Stelle ausdifferenziert, welches die Anforderungen an die Kompetenzen eines Coaches aus professioneller Sicht sind. In Anlehnung zu Kapitel 2.4 werden die untersuchten Qualifikationsanforderungen an einen externen Coach nach der Systematisierung

---

[19] Nach Oesterreich (1983) werden solche Handlungsziele angestrebt, von denen aus möglichst viele Situationskonstellationen (Konzequenzen) erreichbar sind (hoch divergent) und diese mit hoher Sicherheit erreicht werden (hoch effizient).

in fachliche Kompetenzen (44), Eigenschaften, persönliche Erfahrungen (36), methodische Kompetenzen (34) und Beziehungsgestaltungskompetenzen (soziale Kompetenzen) (23) sowie Supervision (9) und Fortbildung (5) dargestellt. Außerdem werden geforderte Mindestinhalte eines Coaching-Ausbildungsprogramms (23) sowie mögliche Ausbildungswege (6) zum Coach dargestellt.

- Fachliche Qualifikationsanforderungen (44)

Gemäß der in Kapitel 2.4.1 beschriebenen Doppelqualifikation des Coaches finden sich in den Nennungen zu den fachlichen Qualifikationsanforderungen sowohl (betriebs-)wirtschaftliche als auch psychologische Kenntnisse wieder. *(Betriebs-)wirtschaftliche Kenntnisse* (9) umfassen Wissen aus einem (betriebs-)wirtschaftlichen Studium und/oder zumindest praktische Erfahrungen aus Unternehmen. Von allen Befragten wurde *Coaching-Erfahrung/ Spezialisierungen* (12) genannt. Wichtig ist nicht nur die Erfahrung in der Tätigkeit als Coach, sondern die Schwerpunktsetzungen der Kompetenzbereiche. Die Zielgruppe berücksichtigend, halten es einige Interviewpartner für sinnvoll, wenn der Coach seine fachlichen Kenntnissen aus eigener *drei- bis siebenjähriger Erfahrung in führender Position* (4) gewonnen hat. Ferner wurde die *Feldkompetenz* (10) als Kenntnisse aus dem speziellen beruflichen Kontext der Zielgruppe genannt. Der Coach „muß ungefähr wissen, wie es in der Werbeagentur aussieht, wenn er jemanden aus einer Werbeagentur berät" (H). Wichtig für das Verstehen und Einfühlen in die Probleme des Klienten ist, daß „Sprache und Orientierung" (D) dem Feld entstammen, in dem der Coach arbeitet. Andererseits kann eine Übertragung aus anderen Bereichen wie z.B. „aus dem Non-Profit-Bereich in den Profit-Bereich" (E) sinnvoll sein. Wichtig bleibt jedoch, daß die Kompetenzen „transferfähig" (E) sind.

Die zweite Seite der fachlichen Schnittfeldqualifikation betrifft die *psychologischen Kenntnisse* (8), der Coach sollte über eine „fundierte psychologische Ausbildung" (B) verfügen. Für ein Psychologiestudium mit anschließender psychotherapeutischer Zusatzausbildung sprechen Erwartungen, daß der Coach über „fundiertes Hintergrundwissen über die Gesetzmäßigkeiten menschlichen Handelns" (A) verfügen sollte. Ein Interviewpartner betrachtete einen bestimmten *philosophischen Hintergrund* (1) in Kombination mit psychologischen Kenntnissen als relevant.

- Eigenschaften, persönliche Erfahrungen (36)

Ein häufig genanntes Element ist *Lebenserfahrung bzw. das Alter* (6). Betrachten einige Befragte ein Mindestlebensalter für notwendig (C, I, A, L), halten es andere lediglich in bezug auf die Akzeptanz des Coaches von seiten des Klienten für relevant (D, H). Außerdem wurden *Erfahrungen in der Arbeit mit Menschen* (3) und eigene *Erfolgserfahrung* (1) als Anforderungen erwähnt. Von dem Coach wird eine *interessierte Haltung* (3) erwartet, was die eigene Bereitschaft einschließt, „von dem anderen etwas zu lernen" (D). Der Coach braucht außerdem *Mut und Risikobereitschaft* (3), um den Klienten auch mit unangenehmen Informationen konfrontieren zu können, denn

„es nutzt dem Klienten nichts, wenn der Coach ihm nach dem Munde redet" (A). Außerdem wurde eine *Ressourcenorientierung* (3) genannt, denn ohne „den Glauben an die Lern- und Veränderungsfähigkeit des Menschen braucht man nicht zu coachen" (K). Als weiteres persönliches Merkmal wird eine *Zuverlässigkeit* (3) erwartet. Der Coach sollte eine *offene Haltung* (3) mitbringen und *phantasievoll* (2) sein. Ferner wurden *Diskretion* (2), *Berechenbarkeit* (1), *Demut* (1), *Idealismus* (1), *Fröhlichkeit* (1) und *Naivität* (1), *Verantwortungsbewußtsein* (1), *ermutigende Haltung* (1) sowie die *Bereitschaft, Fehler einzugestehen* (1) als persönliche Anforderungen genannt.

- Methodische Qualifikationsanforderungen (34)

Den methodischen Kenntnissen werden *psychologisch-diagnostische Kompetenzen* (7) bzw. Kenntnisse von psychotherapeutisch relevanten Symptomen zugeordnet, um die Grenze zur Psychotherapie abschätzen und verantwortungsvoll handeln zu können. Der Coach sollte problematische Situationen erkennen können und „dort Grenzen setzen, wo seine Kompetenzen überschritten wären" (L). Dazu gehört die Bereitschaft, andere berufliche Gruppieren wie Psychotherapeuten, Anwälte, Ärzte bei entsprechenden Problemstellungen hinzuziehen und ggf. „in einem Betreuungsteam zusammenzuarbeiten" (L).

Sechs Befragte nannten, der Coach müsse über eine bestimmte *Methodenkompetenz* (8) verfügen. Vor dem Hintergrund eines bestimmten Beratungsverständnisses, verfügt der Coach über ein Interventionsrepertoire, das in einer beraterischen bzw. psychotherapeutischen Zusatzausbildung erlernt und eingeübt wurde.

Außerdem sollte der Coach über eine *kommunikative Kompetenz* (7) verfügen, die meta-kommunikative Fähigkeiten, die Beachtung von nonverbalen Signalen des Klienten, aktives Zuhören und das Erteilen von Feedback beinhaltet.

Als weitere Komponente wurde die *Selbstreflexionsfähigkeit* (7) des Coaches genannt, die eine Selbstkenntnis und eine Selbstdistanzierungsfähigkeit aus der aktuellen Situation einschließt. Der Coach kennt sich selber, seine „Wahrnehmungsraster, Vorlieben, Bewertungsmuster, emotionalen Reaktionen" (H). Ohne Selbstreflexionsfähigkeit „können Sie niemanden coachen" (E), was in bezug zu der Funktion des Coaches als sozialer Spiegel, Anreger und Begleiter für Reflexionsprozesses des Klienten nachvollziehbar ist. Durch „eigene Veränderungserfahrung" (C) in einem eigenen Coaching oder durch Selbsterfahrung während der Ausbildung erwirbt der Coach die Fähigkeit, eigene Denk- und Verhaltensmuster zu reflektieren. Ein befragter Interviewpartner hält fest: „Die selbstaufgearbeitete Schmerzerfahrung ist für die soziale Kompetenz wie fachliche Erfahrung für die Fachkompetenz" (A).

Eine weitere Fähigkeit des Coaches ist sein *analytisches und vernetztes Denken* (4). Es gilt „Prozesse auf ihre Hintergründe und Folgen hin zu analysieren" (E) was u.a. Grundlage des Verhaltenselements der Aufbereitung und

Klärung von Entscheidungssituationen darstellt. Die Fähigkeit des vernetzten Denkens ermöglicht die „Erfassung und mentale Repräsentation von komplexen Zusammenhängen“ (E) und die Exploration dieser, ohne „zu früh ein Problem zu lösen zu versuchen“ (D). Das vernetzte Denken bezieht sich ferner auf das „Erkennen von Zusammenhängen wie von behavioralen, emotionalen und kognitiven Mustern des Klienten“ (C), die im Coaching reflektiert und verändert bzw. erweitert werden sollen.

Ferner sollte der Coach als Organisationsberater qualifiziert sein, um *Organisationsmuster "diagnostizieren"* (1) und ein z.B. strukturelles Problem erkennen zu können.

- Beziehungsgestaltungskompetenz (23)

Im Folgenden wird die *Beziehungsgestaltungskompetenz* des Coaches dargestellt, die als Grundlage für die Beziehungsgestaltung i.S. eines Interaktionsstils als konzeptionelles Element (Schreyögg, 1995a) mit der Subkategorie der methodischen Qualifikationen in Zusammenhang steht. Eine Bezeichnung als "soziale Kompetenz" ist auch denkbar (vgl. Kap. 2.4).

Wertschätzung (5) stellt eine unabdingbare Begegnungshaltung des Coaches dar, die aus Nennungen wie „eine respektvolle Haltung dem Menschen gegenüber“ (J), „positive Grundhaltung zum Menschen“ (K) oder „Würdigung des Klienten“ (F) gebildet wurde. Eine weitere Beziehungsgestaltungskompetenz ist die *empathische Haltung* (8) des Coaches, d.h. sich „einfühlen können“ (B,C) bzw. „die Fähigkeit zum Perspektivenwechsel“ (D). Gleichzeitig ist es wichtig, *Autonomie* (6) gegenüber dem Klienten zu bewahren, also eine „Distanzierungsfähigkeit“ (C), um den Klienten in seinem Reflexionsprozeß anzuregen, neue Perspektiven zu bieten und um die eigene Neutralität nicht zu verlieren. Die *Zurückhaltung* (4) des Coaches ist eine weitere wichtige Kompetenz des Coaches. Ist eine Selbstöffnung von Zeit zu Zeit sinnvoll, ist „Coaching keine Bühne für den Coach“ (K). Er benötigt die „Fähigkeit, sich hinter andere zurückzustellen“ (B) und „sich selber als weniger wichtig als die Ermutigung des anderen zu betrachten“ (A).

- Coaching-Ausbildungsprogramm (23)

Im Vergleich zu der Zusatzausbildung zum Supervisor wurde nach Mindeststandards für ein Coaching-Ausbildungsprogramm gefragt. Die Inhalte richten sich auf das Erlernen und Einüben von *Gesprächstechniken und Gesprächsgestaltung* (7). *Techniken bzw. Methoden* (z.B. kognitive, systemische etc.) (4) werden angeboten und erprobt, woraus der Teilnehmer sein individuelles Methodenrepertoire zusammenstellt und „lernt, unterschiedliche Methoden situativ einzusetzen“ (L). Zwei Befragte wiesen auf das *Erlernen der Problemanalyse* (2) hin. Die Coaching-Ausbildung sollte einen *theoretischen Teil* (3), *Selbsterfahrung* (3) und *Supervision* (4) als Praxisanleitung und -reflexion beinhalten.

Als Ergänzung: die zeitliche Dauer der Ausbildung sollte berufsbegleitend ein bis drei Jahre (4) in Anspruch nehmen. Drei Befragte verwiesen als Ausgangsvoraussetzung für die Aufnahme in das Ausbildungsprogramm primär auf „Persönlichkeit“ (J) und „selbstreflektorische und soziale Kompetenzen und gewisses Selbstbewußtsein“ (D).

- Mögliche Ausbildungswege (6)

Die skizzierten Ausbildungswege ergeben die Komponenten: *Studium – Zusatzausbildung – Feldkompetenz* (6). Gemeinsamkeiten liegen in der fachlichen Doppelqualifikation (humanwissenschaftliches Studium oder wirtschaftliches Studium, das bereits Grundlagen der anderen Disziplin beinhaltet z.B. das Psychologiestudium mit einem Schwerpunkt in Arbeits-, Betriebs- und Organisationspsychologie). Als weitere Ausbildungskomponente wurde eine oder mehrere Zusatzausbildung genannt. Schließlich sollten Erfahrungen aus dem betrieblichen Bereich (und Führungserfahrung) vorliegen.

Als ergänzende Information: Zwei der Befragten betrachten eine akademische Ausbildung wegen eines „Mindestmaßes an Abstraktionsfähigkeit und Begriffsbildung“ (A) bzw. wegen der „Akzeptanz der Zielgruppe und der kognitiven Fähigkeiten“ (J) als Voraussetzung für eine Coaching-Tätigkeit (2). Vier Interviewpartner sahen darin keine notwendige Voraussetzung (4). Schließlich wiesen fünf der Befragten einschränkend darauf hin, mit einer Ausbildung nicht per se auf die Güte eines Coaches schließen zu können bzw. diese nicht als notwendige Voraussetzung zu sehen. So gibt es „Naturtalente ohne fachliche Ausbildung“ (G) bzw. „Personen, die qua ihrer Person und Erfahrung sehr gut sind“ (D).

- Supervision (9)

Eine weitere Subkategorie der Qualifikationsanforderung bildet die *Supervision* (9), wenngleich sie i.w.S. zu den methodischen Kompetenzen zählt. Es ist immer wieder Supervision oder Intervision i.S. eines „gegenseitigen Coachens zwischen Experten“ (D) notwendig, um die eigene Heran- und Vorgehensweise zu reflektieren und zu kontrollieren und gewährt „Schutz davor, zum Spielball des Systems zu werden“ (D). Supervision als Qualitätskontrolle und -sicherung für die Praxis wird von zwei Befragten nicht nur als eine „Erwartung an einen guten Coach“ (F) betrachtet, sondern als ein Zulassungskriterium für die Tätigkeit als Coach formuliert.

- Fortbildung (5)

Eine weitere Anforderung ist die *permanente Fortbildung* (5). Ein Interviewpartner bezeichnet dies als „permanentes TQM für sich selber“ (A). In Fortbildungsmaßnahmen reflektiert, ergänzt und aktualisiert der Coach sein Wissen (fachliche Kompetenz) und seine methodische Kompetenz.

6.9 Kategorie IX: Ergebnisstruktur des Coachings

Zunächst werden Erfolgskriterien (25) und Quellen der Ergebnisbeurteilungen (18) dargestellt. Im Anschluß werden mögliche unerwünschte Begleiterscheinungen (Nebenwirkungen) eines erfolgreichen Coaching-Abschlusses

(14) beschrieben bevor problematische Effekte (13), ihre Entstehungsbedingungen (8) und Vermeidungsmöglichkeiten (7) vorgestellt werden.

- Erfolgskriterien (25)

Als ein Erfolgskriterium wird die *Zielerreichung* (6) der im Erstgespräch vereinbarten und ggf. im Verlauf adaptierten individuell konkretisierten Ziele genannten. Ein weiteres wird in der *Zunahme der Bewußtheit und Verantwortung* (6) gesehen. Der Klient „kann bewußtere Entscheidungen treffen und Verhalten bewußt wählen" (H). Durch die Unterbrechung des Handlungsflusses und die Reflexion der Situation, eigener Handlungen, Ziele etc. eröffnen sich Gestaltungsmöglichkeiten. Die Problembewältigungskompetenz wird erhöht, indem das *Handlungsrepertoire des Klienten erweitert und flexibilisiert* wird (5). Dies ermöglicht, „in Situationen anders als bisher agieren und reagieren zu können" (J). Ein weiteres zu beachtendes Erfolgskriterium ist die Dimension der *subjektiven Zufriedenheit* (3) des Klienten sowie eine *emotionale Entlastung* (3). Bestand vor dem Beginn der Maßnahme ein mittlerer Leidensdruck bzw. Problemdruck sollte „der Klient subjektiv entlasteter aus dem Coaching" (B) gehen. Schließlich gilt als Erfolgskriterium eine *Einstellungsanpassung* (2), wenn das Problem über Handlungen nicht lösbar ist. So hat der Klient z.B. „erkannt, daß er sein Problem nicht lösen, aber damit leben kann" (K) oder er kommt zu der „Einsicht, daß etwas vorher Angestrebtes nicht erreichbar ist" (L).

- Quellen Erfolgsbeurteilungen (18)

Zur Bewertung während und nach Abschluß des Coaching-Prozesses geben acht der Interviewpartner an, den *Klienten* (8) zu befragen. Die Rückmeldungen des Klienten werden durch die Bewertungen des *Coaches* (5) erweitert, die z.B. aus Verhaltensbeobachtungen in Übungssituationen gewonnen werden, wenn der Klient „Aufgaben und Probleme nachweisbar besser lösen und mit Konflikten nachweisbar besser umgehen" (L) kann. Eine *Einbeziehung der Umgebung* (5) (Vorgesetzte, Mitarbeiter) gaben fünf der Befragten an.

Ergänzend sei erwähnt, daß sieben der Befragten eine Einbeziehung des Umfelds aufgrund der Diskretion als problematisch ansehen. Es könne „die Beziehung belasten" (E), wenn sich der Klient dadurch kontrolliert fühlt. Drei dieser sieben Befragten halten jedoch die Einbeziehung der Umgebung mit Zustimmung des Klienten für wünschenswert.

- Nebenwirkungen/Begleiterscheinungen (14)

Bei der Bewertung von Begleiterscheinungen muß betrachtet werden, aus welcher Perspektive diese als negativ bewertet wird. So wird eine Kündigung des Klienten als Ergebnis eines Coaching-Prozesses aus Sicht des Unternehmens als eine negative Nebenwirkung bewertet, obwohl es für den Klienten dennoch einen von ihm positiv bewerteten Ausgang darstellen kann. Primär ist Coaching eine den Zielen des Klienten zugewandte Maßnahme, womit eine *Kündigung nicht per se als negative Nebenwirkung* (4) zu bezeichnen ist. Durch veränderte Einstellungen und durch eine Zunahme an Bewußtheit kann *ein gesteigertes Anspruchsniveau und eine erhöhte Unzufriedenheit des*

Klienten (4) entstehen. „Seit dem Coaching kann er nicht mehr in die Unbewußtheit zurück, in der es ihm irgendwie auch gut ging“ (H). Coaching kann weiteren *Reflexions- oder Veränderungsbedarf* (3) auslösen, der jedoch „im Rahmen des vom Unternehmen angelegten Coachings nicht machbar oder nicht bezahlbar ist“ (K). Ein Befragter sieht den Klienten möglicherweise mit *Widerständen aus dem Umfeld* (1) konfrontiert. Das berufliche sowie private Umfeld fühlt sich durch veränderte Verhaltensweisen des Klienten überfordert. Ein Interviewpartner befürchtete einen *gesteigerten Egoismus des Klienten* (1), da Coaching als personenbezogene Maßnahme primär die Wünsche und Ziele des Klienten beachtet. Schließlich wurde die *Veränderung von Beziehungen* (innerhalb und außerhalb des Betriebes) (1) erwähnt.

- Problematische Effekte (13)

Liegt das anzustrebende Ziel im Coaching in der Hilfe zur Selbsthilfe des Klienten, in der Erhöhung der Problembewältigungskompetenz und Erweiterung bzw. Flexibilisierung von Denk- und Handlungsmöglichkeiten, stellt eine *Destabilisierung und eine eingeschränkte Handlungsfähigkeit* (4) bei Abschluß des Coachings einen problematischen Effekt dar. Coaching, so fünf der Befragten, berge außerdem als Prozeßberatung und als ein „öffnendes Verfahren“ (I) die Gefahr, Prozesse und Folgen auszulösen, die nicht absehbar seien und *unkontrollierte Entwicklungen* (5) auslösen. Weitere problematische Abschlüsse eines Coachings liegen darin, wenn aus der Arbeits-Beziehung eine *Abhängigkeit* (2) entsteht oder der *Klient problembelasteter als vorher das Coaching beendet* (2).

Obwohl der Bezug zu der Hauptkategorie im strengen Sinne nicht vorhanden ist, wurden die induktiv gebildeten Subkategorien (Entstehung und Vermeidungsmöglichkeiten problematischer Effekte) aufgrund ihrer thematischen Nähe hier aufgenommen.

- Entstehung problematischer Effekte (8)

Negative Effekte entstehen durch das *Zurücklassen des Klienten mit Unerledigtem* (3) bzw. dadurch, daß „Themen angerissen wurden, die unbearbeitet blieben“ (G) oder „Prozesse ausgelöst wurden, die nicht intendiert waren“ (E), was von einem Befragten als „Zauberlehrlingseffekt“ (H) bezeichnet wurde. Problematische Effekte entstehen außerdem bei *zuviel Anleitung und Problemverantwortung des Coaches* (3) oder wenn sich *aus der Arbeits-Beziehung eine Freundschaftsbeziehung* entwickelt (2).

- Vermeidungsmöglichkeiten problematischer Effekte (7)

Dem Entstehen problematischer Effekte vorzubeugen, steht in Zusammenhang mit der *Qualifikation des Coaches, die Supervision bzw. Intervision* (4) beinhaltet: „Da sehe ich die Gefahr bei den Laien, die aufs Geratewohl mal drauflosfragen und irgendwelche Dinge anstoßen und gar nicht merken, daß sie sie anstoßen“ (B). Außerdem wurde die *Qualität der Arbeits-Beziehung* (1) als Risikominimierung, eine „*Themenfokussierung*“ (1), d.h. ein Grenzziehung zu Bereichen, die für die Aufgabenstellung weniger relevant sind, sowie eine *geringe Tiefung in der Problembearbeitung* (1) genannt.

6.10 Kategorie X: Regulative des Coaching-Marktes

In Kapitel 2.4 des theoretischen Teils der Arbeit wurde auf die Diskrepanz zwischen Qualifikationserwartungen und den tatsächlichen Qualifikationen vieler Coaches hingewiesen. Diese Kategorie faßt Äußerungen zu Reglementierungsmöglichkeiten (Funktionen und Formen von Professionsgemeinschaften) zusammen, die der Etablierung eines entsprechenden Professionalitätsniveaus am Coaching-Markt dienen.

- Regulative des Coaching-Marktes (21)

Besteht innerhalb der Stichprobengruppe ein hoher Konsens über die Notwendigkeit innerhalb der Praxis, *Kriterien* (8) bzgl. der Qualifikationen, der Ausbildungsprogramme, der Beurteilung eines seriösen Coaches, der Dauer eines Coaching-Prozesses sowie zu der Erfolgsbeurteilungen zu formulieren, sind die Meinungen der Befragten bzgl. des formalen Rahmens von Professionsgemeinschaften zur Reglementierung unterschiedlich.

Einige der Befragten sehen in der Existenz bzw. Gründung eines *Verbandes oder einer Berufsorganisation* (5) eine Möglichkeit, ein entsprechendes Professionalitätsniveau am Coaching-Markt zu schaffen. Durch einen internen Aushandlungsprozeß könne eine einheitliche Coaching-Definition festgelegt, Qualitätskriterien formuliert sowie Qualitätskontrolle gewährleistet werden.

Der Vollständigkeit wegen werden Gegenmeinungen zu Verbandsgründungen von sechs der Befragten dargestellt: Eine „Begriffsschützung ist nur über eine Lobby möglich, diese ist aber nicht erwünscht“ (E), „Aufnahmebedingungen in einen Verband geben dem Klienten keine Garantie und eine Vermittlungsstelle ersetzt kein persönliches Gespräch“ (G). Außerdem wird eine Verdichtung von Orientierungen zu Normierungen abgelehnt. Zu formulierende Qualitätskriterien sollen nicht starr festgehalten werden, sondern im „Schwebezustand des Lebendigen bleiben“ (H).

Außerdem ist eine Zusammenarbeit in *Netzwerken* (4) genannt worden. Durch Offenlegung und Reflexion der Vorgehensweisen können unter den Anbietern Kriterien geschaffen werden, ohne diese zu Verbandsnormen festzulegen. „Durch einen diskursiven Prozeß entstehen Kriterien, die im Gespräch gehalten werden“ (H). Ein Netzwerk ermöglicht genauso wie ein Verband, die „Kooperation von Coaches“ (E).

Schließlich ist der *Markt selbst* (4) ein Regulativ für gute oder schlechte Coaches. Nicht seriös arbeitende Coaches könnten sich auf Dauer nicht durchsetzen, wodurch ein entsprechendes Professionalitätsniveau durch Angebot und Nachfrage hergestellt wird.

6.11 Kategorie XI: Wissenschaftliche Fundierung von Coaching

Schließlich enthält die letzte Kategorie Vorstellungen über eine wissenschaftliche Fundierung von Coaching i.S. erwünschter Forschungsaktivitäten im Coaching-Bereich (28).

- Wissenschaftliche Fundierung (28)

Zu erforschende Gegenstände beziehen sich nach Aussagen der Befragten auf *Wirksamkeitsnachweise von Coaching* (7), den *Prozeß* (4), die *theoretischen Grundlagen des Coachings* (3), die offensichtlich aus unterschiedlichen Theorien unterschiedlicher Disziplinen bestehen, auf *Coach-Variablen* (2), auf die *Wirkungen von Interventionsmethoden* (2), auf *notwendige Erfolgsfaktoren* (1) und auf einen *Wirkungsvergleich zwischen Coaching und Training* (1) und. Auf eine Berücksichtigung der *Kundenperspektive* (5) zur Bewertung der Ergebnis-, Struktur- und Prozeßqualität wiesen fünf der Befragten hin.

Ergänzend sei erwähnt, daß vier Befragte Schwierigkeiten bei der Erforschung von Coaching in der Praxis sehen. Diese könnten sich aus dem vertraulichen Ablauf von Coaching (4) ergeben, was eine Befragung der Klienten je nach Bereitschaft einer Offenlegung erschweren könnte. Eine eher kritische Einstellung zur wissenschaftlichen Fundierung bzw. Erforschung von Coaching hatten drei der Befragten. Weitere Forschung im Coaching stieß entweder nicht auf das Interesse der Befragten oder würde ihre Vorgehensweise nicht beeinflussen. Entscheidungen in der Vorgehensweise werden nach Erfahrung und Feeback getroffen und „Veränderungsarbeit geht über das Gefühl, was wissenschaftlich fundiert ist, sind Kopferklärungen" (G).

7 Ergebnisinterpretation und -diskussion

Bevor im Folgenden die Ergebnisse der inhaltsanalytischen Auswertung entlang der Forschungsfragen (vgl. Kap. 2.6) zusammenfassend interpretiert und als Qualitätsmerkmale bzw. -anforderungen sowie Qualitätssicherungsmaßnahmen diskutiert werden, werden sie unter Bezugnahme zu dem Qualitätsmodell (vgl. Kapitel 2.5) den Dimensionen Struktur-, Prozeß- und Ergebnisqualität tabellarisch zugeordnet (vgl. Tabelle 10). Einige der genannten Elemente sind gleichzeitig Qualitätsanforderungen bzw. -merkmale sowie Qualitätssicherungsmaßnahmen bzw. -aktivitäten. Auf diese unterschiedlichen Funktionen wird in der tabellarischen Darstellung nicht explizit eingegangen. Sie werden an entsprechender Stelle in der sich anschließenden Diskussion aufgegriffen.

Strukturqualität
➔ **personelle Strukturqualität** (Coach):
• Fachliche Qualifikation (Kat. VIII)
* Wirtschaftliches/psychologisches Wissen (Kat. I, Kat. VIII)
* Coaching-Erfahrung/Spezialisierung (Arbeitsschwerpunkte) (Kat. I, Kat. VIII)
* Betriebs- , Führungserfahrung (Kat. I, Kat. VIII)
* Feldkompetenzen (Kat. VIII, Kat. I)
* Philosophische Kenntnisse
• Methodenkompetenz
* Methodenvielfalt (Kat. VI)
* Transparenz und Erklärbarkeit der Methoden (Kat. VI)
* Handlungskonzept (Kat. VI)
* Diagnostische Kompetenz (Symptomkenntnisse aus dem klinisch-psychologischen Bereich) (Kat. VIII)
* Fähigkeit Organisationsmuster zu erkennen (Kat. VIII)
* Kommunikationsfähigkeiten (Kat. VIII, Kat. I)
* Selbstreflexion (Kat. VIII)
* Kognitive Fähigkeiten (analytisches und vernetztes Denken) (Kat. VIII)
• Beziehungsgestaltungskompetenzen_(Kat. VIII)
• Persönliche Qualifikationen (Kat. VIII)
• Supervision, Intervision (Kat. I, Kat. VIII)
• Fortbildung (Kat. I, Kat. VIII)
• Ausbildungsweg (Studium – psychotherapeutische Zusatzausbildung/Beraterausbildung – Feldkompetenzen) (Kat. VIII)
• Professionsgemeinschaft/Kooperation (Netzwerk, Verband etc.) (Kat. X)
• Referenzen (Kat. I)
• Praxis (Kat. I)

➜ **Klient**: • Freiwilligkeit (Kat. II) • Veränderungsbereitschaft (Kat. II) • Bereitschaft zur aktiven Mitarbeit und zeitlichen Aufwand (Kat. II) • Selbstregulationsfähigkeit/Wohlbefinden (Kat. II) • Problembewußtsein (Kat. II) • Bereitschaft, Emotionen zuzulassen (Kat. II) • Verantwortungsübernahme (Kat. V) ➜ **Beziehung**: • Passung (persönliche, berufliche) (Kat. III) • Vertrauen (Kat. III) • Akzeptanz (Kat. III) • Sympathie (Kat. III) • Solitär-Beziehung (Kat. V) • Offenheit (Kat. III) • Gleichwertigkeit (Kat. III) • Ehrlichkeit (Kat. III) ➜ **Unternehmen** (abgeleitet aus Kat. V): • Transfermöglichkeiten (vgl. Kat. V) • Bereitschaft zur Auseinandersetzung (vgl. Kat. V, keine Funktionalisierung) • Ziele verhandeln (vgl. Kat. V, keine Zielvorgaben) • Passung zwischen Coach und Unternehmen (vgl. Kat. V, keine Diskrepanz)
Prozeßqualität
• Inhalte des Erstgesprächs: Klärung des Anliegens/Problems, Situationsschilderung, Zielformulierung, Zielkonkretisierung, Erwartungsklärung, Tabuzonen (Kat. III) • Problempräzision (keine vorschnellen Lösungen) (Kat. I) • Coach sollte klären, ob Coaching die geeignete Maßnahme ist und er der geeignete Coach ist (Beachtung von Art des Anliegens, Klientenvoraussetzungen, eigene Kompetenzen, mögliche Beziehungsetablierung, Unternehmensbedingungen) (Kat. II, Kat. III, Kat. V) • Transparenz bzgl. professioneller Orientierung (Menschenbild, theoretische Basis, Werte, Coaching-Definition) (Kat. I) • Transparenz der Vorgehensweise (Informationen über Arbeitsintensität, Anforderungen an den Klienten durch z.B. Falldarstellung) (Kat. I) • Formaler und psychologischer Vertrag (Spielregeln der Zusammenarbeit, Schweigepflicht, Honorar) (Kat. I) • Regelungen bei Absage, Abbruch (Kat. I) • Klärung von Interessenvertretung/ Berichterstattung (Kat. I) • Information/Verhandlung über Dauer des Prozesses, Anzahl, Häufigkeit und Dauer der Sitzungen (Kat. I)

• Festlegung eines Zeitrahmens (Kat. I) • Begleitung an den Arbeitsplatz (Kat. I) • Aufzeigen der Grenzen von Coaching (Kat. I) • Dauer von Coaching 2-6 Sitzungen, Zeit zum Transfer zwischen den Sitzungen (Kat. I) • Mitbestimmung des Klienten (Kat. VI) • Methoden transparent machen und erklären (Kat. VI) • Interventionen wählen, die zur Erlebenswelt der Zielgruppe passen (Kat. VI) • Flexibilität in der Vorgehensweise (Kat. VI) • Methoden klienten- (Persönlichkeit, Abneigungen, Bevorzugungen bestimmter Methoden), situations-, zeit-, problem-, ziel-, wirkungsbezogen einsetzen (Kat. VI) • Zwischenresumees (prozeßbegleitende Evaluation) (Kat. IX) • Abschlußresumee (summative Evaluation) (Kat. IX)
Ergebnisqualität
• Zielerreichung (Kat. IX) • Zufriedenheit (Kat. IX) • Emotionale Entlastung (Kat. IX) • Erweiterung und Flexibilisierung des Handlungsrepertoires (erhöhte Problembewältigungskompetenz) (Kat. IX) • Zunahme an Bewußtheit/Verantwortung (Kat. IX) • Einstellungsveränderung (z.B. kognitive Umstrukturierung, wenn Probleme über Handlungsebene nicht lösbar) (Kat.IX)

Tabelle 10: Zuordnung der Einzelergebnisse aus den Kategorien zu den Qualitätsdimensionen Struktur-, Prozeß- und Ergebnisqualität (Quelle: Eigene Darstellung)

7.1 Forschungsfrage 1: Orientierungshilfen für den gemeinsamen Klärungsprozeß

7.1.1 Diskussion der Forschungsergebnisse zum Klärungsprozeß

Der Coaching-Prozeß beginnt im weitesten Sinne mit dem Erstkontakt und der Klärung über eine mögliche Zusammenarbeit zwischen Coach und Klient. Zur Beantwortung der Forschungsfrage fließen als Orientierungshilfen für Coach und Klient Qualitätsmerkmale des anfänglichen Prozesses, der Strukturqualität auf seiten des Coaches, des Klienten, der Beziehung und (aus Kategorie V abgeleitet) des Unternehmens sowie Qualitätssicherungsmaßnahmen des Coaches ein. Sollen sie als Orientierungshilfen fungieren, bedarf es der Differenzierung in objektivierbare Qualitätskriterien (z.B. Supervision) und in solche Qualitätskriterien (z.B. Feldkompetenzen des Coaches), die fallbezogen zu Merkmalen des Klienten (Anliegen, Erwartungen, Zielen, Werten etc.) zu operationalisieren bzw. auszudeuten sind. Ermittelte Kontra-Bedingungen bzw. problematische Ausgangsbedingungen (vgl. Kategorie V) legen Qualitätssicherungsmaßnahmen des Coaches nahe (z.B. die Überprüfung der Beziehungsqualität bzw. deren möglichen Aufbaus), die für den Klienten weitere Kompetenzkriterien des Coaches darstellen.

- **Klient**

Die Ergebnisse untermauern die Charakteristika von Coaching als Prozeßberatung, indem an dem Klienten keine Intervention vollzogen wird, sondern er an der Gestaltung des Prozesses aktiv teilnimmt, mitverantwortlich ist und damit die Prozeß- und Ergebnisqualität erheblich beeinflußt (*Bereitschaft zur Mitarbeit, Zeitaufwand*; vgl. Kategorie II). In Anbetracht der Klientenvoraussetzungen sind dementsprechend besonders die *Veränderungsbereitschaft* und *Freiwilligkeit* hervorzuheben (vgl. Kategorie II). Ihr Fehlen stellt eine Kontra-Bedingung für einen Coaching-Prozeß dar und erfordert Klärungsbedarf bzw. legt die Ablehnung des Auftrages nahe (vgl. Kategorie V), womit eine Verordnung der Maßnahme von seiten des Unternehmens sinnlos ist. Für die kompetenzfördernde Maßnahme Coaching ist es darüber hinaus notwendig, über ein gewisses Maß an Stabilität, *Wohlbefinden und Selbstregulationsfähigkeit* zu verfügen (vgl. Kategorie V), um von entwicklungsfördernden Lernprozessen profitieren zu können (vgl. Kap. 2.1.2.1). Gilt es im Coaching die Selbstregulationsfähigkeit des Klienten zu erhöhen, muß diese bereits in einem entwicklungsfähigen Ausmaß vorhanden sein. Eine Restitution der Selbstregulationsfähigkeit fällt nicht in den Aufgabenbereich des Coaches.

Zur Entscheidung über eine Zusammenarbeit wird es als hilfreich, jedoch nicht als notwendig angesehen, persönliche Klärungen im Vorfeld von Coaching vorzunehmen. Diese beziehen sich auf Erwartungen, Anliegen und Ziele des Klienten (vgl. Kategorie II). Gehört es zwar zu den Merkmalen einer Prozeßberatung, nicht genau bestimmen zu können, was Ursache und Lösung des Problems sein könnten, dient es dem anfänglichen Coaching-Prozeß, wenn der Klient günstigstenfalls kompetenten Ansprechpartnern gegenüber (Personalentwicklern etc.) die genannten Aspekte kommuniziert hat und (zusätzliche) Informationen über Coaching gewinnen konnte. So erhält die Personalentwicklungsabteilung bei Entscheidungs- und Auswahlprozessen eine zunehmende Bedeutung, wodurch die dort vorherrschenden Qualitätserwartungen als Einflußfaktoren auf die Gesamtqualität von Coaching relevant werden.

Hinsichtlich der Subkategorien "Beurteilungskriterien bzgl. des Coaches" und "Beurteilungskriterien bzgl. des Coachings", die aus der übernommenen Klientenperspektive der Befragten gewonnen wurden, liegt durch den Vergleich ihrer absoluten Häufigkeiten (51 vs. 89, vgl. Kategorie I) die Schlußfolgerung nahe, daß prozeßbezogene Merkmale zur Einschätzung der Qualität wichtiger sind als Strukturmerkmale des Coaches. Evident wird hieran, daß aussagekräftige Beurteilungskriterien zumeist erst durch interaktive Prozesse und mit Bezug zu den Beteiligten hergestellt werden.

Durch die in der Subkategorie "Beurteilungskriterien bzgl. des Coaches" herausgestellten Doppelnennungen einzelner Elemente (vgl. Kategorie I und VIII) ergeben sich Hinweise auf die von den Befragten angenommene Relevanz der Elemente zur Qualitätseinschätzung des Coaches. Wird die Zugehörigkeit der Einzelelemente zu den Qualifikationsbereichen (fachliche, methodische, soziale, persönliche Kompetenzen) betrachtet, wurden hauptsächlich fachliche und persönliche Kompetenzen genannt. Im Vordergrund steht dabei sowohl aus der übernommenen Klientenperspektive als auch aus professioneller Sicht das Element *bereichsspezifische Coaching-Erfahrungen/ Spezialisierungen* des Coaches (vgl. Kategorie I). Eine Selbstbeschränkung des Coaches, d.h. die Fähigkeit seinen Kompetenzbereich einzuschätzen und über diesen auskunftsfähig zu sein, stellt damit ein relevantes Qualitätsmerkmale dar (s.u., Coach). Generell gilt bei den genannten Beurteilungskriterien bzgl. des Coaches, diese nach objektivierbaren und nach solchen zu differenzieren, die als Entscheidungskriterien auszudeuten sind (z.B. *Supervision, eigene Führungserfahrung* vs. *bereichsspezifische Coaching-Erfahrung*, vgl. Kategorie I). Eine vergleichbare Differenzierung gilt für die Qualitätsmerkmale des anfänglichen Prozesses (z.B. die *Dauer des Coachings sollte zwischen zwei bis zehn Sitzungen liegen, ein Zeitrahmen sollte festgelegt werden* vs. *Transparenz über die Arbeitsweise*; vgl. Kategorie I).

Formale Komponenten eines idealtypischen Coaching-Prozesses (vgl. Kap. 2.3) ergeben in ihrem Vorhandensein weitere Merkmale der anfänglichen Prozeßqualität (wie z.B. *Vertragsverhandlungen, Verhandeln der formalen Prozeßgestaltung, Klärung der Interessenvertretung/Berichterstattung etc.*, vgl. Kategorie I). Auch hier wird deutlich, daß Transparenz, Informationsvermittlung, gemeinsame Klärungen, Vereinbarungen und Offenheit Qualitätsmerkmale eines anfänglichen Coaching-Prozesses darstellen. Je besser Coach und Klient übereinander informiert sind und je klarer und offener der gemeinsame Umgang gestaltet wird, desto aussichtsreicher erscheint eine gelingende Kooperation. Gleichzeitig dient besonders der psychologische Vertrag, der innerhalb des Prozeßverlaufs reflektiert und aktualisiert wird, der Qualitätssicherung.

Gewonnene Ergebnisse zu kritischen Aspekten bzgl. des Coaches und des anfänglichen Prozesses aus der übernommenen Klientensicht (vgl. Kategorie I) werden in Anlehnung an das Zwei-Faktorenmodell der Arbeitszufriedenheit (Herzberg, Mausner & Snyderman, 1959) betrachtet. Nach diesem Modell stellen einige Faktoren sog. "Satisfiers" (Werterhöhungsfaktoren) dar, die in ihrem Vorhandensein zu Zufriedenheit führen, aber ihr Fehlen die Unzufriedenheit nicht beeinflußt, während "Dissatisfiers" (Minimalanforderungen) in ihrem Fehlen zu Unzufriedenheit führen, aber in ihrem Vorhandensein nicht zu Zufriedenheit (vgl. Punkt 7.3). Nennungen zu kritischen Aspekten ergeben einen Hinweis auf Qualitätsmerkmale, von denen die Befragten annehmen, daß sie in ihrer negativen Ausprägung die Unzufriedenheit des Klienten beeinflussen wie z.B. Methodenvielfalt/*methodische Fixierung*, Offenheit/*ideologische Fixierung*, kurzfristiges *Coaching/vertraglich festgelegtes langes Coaching*, Spezialisierung/*Profilierung ohne Differenzierung* etc.; vgl. Kategorie I). Für den Coach ist daraus abzuleiten, diese Leistungen als Minimalanforderungen zu beachten und ihr Vorhandensein zu sichern. Ob diese Kriterien in positiver Ausprägung die Zufriedenheit des Klienten erhöhen oder diese nicht beeinflussen, bleibt jedoch unklar. Für eine Überprüfung ist hier der Einsatz geeigneter methodischer Verfahren, wie z.B. der Penalty-Reward-Faktoren-Ansatz von Brandt (1987, zit. nach Haller, 1993) anzuregen.

Orientierungshilfen zur Qualitätseinschätzung und zur Auswahl eines passenden Coaches werden für den Klienten in Form einer Checkliste am Ende der zusammenfassenden Interpretation und Diskussion dieser Forschungsfrage aufgeführt (vgl. Punkt 7.1.2)

- **Coach**

Die Beachtung des Coaches, ob Coaching für einen gegebenen Anlaß sinnvoll ist, wurde bereits an einigen Stellen der Arbeit als ein Qualitätsmerkmal betrachtet (vgl. Kap. 2.2.2, Kap. 2.6). Differenziert wird zwischen der Frage, ob Coaching als Maßnahme überhaupt indiziert ist und der Frage, ob der Coach mit Bezug zu dem speziellen Anliegen und dem speziellen Klienten geeignet ist.

Für die erste Frage ergeben sich als Problemtypen, für die Coaching die passende Maßnahme darstellt, insgesamt wenig Nennungen. Ein Anhaltspunkt kann aus dem *Wunsch nach Weiterentwicklung bzw. Reflexion* gewonnen werden, der einen Bezug zu langfristigem Aufgaben- und kurzfristigem Persönlichkeits-Lernen (vgl. Kap. 2.2.2) erlaubt. Wird Coaching für *Rollenschwierigkeiten* als angemessen gesehen, erfordert dies, zur Vermeidung einer *individualisierenden Verkürzung* (vgl. Kategorie V), die Beachtung von unterschiedlichen Problemebenen (rollenspezifisches Problem, strukturelles Problem, fachliches Problem etc.), wozu der Coach über *Kenntnisse von Organisationsmustern* (vgl. Kategorie VIII) verfügen sollte. Aufgrund der zeitlichen Begrenzung von Coaching bieten formale Bedingungen der Fragestellung (*begrenzte Fragestellung*) einen weiteren Ansatzpunkt für die Indikationsklärung. Andererseits erscheint der Indikationsbereich von Coaching sehr breit angelegt, wenn Coaching für alle nützlich ist, die mit *Konflikten, anspruchsvollen Situationen konfrontiert sind* (vgl. Kategorie V). Da aus den Ergebnissen keine häufig genannten Problemtypen für den adäquaten Einsatz von Coaching gewonnen werden konnten, scheint die Indikationsklärung der Selbst-Indikation des Klienten und/oder individuellen Entscheidungskriterien einzelner Coaches überlassen zu sein. Besonders für die interaktive Indikationsklärung innerhalb des Prozeß-Beratungs-Modells erscheint jedoch ein zukünftiger Konsens darüber, welche Dimensionen bzw. Problemtypen zur Indikationsklärung berücksichtigt werden sollten, sinnvoll. Eine Verständigung innerhalb der Anbieter-Gruppe wäre hilfreich, um ein "over-selling" der Maßnahme zu vermeiden. Gleichzeitig dienen diese Orientierungen Personalentwicklern und Klienten als Entscheidungskriterien für den Einsatz der Maßnahme. Andererseits kann in Frage gestellt werden, ob Coaching überhaupt als eine spezifisch einzusetzende Maßnahme betrachtet werden soll, wenn *keine Situation vorstellbar ist, wo Coaching nicht paßt* (vgl. Kategorie IV).

Die Art der Indikationsklärung hängt mit der *Exploration* (vgl. Kategorie IV) von dem Wissens- und Erfahrungsbereich des Coaches ab. Der Coach schätzt ein, ob das Anliegen mit einem Coaching bearbeitbar ist. Test-Verfahren werden als Anregung für die Themenbearbeitung eingesetzt, dienen jedoch nicht der Indikationsklärung. Anzudenken wäre eine Zusammenstellung von zu beachtenden Aspekten, die für ein Coaching sprechen bzw. die Anwendung anderer Maßnahmen (wie z.B. ein Training, Instruktion, Mentoring, therapeutische Begleitung etc.) nahelegen.

Mit Bezug zu der Frage, ob der Coach für das spezielle Anliegen des Klienten geeignet ist, wird eine Selbstbeschränkung des Coaches gefordert, die gleichzeitig eine finanzielle Unabhängigkeit voraussetzt. Seine Aufgabe ist es, eigene Kompetenzen und Qualifikationen hinsichtlich des Anliegens, der Ziele und der Person des Klienten zu bewerten, denn „je besser ein Coach für ein Anliegen des Klienten qualifiziert ist (...), desto wahrscheinlicher wird sich der gewünschte Beratungserfolg einstellen" (Rauen, 1999, S. 201). Es ist davon auszugehen, daß über eine Passung auf unterschiedlichen Ebenen zu entscheiden ist. So sind auf fachlicher Ebene Kenntnisse, Feldkompetenzen, Spezialisierungen des Coaches mit Bezug zu dem Anliegen und beruflichen Kontext des Klienten zu beurteilen. Auf methodischer Ebene ist einzuschätzen, ob die Methoden für das spezielle Anliegen zielführend sind und ob auf persönlicher Ebene, eine den Qualitätsmerkmalen entsprechende Arbeits-Beziehung (vgl. Kategorie III) aufbaubar erscheint. Die Relevanz einer Passung wird in Anbetracht des handlungstheoretischen Beratungsansatzes nachvollziehbar. Nach Brandtstädter (1985) geht der Berater (Coach) von persönlichen Rekonstruktionen des Klienten aus und kann diesen nur innerhalb seines Erlebens- und Deutungshorizontes beraten. Dazu ist es notwendig, individuelle Bedeutungen, dem Handeln zugrundeliegende Erwartungen, Werte, Überzeugungen, Ziele und subjektive Sinnzuschreibungen des Klienten nachvollziehen zu können. Ein bedeutsamer Parameter für das Gelingen solcher Interpretationen ist die geringe „biographische Distanz" zwischen Berater und Klient (Brandtstädter, 1985, S. 12). So sind wegen der Kultur-, Situations-, Kontext- und Persönlichkeitsabhängigkeit von Sinn und Bedeutung unseres Handelns die Vertrautheit des Beraters mit der Lebenswelt des Klienten, eine miteinander geteilte Lebenspraxis und die persönliche Lebenserfahrung des Beraters für das Verständnis des Klienten bedeutsam (Hilke & Aschenbach, 1985).

Für den Coach lösen Kontra-Bedingungen bzw. problematische Ausgangsbedingungen Handlungsbedarf aus (vgl. Kategorie V). Dieser liegt in der Überprüfung, ob Voraussetzungen gegeben sind, in notwendigen Adaptionen des Vorgehens bzw. darin, an andere Experten zu verweisen, diese hinzuziehen oder einen Auftrag abzulehnen. Der Coach sollte zu Beginn (und während des Prozesses) beachten, ob – ohne die Prävalenzrate psychotherapierelevanter Probleme bei der Zielgruppe von Coaching zu überschätzen – die Grenze des Indikationsbereiches hin zu dem einer Psychotherapie überschritten ist. Erscheint eine Maßnahme wie Coaching nicht mehr geeignet, wie z.B. bei Angststörungen, Depressionen, psychosomatischen Störungen, Abhängigkeitserkrankungen (*psychische Störungen*, vgl. Kategorie V), optimiert der Coach durch sein Empfehlungsverhalten das Krankheitsverhalten der Person, d.h. die hilfesuchenden Handlungen bei wahrgenommenen Symptomen, und unterstützt die Vermeidung verspäteter Behandlungen und Chronifizierungen (Baumann, 1991). *Diagnostische Kompetenzen* (bzw. Symptomkenntnisse aus dem klinisch-psychologischen Bereich) (vgl. Kategorie VIII) werden dafür vorausgesetzt und sollten damit Bestandteil einer fundierten Ausbildung sein. In Abgrenzung zu dem psychotherapeutischen Indikationsbereich spricht außerdem ein *stark eingeschränktes Selbstregulationsvermögen* und ein zu *großer Leidensdruck* (vgl. Kategorie V) für die Überschreitung der Indikationsgrenzen von Coaching.

Weiterhin sind gegebene Unternehmensbedingungen (vgl. Kategorie V) von seiten des Coaches zu beachten. Obwohl diese kontextuellen Faktoren nicht in dem unmittelbaren Einflußbereich der Coaches liegen, sollte ihre Wirkung auf die Qualität des Coachings nicht unterschätzt werden. Erfordert Coaching zwar eine Zurückhaltung des Unternehmens aus dem Prozeßgeschehen, trägt das Unternehmen zu einem Erfolg[20] bei bzw. kann ihn verhindern, wenn entsprechende Bedingungen nicht gegeben sind. Daraus ergeben sich, bei entsprechender Etablierung des Coachings im Unternehmen, Aufklärungsleistungen bzw. Reflexions- und Austauschprozesse zwischen den Beteiligten. Sind kontextuelle Bedingungen nicht (mit-)gestaltbar, konstituieren sie den äußeren Rahmen, innerhalb dessen sich ein Coaching bewegt oder sie stellen im Extremfall Sinn und Funktion von Coaching in Frage (vgl. Kategorie V). Es ist einsichtig, daß der Erfolg eines Coachings unwahrscheinlich wird, wenn die Unternehmensziele nicht mit denen des Klienten übereinstimmen oder dem Klienten keine Möglichkeiten zum Transfer erlernter Verhaltensweisen gegeben sind. Arbeitsumgebung und organisatorische Bedingungen, die Unterstützungen oder Möglichkeiten zur Anwendung bereitstellen, beeinflussen nach dem Modell zur Analyse des Transfers von Trainingsmaßnah-

---

[20] Ein gelingender Prozeß oder Erfolg wird zunächst als ein Erreichen der vereinbarten Ziele verstanden.

men (Baldwin & Ford, 1988) die Resultate der Maßnahme. Im Coaching findet der Transfer bereits zwischen den Sitzungen statt, womit der Einfluß kontextueller Bedingungen früher einsetzt (vgl. Kap. 2.3.6). Transferbedingungen können nicht ohne die Veränderungsbereitschaft des Umfeldes zur Verfügung gestellt werden. Somit ist auch das Umfeld aufgefordert, zu lernen und aktiv von der personenbezogenen Maßnahme zu profitieren. So bleibt individuelles Lernen nach Modellen organisationalen Lernens folgenlos, wenn sich nicht zugleich die Organisationskultur, die Erwartungen und Regeln insgesamt verändern lassen (Heiner, 1999; vgl. 7.5).

- **Arbeits-Beziehung**

Die Relevanz der Arbeits-Beziehung ist an vielen Stellen der Arbeit deutlich geworden (vgl. Kap. 2.3.5.2). Über die Inhalte des Erstgesprächs, die in der *Klärung des Arbeitsthemas, Zielformulierungen und -konkretisierungen, Situationsschilderungen sowie Erwartungs- bzw. Tabuzonenklärungen* (vgl. Kategorie III) liegen sollten, und damit den anfänglichen Phasen eines idealtypischen Coaching-Ablaufs entsprechen (vgl. Kapitel 2.3), liegt die Funktion des Erstgesprächs darin, auf der Beziehungsebene die Möglichkeit einer tragfähigen Arbeits-Beziehung einzuschätzen. Beziehungsmerkmale (*Vertrauen, Akzeptanz* etc. vgl. Kategorie III) ergeben für Coach und Klient einen Hinweis auf die Etablierung einer guten Arbeits-Beziehung. Die Prüfung der subjektiv wahrgenommenen Beziehungsqualität sollte Bestandteil der Qualitätssicherung sein, die sich über den weiteren Verlauf zur Sicherung der Prozeßqualität (z.B. in der Verwendung von Stundenbögen) fortsetzen sollte. Interessant ist die Forderung nach einer *Solitär-Beziehung*, die, ist sie nicht gegeben, als problematische Ausgangsbedingung bzw. als Kontra-Bedingung gesehen wird (vgl. Kategorie V). Ist der Coach in das persönliche oder berufliche System des Klienten eingebunden, spräche dies gegen die Beziehungsbedingungen eines Coachings. Es würde die Neutralität des Coaches in Frage stellen. Inwiefern durch den Wegfall der Neutralität Themen im Coaching eingeschränkt werden, wurde im theoretischen Teil aufgegriffen (vgl. Kapitel 2.1.1.1, Abbildung 3)

Als Grundlage für die Bearbeitung der inhaltlichen Themen stellt die Arbeits-Beziehung einen relevanten Qualitätsfaktor dar. Ein hoher Konsens (9 Nennungen) besteht hinsichtlich der Erfolgswirkung der Beziehung. Zur Beschreibung ihrer Relevanz für den Erfolg sei auf Grawe, Donati und Bernauer (1994) zurückgegriffen, die den Erfolg einer Psychotherapie von dem Ausmaß einer Aktivierung der Wirkfaktoren "Problembewältigung", "Klärung", "Problemaktualisierung" und "Ressourcenaktivierung" abhängig machen. Die Arbeits-Beziehung wird als besondere Ressource verstanden und sollte neben Potentialen, Fähigkeiten und Stärken des Klienten im Prozeß aktiviert werden. Sind Veränderungsprozesse, wie auch die im Coaching-Prozeß, mit unangenehmen Gefühlen des Klienten wie z.B. Verunsicherungen verbunden, stellt eine, von dem Klienten positiv wahrgenommene Beziehung, ein Gegengewicht zu diesen Emotionen dar und erleichtert den Veränderungsprozeß. Der Klient fühlt sich in seinem positiven Selbst bestätigt und in relevanten zwischenmenschlichen Bedürfnissen angenommen. Bestandteil der Ausbildung zum Coach sollten Wahrnehmungsfähigkeiten für Beziehungsabläufe sowie Fähigkeiten zur bewußten und flexiblen Beziehungsgestaltung sein.

Zusammenfassend wird deutlich, daß die Klärung einer gemeinsamen Zusammenarbeit von seiten des Coaches dann optimiert werden kann, wenn dieser beurteilt, ob Coaching unter Berücksichtigung der gegebenen Strukturmerkmale des Klienten und dessen Anliegen die geeignete Maßnahme darstellt und andererseits, ob der Coach selbst inkl. seiner Spezialisierungen, Erfahrungen, Selbstkenntnis etc. für das spezielle Anliegen geeignet und eine tragfähige Arbeits-Beziehung aufbaubar ist. Darin inbegriffen ist die Beachtung von Rahmenbedingungen des Unternehmens. Stellen die dafür notwendigen Kenntnisse personelle Strukturqualitätskriterien dar, ist die Beachtung des adäquaten Einsatzes, der Passungsklärung, die Berücksichtigung der klienten- und unternehmensbezogenen Voraussetzungen als Qualitätsmerkmal des anfänglichen Prozesses zu bezeichnen und dient gleichzeitig der Qualitätssicherung. Schließlich sollten Qualitätsmerkmale des anfänglichen Prozesses realisiert werden (vgl. Beurteilungskriterien bzgl. des Coachings, Kategorie I), die formale Komponenten, Inhalte des Erstgesprächs sowie relevante Informationen über den Coaching-Prozeß bzw. die professionelle Orientierung des Coaches beinhalten.

7.1.2 Handreichung für die Praxis: Checkliste für die Auswahl eines passenden Coaches

Nennungen zu Beurteilungskriterien bzgl. des Coaches aus der übernommenen Klientenperspektive (vgl. Kategorie I) werden zur Vervollständigung aus den Ergebnissen zu Qualifikationsanforderungen aus der professionellen Sicht (vgl. Punkt 7.3) ausdifferenziert bzw. ergänzt. Insgesamt fließen in die Checkliste Strukturqualitätsmerkmale des Coaches, des Klienten und der Beziehung sowie Qualitätskriterien des anfänglichen Prozesses ein, die z.T. für die Entscheidungsklärung auszudeuten sind. Ergänzt wird die Checkliste schließlich durch die dem "Fragebogen zur Person" entnommenen allgemeinen Honorarvorstellungen der Befragten (vgl. Kap. 9B).

Orientierungshilfen zur Einschätzung der Kompetenzen des Coaches

- Verfügt der Coach über einen Doppelqualifikation i.S. wirtschaftlicher und psychologischer Kenntnisse (verfügt der Coach über ein wissenschaftliches Studium)?
- Kann der Coach eine fundierte, d.h. mehrjährige berufsbegleitende Zusatzausbildung (Psychotherapie-Ausbildung, Berater-Ausbildung, Coaching-Ausbildung) vorweisen? Beinhaltet die Zusatzausbildung Selbsterfahrung?
- Kann der Coach Erfahrungen aus oder mit Unternehmen vorweisen?

- Verfügt der Coach über eigene Führungserfahrung?
- Welche Feldkompetenzen (Wissen/Erfahrung über einen bestimmten beruflichen Kontext) beschreibt der Coach? Passen diese zu Ihrem beruflichen Kontext (gibt es Überschneidungen oder Transfermöglichkeiten)?
- Welches sind die Spezialisierungen (Arbeitsschwerpunkte) des Coaches bzw. in welchen Bereichen ist er erfahren? Passen diese Spezialisierungen zu Ihrer Fragestellung?
- Gibt der Coach Auskunft über seine professionelle Orientierung (Menschenbild, Werte, Coaching-Verständnis, Arbeitsprinzipien/Vorgehensweise, Handlungskonzept)?
- Nimmt der Coach regelmäßig Supervision (Intervision) in Anspruch, um seine Arbeit zu reflektieren?
- Nimmt der Coach Fortbildungen in Anspruch?
- Kann der Coach Referenzen vorweisen?
- Besitzt der Coach eine Praxis?

Orientierungshilfen für das Erstgespräch

- Typische Inhalte des Erstgespräches:
- Klärung des Arbeitsthemas, dabei werden Arbeits- und Lebenssituation, Entwicklungsgeschichte, Hintergrund und Auswirkungen des Anliegens/Problems betrachtet
    - Fragt der Coach nach, hört er zu, reformuliert er, bietet er Deutungen an (Kommunikationsfähigkeit) (oder bietet er vorschnelle Lösungen an)?
    - Scheint das Problem für den Coach nachvollziehbar?
    - Fühlen Sie sich verstanden? Spricht der Coach Ihre "Sprache"?
- Ziele werden formuliert und konkretisiert (ggf. schriftlich festgehalten)
- Gegenseitige Erwartungen (Möglichkeiten und Grenzen des Coachings) und Tabuzonen werden geklärt

- Beachtet der Coach, ob ein Coaching bei dem gegebenen Anlaß (als einzige Maßnahme) sinnvoll ist?
- Schätzt der Coach seinen Kompetenzbereich in Hinblick auf Ihr Anliegen ein (oder haben Sie den Eindruck, er stellt sich als "Alleskönner" dar)?
- Beachtet der Coach den kontextuellen Rahmen (z.B. Organisationsstrukturen)?
- Beachtet der Coach, ob relevante Klientenvoraussetzungen (z.B. Freiwilligkeit) gegeben sind?

- Macht der Coach seine Interventionsweisen, den Ablauf von Coaching transparent? (Beachten Sie, ob der Coach methodisch festgelegt oder flexibel ist!)
- Gibt der Coach soviel Informationen über den Coaching-Prozeß, daß Sie einschätzen können, was auf Sie zukommt (z.B. zeitlicher Aufwand, aktive Mitarbeit, Ablauf)?

- Gibt der Coach Informationen über Ablehnungs- und Abbruchmöglichkeiten?
- Werden formaler und psychologischer Vertrag (d.h. Arbeitsbündnis) besprochen und gemeinsam ausgehandelt? Bestandteile:
  * Schweigepflichtregelung
  * Honorar (zur Einschätzung des Honorars vgl. Abbildung 25)
  * Regelung der ungefähren Dauer des Prozesses, Häufigkeit der Sitzungen etc.
    * Coaching erfordert erfahrungsgemäß zwei bis sechs Sitzungen
    * Bleibt für die Umsetzung genügend Zeit zwischen den Sitzungen?
  * Klärung der Interessenvertretung des Coaches und der Berichterstattungsfragen (Klärung, wer wem was berichtet)
- Prüfen Sie Ihre emotionale Stimmung in Gegenwart des anderen: Fühlen Sie sich gut aufgehoben, verstanden, sicher und auch herausgefordert, neugierig?
- Können Sie sich dem Coach anvertrauen? Akzeptieren Sie ihn in seiner Person und Kompetenz?
- Beachtet der Coach, ob eine Arbeits-Beziehung aufbaubar ist?
- Gewährleistet der Coach eine geschützte Atmosphäre (Diskretion)?

Voraussetzungen für ein Coaching, die Sie als Klient mitbringen sollten

- Freiwilligkeit (ein Coaching kann nicht verordnet werden!)
- Veränderungsbereitschaft
- Selbstregulationsfähigkeit/gewisses Maß an Wohlbefinden
- Bereitschaft zur aktiven Mitarbeit
- Zeit
- Bereitschaft, Emotionen zuzulassen

Hilfreich für den gemeinsamen Klärungsprozeß ist

- Welche Erwartungen haben sie an das Coaching, an den Coach?
- Versuchen Sie sich in der Präzision Ihres Anliegens/Problems!
- Welche Ziele würden Sie gerne erreichen?
- Holen Sie Informationen über Coaching ein
- Führen Sie Vorgespräche mit mehreren Coaches!

Allgemeine Honorarvorstellungen für ein Coaching/Std. in DM

- Aus dem "Fragebogen zur Person" (vgl. Anhang 9B) über allgemeine Honorarvorstellungen ergab sich ein mittlerer Wert von 375 DM. Die Spannbreite der Honorare liegt zwischen 150 und 850 DM pro Stunde (vgl. Abbildung 25)

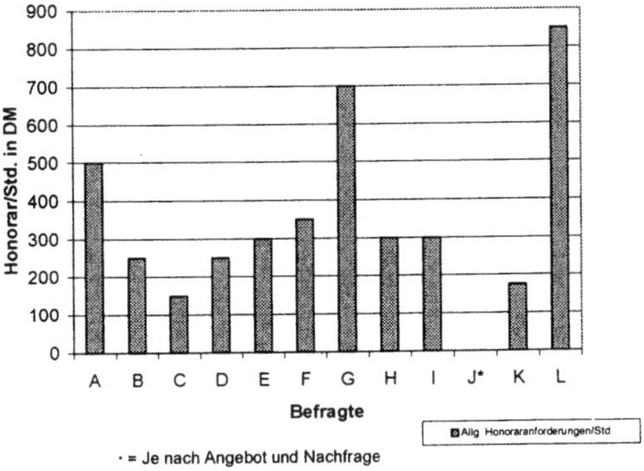

Abbildung 25: Allgemeine Honoraranforderungen an ein Coaching nach Aussage der Befragten (Quelle: Eigene Darstellung, vgl. Anhang 9B)

7.2 Forschungsfrage 2: Interventionsweisen und Qualitätsanforderungen an die Auswahl und Anwendung der Methoden

Coaching ist, wie eingangs der Arbeit erwähnt, als differenzierte Antwort auf einen vielfältigen Beratungsbedarf von Führungskräften entstanden und hat sich in seinem Interventionsangebot in Anpassung an die Nachfrage der Führungskräfte flexibel entwickelt. Dies schlägt sich in einer Vielfältigkeit der im Coaching angewandten Methoden nieder. Die Frage, ob als Qualitätsanforderung – und als Grundlage für eine Ausbildung – der Coach über ein bestimmtes coaching-typisches Methodenrepertoire verfügen sollte, kann aufgrund der Ergebnisse verneint werden (vgl. Kategorie VI). Wichtig ist nach den meisten der Befragten eine *Methodenvielfalt im Handlungsrepertoire* des Coaches. Dies soll auf praxeologischer Ebene einen variablen Zugang zu dem Anliegen des Klienten ermöglichen und ein methodenorientiertes Vorgehen vermeiden (vgl. Kategorie VI). Damit verbunden ist eine experimentierfreudige Haltung und die Offenheit für die Integration neuer Techniken bzw. Methoden.

Soll zunächst die Arbeitsweise des Coaches beschrieben werden, setzt die Vorgehensweise hauptsächlich auf der kognitiven Ebene an, wenngleich auch erlebnisorientierte (z.B. Rollenspiele) oder kreative, den Selbstausdruck fördernde Elemente im Coaching enthalten sind (vgl. Kategorie VII). Trotz der Verhaltenselemente wie *Nachfragen, Zuhören, Zusehen*, die eine starke Assoziation zum gesprächspsychotherapeutischen Vorgehen auslösen, verhält sich der Coach direktiver. Er *regt an, konfrontiert, vermittelt Techniken, gibt Impulse* und *Informationen* (vgl. Kategorie VII).

Obwohl sich psychotherapeutische Ansätze bzw. spezifische Techniken im Coaching wiederfinden lassen (z.B. *systemische Fragen, Rollenspiele, Szenoskulptur* vgl. Kategorie VII) und eine eindeutige Abgrenzung zwischen Coaching und Psychotherapie über die angewandten Methoden und Techniken schwierig ist (vgl. Kap. 2.1.2.2), wird eine Beschreibung der Arbeitsweise mit Hilfe psychotherapeutischer Methoden von einigen der Befragten abgelehnt. Das eigene Vorgehen lieber mit "Werten", "Intuition", "Persönlichkeit", "Arbeitsprinzipien" zu beschreiben, drückt die methodisch-strategische Zurückhaltung des Coaches aus und vermeidet den Eindruck, an dem Klienten würde eine spezifische, systematische Intervention vollzogen. Leichter erwies sich die Beschreibung der Vorgehensweise auf der Ebene der Verhaltenselemente (Kategorie VII), die einem elaborierten Alltagshandeln nahekommt, wenngleich der Coach Verhaltenselemente gezielter und reflektierter einsetzt. Ähnliche Schlußfolgerungen finden sich in der empirischen Analyse zu dem Berufsverständnis von Coaches von Roth et al. (1995). Auch hier war trotz der psychotherapeutischen Ausbildung der meisten Befragten das Vorgehen eher mit Verhaltenselementen zu beschreiben. Die Begriffe "Methoden" oder "Interventionen" erzeugen zu viele Assoziationen zu dem psychotherapeutischen Bereich. Obwohl psychologische Anwendungsfelder im Unternehmen mittlerweile selbstverständlich geworden sind, scheint auf eine sprachliche Differenzierung immer noch viel Wert gelegt zu werden.

Allgemeine Qualitätsanforderungen auf der Ebene der Methodenanwendungen umfassen die Voraussetzungen, wie sie im theoretischen Teil der Arbeit beschrieben wurden (vgl. Kap. 2.3.5.1). Diese liegen in der *Mitbestimmung des Klienten, in der Beachtung der Klientenpersönlichkeit, der Erlebenswelt der Zielgruppe, der Situation, der zeitlichen Bedingungen, der Problemart, der Ziele und der erwarteten Wirkungen sowie darin, Methoden transparent zu machen und sie zu erklären* (vgl. Kategorie VI). Entsprechend der Zielorientierung des Coaching-Prozesses wurde die Ausrichtung der Methoden an vereinbarte Ziele am häufigsten genannt (5 Nennungen, vgl. Kategorie VI). Obwohl eine klientenorientierte Vorgehensweise im Coaching Ähnlichkeiten zu der in der Psychotherapie aufkommen läßt und Rückgriffe auf Ergebnisse der differentiellen Psychotherapieforschung möglich sind, unterscheiden sich beide Interventionsformen zu sehr voneinander, als daß ein Vergleich gezogen werden sollte (vgl. Kap. 2.1.2.2). Im Coaching meint die Berücksichtigung der unterschiedlichen Bedingungen eher gegenseitige Absprachen zwischen Coach und Klient, einen reflektierten Einsatz der Methoden (vor dem Hintergrund eines Handlungskonzeptes, s.u.) sowie die Vermeidung von Vorgaben des Coaches. Viele der ermittelten Qualitätsanforderungen und Prozeßmerkmale des anfänglichen Prozesses wie z.B. Informationen über Anforderungen und Arbeitsintensität (vgl. Punkt 7.1.1) stellen nicht nur ethische Werte dar, die im Coaching erfüllt sein sollten, sondern sind für den

Erfolg unabdingbar. Dies wird mit Bezug zu dem allgemeinen Ziel der Erhöhung der Selbstgestaltungsfähigkeit bzw. der Hilfe zur Selbsthilfe einsichtig. Selbsthilfe und Eigenverantwortung können nur erhöht werden, wenn Mitbestimmung und Mitgestaltung möglich sind, wozu eine Transparenz und Erklärung notwendig ist.

Können bestimmte Methoden diesen Anforderungen nicht gerecht werden, sind sie im Coaching nicht anwendungsfähig. Ungeeignet ist damit z.B. die paradoxe Intervention, *psychoanalytische Langzeitverfahren* (vgl. Rauen, 1999; Schreyögg, 1995a, Kap. 2.3.5.1) sowie *manipulative Methoden oder Methoden, die von der Lebens- und Erfahrungswelt der Zielgruppe zu weit entfernt sind* (vgl. Kategorie VI). Schließlich sind auch solche Methoden nicht anwendbar, die bei der Forderung eines Handlungskonzeptes in dieses nicht integriert werden können, worin *selbstentwickelte Methoden* (vgl. Kategorie VI) inbegriffen sind (s.u.). Gemäß der Prozeßberatung sollten außerdem festschreibende Interpretationen (vgl. Kategorie VI) nicht in das Handlungsrepertoire des Coaches gehören. Der diskursive Charakter von Coaching und die Gleichwertigkeit der Beziehung wären ansonsten in Frage gestellt.

Als weitere Qualitätsanforderung kann mit Heintel (1992) festgehalten werden: „Beratungsprozesse mögen in ihrem Verlauf immer auch durch plötzliche Intuition, durch Einfälle sozialer Phantasie gesteuert sein, dennoch müssen sie als Interventionen begründbar sein. Man muß sagen können, was man damit erreichen will" (S. 346). Obwohl von wenigen der Befragten genannt, findet sich dies in den Ergebnissen als Forderung nach einem *Handlungskonzept des Coaches* (vgl. Kategorie VII) wieder, das den Vorstellungen Schreyöggs entspricht (1995a, 1997; vgl. Kap. 2.3.5.1). So soll die Arbeitsweise des Coaches nicht auf alltagspsychologischen, sondern auf theoriegeleiteten Konzepten beruhen.

Mit einem theoriegeleiteten Handlungsmodell werden Kriterien wissenschaftlich anerkannter Interventionen berücksichtigt. Diese stellen sich als theoretische Fundierung, als Ableitung technologischen Wissens aus theoretischen Grundlagen sowie als Empiriekriterium dar (Perrez, 1991b). Mit einer theoretischen Fundierung beruht das praktische Handeln des Coaches nicht nur auf singulärem Tatsachenwissen, subjektiven Überzeugungen von Zusammenhängen oder Meinungen aus privater Erfahrung, sondern auf empirisch bewährtem Zusammenhangswissen, wie z.B. auf empirisch begründeten Erkenntnissen über Entstehungsbedingungen von Belastungen oder Konflikten sowie auf Erkenntnissen von Bewältigungsmechanismen (*Theorien des Gegenstandes, Theorien der Veränderung* vgl. Kategorie VI). Auf theoretischer Ebene besteht die Besonderheit bei Coaching jedoch in der Bandbreite des einfließenden theoretischen Wissens, das sich als Konglomerat unterschiedlicher Disziplinen darstellt und neben psychologischen Theorien, Management- und Organisationsmodelle beinhaltet (vgl. Kapitel 2.1.2.3). Auf praxeologischer Ebene sollten sich die in das Handlungskonzept integrierten Methoden idealerweise *empirisch bewährt* haben (vgl. Kategorie VI), was jedoch nur auf wenige der im Coaching angewandten Interventionen zutrifft und nicht dem gängigen Anspruch entspricht, der an die Methoden gestellt wird. Der Coach ist offen für unkonventionelle Methoden und vertritt eine experimentierfreudige Haltung. In der Berücksichtigung des Empiriekriteriums erscheint es deshalb aussichtsreicher, zukünftige Forschung dahingehend auszurichten, Coaching-Prozesse i.S. der Einzelfall-Forschung zu untersuchen, denn „die gelungene Anwendung einer Beratungstechnik auf einen einzelnen Fall ist im Prinzip ein eindrucksvollerer Beleg für die Effizienz einer Methode, als die Demonstration von Mittelwertsveränderungen einer behandelten Gruppe" (Scheller & Heil, 1978, S. 281). Mit Bezug zu noch fehlenden verbindlichen Handlungskonzepten für Coaching sollte es gleichzeitig Ziel zukünftiger Forschungsaktivitäten sein, diese aus der Empirie heraus zu entwickeln bzw. bereits bestehende Entwürfe in einem wechselseitigen Prozeß zwischen Forschung und Praxis weiterzuentwickeln.

Somit stellt ein verbindliches theoriegeleitetes Handlungskonzept für Coaching gleichzeitig eine Basis für weitere Forschung sowie ein Ziel der Forschungsaktivitäten dar. Durch eine zunehmende wissenschaftliche Fundierung wird nicht nur die Etablierung von Coaching als anerkannte Interventionsmaßnahme gefördert, sondern die Qualität von Coaching gesichert und weiterentwickelt. In der Gruppe der Befragten fand sich hohes Interesse an einer verstärkten Zusammenarbeit zwischen Forschung und Praxis (vgl. Kategorie XI). Der Wunsch nach einer stärkeren Behandlung von Coaching als Gegenstand der Anwendungsforschung bezog sich vornehmlich auf summative (Wirkungsnachweise) und prozeßbegleitende Evaluationsforschung (Arbeitsweisen, Mikroforschung), auf Erfolgsfaktoren, Wirkungsvergleiche zu Trainingsmaßnahmen sowie auf theoretische Grundlagen (vgl. Kategorie XI). Gemäß des Verständnisses von Coaching als Dienstleistung sollte bei weiterer Forschung die Klienten- bzw. Auftraggeberperspektive berücksichtigt werden.

Insgesamt sind Bestrebungen in der Praxis erkennbar, dem Bedarf an Transparenz, Überprüfbarkeit und dem weiteren Erkenntnisgewinn über Coaching in einem interaktiven Prozeß zwischen Praxis und Wissenschaft nachzukommen und diesen in die Praxis umzusetzen. Damit würde die wissenschaftliche Fundierung von Coaching, die keine kategoriale, sondern eine komparative Frage darstellt, erhöht werden. Professionelles Handeln zu überprüfen, trägt gleichsam zur Professionalisierung der Coaches und zur Qualitätssicherung und -entwicklung von Coaching bei (vgl. Punkt 7.5).

Zusammenfassend liegen Qualitätsanforderungen hinsichtlich der Methoden nicht darin, ein (Mindest-)Standardinstrumentarium zu setzen. Über welche Methoden der Coach verfügt, scheint sekundär, solange er eine Methodenvielfalt im Handlungsrepertoire aufweisen kann, die Methoden in ein Handlungskonzept integrierbar sind (empirisch belegt sind bzw. überprüft werden sollten) und sie den Bedingungen zur Anwendung der Methoden genügen. Mit der Methodenvielfalt ist eine flexible und klientenorientierte – und nicht methodenorientierte – Vorgehensweise verbunden, die in der Anwendung die Berücksichtigung relevanter Bedingung (Klient, Ziel, Problem etc.) erforderlich macht. Schließlich wurden Forschungsinteressen der Befragten aufgezeigt, die gleichzeitig zukünftige Maßnahmen zur Qualitätssicherung (Methoden, Arbeitsweisen etc.) und zur weiteren Professionalisierung sowie zur fortschreitenden wissenschaftlichen Fundierung von Coaching darstellen.

7.3 Forschungsfrage 3: Qualifikationsanforderungen an den externen Coach

Hinsichtlich der personellen Strukturqualität führen die Befragungsergebnisse zu einer Verfestigung der Ausdifferenzierung von Qualifikationserwartungen aus der einschlägigen Coaching-Literatur und empirischen Studien.

Die Ergebnisse zu fachlichen Qualifikationsanforderungen zeigen das Bild einer Schnittfeldqualifikation (*wirtschaftlichen/psychologischen Wissensbeständen*), die durch *Führungswissen/-erfahrung* sowie *Feldkompetenzen* ergänzt wird (vgl. Kategorie VIII). Aus professioneller Sicht liegt aus den Antworten dieser Untersuchung der Schluß einer gleichen Gewichtung zwischen betriebswirtschaftlichen und psychologischen Kenntnissen nahe. Interessant ist der Vergleich zu einer empirischen Untersuchung zur Verbreitung und Anwendungspraxis von Coaching in Deutschland (Marlinghaus, 1996). Als Anforderungen an den Coach schrieben Unternehmensvertreter (N=21) auf einer fünfstufigen Skala (völlig unbedeutend bis sehr bedeutend) der "psychotherapeutischen Ausbildung" im Vergleich zu einer "Managementausbildung" sowie der "Erfahrung als Psychotherapeut" im Vergleich zu der " Erfahrung als Manager" den jeweils Erstgenannten mehr Bedeutung zu. Den höchsten Stellenwert erhielt in dem Anforderungsprofil die "Erfahrung als Coach", was mit den Nennungen aus professioneller Sicht dieser Studie als auch mit den Nennungen aus der übernommenen Klientenperspektive übereinstimmt (vgl. Kategorie. I, VIII).

Ein weiterer Qualifikationsbereich des Coaches betrifft die methodischen Kompetenzen, die der Coach durch eine oder besser mehrere Zusatzausbildungen erwirbt. Wie unter Punkt 7.2 verdeutlicht, stehen weniger die im Coaching verwendeten Methoden oder Techniken im Vordergrund. Wichtiger erscheinen bzgl. der methodischen Kompetenzen solche Elemente, die bei jeder Art von Methode eine Rolle spielen, wie z.B. die *Beziehungsgestaltungskompetenz* (vgl. Kategorie VIII). Diese stellt die soziale Kompetenz dar oder kann als Grundlage des Interaktionsstils, der als ein konzeptionelles Element verstanden wird (vgl. Kap. 2.3.5.2), i.w.S. den methodischen Kompetenzen zugeordnet werden. Somit ergeben die Ausdifferenzierungen der Beziehungsgestaltungskompetenz Anhaltspunkte für die Ausbildung eines Coaches (vgl. Kategorie VIII). So ist z.B. *Empathie* durchaus trainierbar, wenn kognitive als auch verhaltensorientierte Elemente berücksichtigt werden (Weisbach, 1990). Die Relevanz sozialer Kompetenzmerkmale ist durch die Studie von Vogelauer (1998b) zu untermauern. In einer schriftlichen Befragung von deutschen, österreichischen und schweizer Führungskräften und Personalentwicklern (N=50), denen eine Gegensatzpaar-Liste (vgl. Vogelauer, 1998b, S.143f.) zu Qualifikationsvorstellungen vorgelegt wurde, wurden persönliche und beziehungsorientierte Fähigkeiten wie Einfühlungsvermögen (97%) und kommunikative Kompetenz (94%) auf einer zehnstufigen Rangskala am häufigsten als Qualifikationsanforderungen an Coaches genannt.

Neben Beziehungsgestaltungskompetenzen rückt die Person des Coaches in den Vordergrund. Nach May (1991) wirken Berater nur durch sich selbst, weshalb es wesentlich ist, „(...) daß dieses Selbst ein effektives Instrument ist" (S. 139), was den Zusammenhang zu *Selbsterfahrung, Selbstreflexionsfähigkeit und Selbstkenntnis* (vgl. Kategorie VIII) herstellt und eine Zuordnung zu methodischen Qualifikationsanforderungen rechtfertigt. Aus den Gesamtnennungen wird ersichtlich, daß aus professioneller Sicht persönliche Eigenschaften/Erfahrungen neben fachlichen und methodischen Qualifikationen eine gleichwertige Rolle spielen und bei der Ausbildung zum Coach als Eingangsvoraussetzungen neben sozialen Kompetenzen Berücksichtigung finden sollten (vgl. Kategorie VIII). Wichtig für die Coaching-Tätigkeit sind *Lebenserfahrung, Erfahrung in der Arbeit mit Menschen, Erfolgserfahrung* (vgl. Kategorie VI). Dies legt den Schluß nahe, daß ein berufs- und lebenserfahrener Coach der qualifiziertere ist. Dennoch kann unter Berücksichtigung der geringen biographischen Distanz zwischen Coach und Klient (vgl. Punkt 7.1.1) ein Berufsanfänger für eine Nachwuchsführungskraft geeigneter oder zumindest genauso geeignet sein wie ein erfahrener Coach. Elemente wie *interessierte, offene und ressourcenorientierte Haltung, Zuverlässigkeit* (vgl. Kategorie VIII) verdeutlichen die Konzentration des Coaches auf den Klienten, die mit der Gewährung eines Freiraums, der wiederum Reflexion und Entwicklung ermöglichen soll, verbunden ist und korrespondieren mit der methodischen Zurückhaltung des Coaches (vgl. Kategorie VII).

Ergeben die Bereiche fachliche (44), methodische (34), persönliche (36) sowie soziale Kompetenzen (Beziehungsgestaltungskompetenzen, 23) das Bild einer tendentiellen Gleichgewichtung der Faktoren für die Qualität der Leistung, sollte deren Bedeutsamkeit für die Zufriedenheit der Klienten berücksichtigt werden. In Anlehnung an das Zwei-Faktorenmodell (Herzberg, Mausner & Snyderman, 1959; vgl. Kap. 7.1.1) untersuchten Lasser und Rüttinger (1997) Teilnehmererwartungen an die Qualifikation von Trainern. Die Autoren generieren aus ihrer Studie ein Drei-Faktoren-Modell der Kundenzufriedenheit. Demnach erhöhen soziale Kompetenzen bei positiver Ausprägung nicht die Zufriedenheit, lösen aber bei negativer Ausprägung hohe Unzufriedenheit aus. Fachliche Kompetenz erhöht die Zufriedenheit der Kunden, beeinflußt aber in negativer Ausprägung deutlich schwächer die Unzufriedenheit als beziehungsorientierte Merkmale, während Methodenkompetenzen (prozeßorientierte Merkmale) sowohl die Zufriedenheit als auch die Unzufriedenheit beeinflussen. Je nach Trainingstyp werden die Faktoren jedoch unterschiedlich bewertet. Je weniger ein Training der Vermittlung von Fachwissen dient, um so stärker verringert sich die Bedeutung der fachlichen Kompetenz im Verhältnis zu methodischen und sozialen Kompetenzen. Für Coaching läge es damit nahe, persönlichen und sozialen Kompetenzen einen starken Einfluß auf die Klientenzufriedenheit zuzuschreiben. Ob und inwiefern das Drei-Faktoren-Modell der Kundenzufriedenheit auf den Coaching-Kontext übertragbar ist, würde einen Hinweis auf die Gewichtung der Qualifikationsbereiche und auf die Gestaltung der Ausbildungskomponenten ergeben.

Als mittlerweile kanonisiertes Qualitätsmerkmal ist die *Supervision* (vgl. Kategorie VIII) im Coaching-Bereich zu bezeichnen. Wird aus professioneller Perspektive sowohl in den hier vorliegenden Ergebnissen als auch bereits 1995 in der explorativen Untersuchung zum Berufsverständnis von Coaches (Roth et al., 1995) von den meisten der Befragten (N=18) darauf hingewiesen, kommt dieses Qualitätskriterium in den Nennungen der Vorbefragung der Führungskräfte und Personalentwickler in der Studie von Vogelauer (1998b) als auch in den Qualifikationsanforderungen von seiten der Unternehmensvertreter (Marlinghaus, 1996) nicht vor. Zu erklären ist diese Diskrepanz durch das Qualitätskriterium selber. Ist die Supervision als Anleitung und Unterstützung für alle Personen, die im therapeutischen oder beraterischen Bereich tätig sind, aus professioneller Sicht unabdingbar (vgl. Kap. 2.4.4), ist ihr Vorhandensein und ihre Relevanz in der direkten Zusammenarbeit für den Klienten oder Auftraggeber nicht unmittelbar erkennbar, wenngleich sie, wie aus den Nennungen zu Beurteilungskriterien bzgl. des Coaches ersichtlich, beachtet werden sollte (vgl. Kategorie I). Als Qualitätssicherungsmaßnahme kommt der Supervision (oder Intervision) für die Prozeß-, Ergebnis- und personelle Strukturqualität eine hohe Bedeutung zu.

Ein sich verfestigender Konsens zeichnet sich für die Stationen des Ausbildungsweges zum Coach ab. Ein *Studium (als Kombination aus psychologischen und wirtschaftlichen Disziplinen), Zusatzausbildung(en) und Feldkompetenzen* (vgl. Kategorie VIII) beschreiben den Ausbildungsweg. Ähnliche Ergebnisse erzielten Roth et al. (1995). Als Grundlage für die Coaching-Tätigkeit wurde eine Doppelqualifikation (Betriebswirtschaftslehre und Psychologie), eine Zusatzausbildung sowie als Berufserfahrung u.a. Feldkompetenzen genannt.

Dennoch scheinen die Ausbildungsstationen Empfehlungen zu bleiben. Fünf der Befragten bezweifelten den Schluß von der Ausbildung auf die Güte eines Coaches. Vier der Befragten sahen in einem akademischen Studium keine Notwendigkeit (vgl. Kategorie VIII). So gab es in der Gruppe zwar Konsensbestrebungen bzgl. berufsständischer Verbindlichkeiten und der Gestaltung von Ausbildungsprogrammen, dessen Dauer berufsbegleitend zwischen ein bis drei Jahren liegen sollte, doch zeichnete sich gleichzeitig die

Tendenz ab, Coaching für "Naturtalente, die durch ihre Person überzeugen" offen zu halten und diese nicht durch standardisierte Ausbildungswege und -programme auszuschließen. Coaching gerät damit in ein Spannungsfeld zwischen Berufsfreiheit und Professionalisierungs-Bestrebungen. Aus letzterer Perspektive und vor dem Hintergrund der konkurrierenden Supervision wird die Ausbildung als Maßnahme zur Qualitätssicherung bedeutsam und macht eine Formulierung von Mindestanforderungen sowie von verbindlichen Richtlinien für Ausbildungsprogramme vergleichbar zu der Supervisionsausbildung erforderlich (vgl. Kap. 2.4.5). Andererseits muß damit eine Berücksichtigung von talentierten Ausnahmen, je nach Gestaltung der Zulassungskriterien, nicht per se ausgeschlossen sein. Dennoch erscheint es als ein Balanceakt, Coaching einerseits zu professionalisieren und andererseits Vorteile der momentanen Situation, wie z.B. die eigenbestimmte Berufsbezeichnung, beizubehalten.

Ausbildungsrichtlinien, die Formulierung eines einheitlichen Anforderungsprofils, die Entwicklung eines gemeinsamen professionellen Selbstverständnisses und die gegenseitige Qualitätssicherung sind Charakteristika einer professionellen Gemeinschaft (vgl. Kap. 2.4.6). Innerhalb der Gruppe der Befragten besteht Konsens über die Notwendigkeit, Qualitätsmerkmale in der Praxis zu definieren und zu kommunizieren und auf diese Weise zu der Etablierung eines entsprechenden Professionalitätsniveaus am Coaching-Markt beizutragen. Andererseits differieren die Meinungen hinsichtlich des formalen Rahmens dieser Professionsgemeinschaften (vgl. Kategorie X). Ohne näher auf jeweilige Vor- und Nachteilen der unterschiedlichen Formen einzugehen, bieten sowohl Verbände als auch Netzwerke einen Ort zur Formulierung von Qualitätsstandards, die ein Mindestniveau professionellen Handelns sichern. Außerdem ergeben sich Kooperationsmöglichkeiten, die nicht nur das Empfehlungsverhalten des Coaches bei mangelnder Passung verbessern, sondern je nach Anliegen des Klienten eine komplementäre Zusammenarbeit gewährleisten (vgl. Kategorie X).

Soll die Qualität professionellen Handelns ausschließlich über die Akzeptanz der Klienten bzw. Auftraggeber bewertet werden (*der Markt als Regulativ*, vgl. Kategorie X), würde die soziale Kontrolle des professionellen Handelns vollständig auf den Klienten bzw. Auftraggeber übertragen bzw. der Handlungsbereich des Coaches höchstens durch gesetzliche Bestimmungen kontrolliert werden. Eine ausschließliche Fokussierung auf die Klientenperspektive wird der interaktiven Herstellung von Qualität im Coaching jedoch nicht gerecht. Über den Markt-Mechanismus ist außerdem nicht unbedingt die Schaffung eines entsprechenden Professionalitätsniveaus gewährleistet. Verkaufswirksame Strategien und Präsentationsfähigkeiten können Erwartungshaltungen wenig informierter Klienten oder Auftraggeber durchaus beeinflussen. Damit können sich wenig kompetente Coaches am Markt halten, die gerade von dem Fehlen kanonisierter Qualitätsvorstellungen der Coaching-Anbieter profitieren.

Zusammenfassend konnten Qualifikationsanforderungen an einen externen Coach ermittelt werden, aus denen Standards zur Berufsbezeichnung und zur Formulierung einheitlicher Richtlinien für Ausbildungsprogramme abgeleitet werden können. Qualifikationsanforderungen aus professioneller Sicht verfestigen jene, wie sie sich in der Literatur und in anderen Studien aus der Perspektive von Coaches (Roth et al., 1995) und aus der Sicht der Kunden (Marlinghaus, 1996; Vogelauer, 1998b) wiederfinden. Ausgehend von empirischen Analysen zur inhaltlichen Ausdifferenzierung der Qualifikationsanforderungen an den externen Coach sollten in Zukunft Qualifikationsdimensionen (fachliche, methodische, soziale, persönliche) in ihren Wirkungen auf die Klientenzufriedenheit bewertet werden. Durch den Informationsgewinn über die Differenzierung zwischen wertsteigernden Faktoren und Minimalfaktoren, sind Handlungshinweise für die Praxis als auch Schlußfolgerungen für die Gestaltung von Coaching-Ausbildungsprogrammen ableitbar. Die Bedeutung von Professionsgemeinschaften zur Professionalisierung von Coaching konnte herausgestellt und Argumente aufgezeigt werden, die gegen eine ausschließliche Regulation über den Markt sprechen. Schließlich wurde über ambivalente Einstellungen der Befragten zu verbindlichen Ausbildungswegen bzw. -programmen das derzeitige Stadium (berufssoziologischer) Professionalisierungs-Bestrebungen abgebildet. Für weitere Entwicklungen und zur Integration bestehender Vorteile sind die Beteiligten zu kreativen Lösungen aufgefordert.

7.4 Forschungsfrage 4: Beschreibung der Ergebnisstruktur

Diese Forschungsfrage richtet sich auf die Ergebnisqualität eines Coaching-Prozesses. Betrachtet werden Erfolgskriterien, Begleiterscheinungen und problematische Ausgänge sowie deren Vermeidungsmöglichkeiten.

Eine für alle Coaching-Klienten gültige Beschreibung der Ergebnisqualität ist aufgrund der individuellen Zielformulierung und der individuellen Entscheidung, anhand welcher Dimensionen der Erfolg beurteilt wird, nicht möglich. Die Ergebnisse werden in Abhängigkeit von den Individuen bewertet und Bewertungskriterien individuell operationalisiert. Die abschließende Bewertung eines Coaching-Prozesses orientiert sich primär an den individuell konkretisierten Zielen. Sind die zu Beginn formulierten und ggf. adaptierten Ziele des Klienten erreicht, wird die Maßnahme als erfolgreich betrachtet (*Zielerreichung*, vgl. Kategorie X).

Aus weiteren Nennungen zu Erfolgskriterien lassen sich aus den Ergebnissen grundsätzlich vier Kriteriumsebenen (kognitive, meta-kognitive, emotionale, behaviorale) differenzieren, an denen positiv bewertete Veränderungen im Prä-Post-Vergleich feststellbar sind. Die Gewichtung der einzelnen Ebenen ist per se nicht klärbar und erscheint individuums-, problem- und zielabhängig. Zur Erfassung der komplexen Ergebnisstruktur ist jedoch die Berücksichtigung aller Ebenen sinnvoll. Dies wird besonders dann deutlich, wenn eine Problemlösung durch handlungsbezogenes Bewältigungsverhalten nicht erzielt wird, der Klient aber durch Wert- oder Zielverschiebungen das Problem nicht mehr als solches definiert. Brandtstädter und Gräser (1999) bezeichnen diesen Bewältigungstypus als „akkomodativen Bewältigungsprozeß“ (S. 12). So ist ein Coaching auch dann als Erfolg bewertbar, wenn das Problem nicht nur durch instrumentelle Aktivitäten, sondern durch die Loslösung von unerreichbaren Zielen, d.h. durch die Veränderung der Soll-Komponente des Problems, neutralisiert wird.

Coaching bewirkt Veränderungen auf der kognitiven Ebene, indem z.B. Deutungsmuster erweitert und differenziert werden und die gedankliche Ordnung der Wirklichkeit, ihrer Gegenstände und Bezüge untereinander, verändert wird. So können sich z.B. neue Ziele oder Perspektiven ergeben oder Ziel- und Präferenzhierachisierungen verschieben (*Einstellungsanpassung*, vgl. Kategorie IX). Auf der Ebene der Handlungssteuerung kommt es zu einer Optimierung, was als meta-kognitive Qualifikation (Wesseler, 1994) bezeichnet werden kann. Der Klient lernt, sein Handeln bewußter zu steuern und übernimmt für sein Handeln mehr *Verantwortung* (vgl. Kategorie IX). Die Zunahme von Verantwortung des eigenen Handelns bedeutet eine *höhere Bewußtheit* bzw. Kontrolle. Die Forschung zu Kontrollüberzeugungen zeigt, daß gerade handlungsorientierte Interventionsprogramme, die Problemanalysen, Handlungsanalysen und einen systematischen Aufbau neuer Verhaltensweisen umfassen, Kontrollüberzeugungen in Richtung Internalität verändern können (Krampen, 1982). Internale Kontrollüberzeugungen, d.h. eigene Handlungen und Handlungsfolgeergebnisse von der eigenen Person abhängig zu sehen, stehen in einem positiven Zusammenhang zu Lernen und Leistungsverhalten.

Ferner ist die Erfolgsbeurteilung auf die emotionale Ebene zu beziehen. Bestand z.B. vor dem Coaching ein mittlerer Leidens- oder Veränderungsdruck sollte es spätestens bei Abschluß des Coachings auf emotionaler Ebene zu einer subjektiven *Entlastung* kommen (vgl. Kategorie IX). Auf behavioraler Ebene wird durch das Coaching eine *Erweiterung und Flexibilisierung des Handlungsrepertoires* bewirkt (vgl. Kategorie IX). So werden z.B. vorhandene Potentiale freigelegt, neue Verhaltensweisen erlernt oder Verhaltensweisen situationsadäquater eingesetzt.

Ergänzend zu den vorliegenden Ergebnissen soll darauf hingewiesen werden, daß der Erfolg der Maßnahme auch auf der interpersonellen Ebene einzuschätzen ist. So können z.B. *Veränderungen von Beziehungen* (vgl. Kategorie IX) eine negative Begleiterscheinung darstellen, die bei der Erfolgsbewertung zu berücksichtigen sind. Andererseits kann z.B. betrachtet werden, ob der Klient einen Lerngewinn in seinem Konfliktverhalten sieht oder ob sich soziale Kompetenzen des Klienten verbessert haben.

Die Beschaffenheit der meisten Erfolgskriterien erschwert den Bewertungszugang über Beobachtungen der Veränderungen. Dies wird besonders bei Veränderungen meta-kognitiver Qualifikationen deutlich. Bei der Evaluation können hier subjektive Einschätzungen des Selbstkonzeptes der Klienten herangezogen werden, denn nach Frei, Duell und Baitsch (1984) „(...) ist es erforderlich, daß Qualifizierungsprozesse von den Handelnden als solche kogniziert werden, eine Veränderung der eigenen Kompetenz wahrgenommen wird und diese in das jeweilige Selbstkonzept integriert wird" (S. 103f.). So müßten sich in einem Prä-Post-Vergleich Selbsteinschätzungen des Klienten hinsichtlich der Kompetenzwahrnehmungen verbessert haben. Einen Fragebogen zur Erfassung der Selbsteinschätzung beruflicher Kompetenzen entwickelten Sonntag und Schäfer-Rauser (1993). Der Fragebogen konnte in einer Evaluationsstudien zur Überprüfung kognitiver Trainingsverfahren von den Autoren erfolgreich eingesetzt werden. Die Fragebogenitems beschränken sich jedoch auf den Bereich der Facharbeiterausbildung. Anzudenken wäre die Konzeption eines vergleichbaren Fragebogens, der die Operationalisierungen der beruflichen Kompetenz auf den Management-Bereich bezieht.

Ein weiteres geeignetes Verfahren, das zu Erfolgsbeurteilungen im Coaching eingesetzt werden kann, ist das "*Goal Attainment Scaling*" (GAS) (Wittmann, 1985). Dieses Verfahren rückt die Perspektiven des Klienten, seine Erwartungen und Ziele in den Mittelpunkt und kann bereits in den laufenden Prozeß eingefügt werden kann. Außerdem ist die *Struktur-Legetechnik* (Groeben & Scheele, 1984) sowie die *HYPAG/Structure* (Wottawa & Echterhoff, 1982) geeignet, um Veränderungen relevanter kognitiver Strukturen zu erfassen. Schließlich eignen sich besonders *qualitative Interviews* (siehe auch Kap. 3.3.1), bei denen durch den Verzicht auf vorgegebene Antwortkategorien Erhebungen subjektiver Sichtweisen und Bewertungen möglich sind. Trotz bestehender Schwierigkeiten die Ergebnisse verallgemeinern zu können, weisen solche Ausarbeitungen einen hohen heuristischen Wert auf (Wottawa & Thierau, 1998).

Die Ergebnisse zeigen die Tendenz, je nach Möglichkeit Fremdeinschätzungen in die Erfolgsbeurteilung einfließen zu lassen. So werden Vorgesetzte oder Personalentwickler in die abschließende Evaluation einbezogen, was neben der Wirkungsbeurteilung eine im Unternehmen kommunikationsfördernde und integrierende Funktion hat (vgl. Kap. 2.3.6). Die Befragung des beruflichen oder privaten Kontextes des Klienten hängt von der Zustimmung des Klienten ab und bedarf, je nach erwünschter Diskretion, einer sensiblen Handhabung.

Bei der Erfolgsbewertung sollte außerdem die Frage berücksichtigt werden, welche neuen Probleme sich durch einen erfolgreichen Coaching-Prozeß ergeben haben (vgl. Kategorie IX). Das Element "*Kündigung ist keine Nebenwirkung*" (vgl. Kategorie IX) verdeutlicht die Klientenorientierung des Coachings. Ist der Coach zwar den Zielen des Klienten verpflichtet, kann im Vorfeld durch eine gemeinsame Zielverhandlung zwischen Coach, Klient und Vorgesetzten das aus Unternehmenssicht bestehende Risiko einer anschließenden Kündigung minimiert werden (vgl. Kap. 2.3.4). Werden *Widerstände in der Umgebung* (vgl. Kategorie IX) als negative Begleiterscheinung des Coachings betrachtet, sollten Transfermöglichkeiten des Klienten im Coaching thematisiert werden. Von dem Coach wird damit eine Transferbegleitung erwartet.

Durch ein Coaching kann im Zuge der Reflexions- und Veränderungsprozesse das *Anspruchsniveau* des Klienten steigen und *Unzufriedenheit* oder *weiteren Veränderungsbedarf* auslösen (vgl. Kategorie IX). „Seit dem Coaching kann der Klient nicht mehr in die Unbewußtheit zurück, in der es ihm auch irgendwie gut ging“ (H) wäre eine Nebenwirkung von Coaching. Ein erhöhtes Bewußtsein des Klienten ist als Ergebnis der Reflexionsprozesse sowohl ein Erfolgskriterium als auch eine negative Begleiterscheinung. Dennoch erscheint die Frage nach Vermeidungsmöglichkeiten schwierig, denn „(...) wer vom Baum der Erkenntnis gegessen hat, kann nicht mehr so tun, als ob nichts geschehen sei; schiere Naivität ist für diejenigen, die die Augen einmal aufgeschlagen haben, lebenspraktisch kaum mehr erreichbar – sie kann bestenfalls innerhalb langandauernder historischer Prozesse wieder «erreicht» werden (Graz, 1995, S. 14).

Resultiert weiterer Reflexions- und Veränderungsbedarf, kann dies dann als negative Begleiterscheinung bewertet werden, wenn eine erneute Unterbrechung des Handlungsflusses des Klienten (Jung, 1991) damit verbunden ist. Andererseits gehören Phasen der Irritationen, der Unzufriedenheit und der Unterbrechungen des Handlungsflusses zu dem Bild eines "kontinuierlichen Verbesserungsprozesses", den Coaching auslöst oder selbst als Teil dieses Prozesses zu bezeichnen ist. Um von einer negativen Begleiterscheinung zu sprechen, wird die subjektive Wertigkeit sowie das Ausmaß der Unterbrechung relevant. Idealerweise sollte der Klient befähigt sein, mit Hilfe der durch das Coaching zurückgewonnenen oder aufgebauten Selbstgestaltungsfähigkeit diesen Veränderungsbedarf selbständig zu erkennen und zu bewältigen. Bei erneutem Reflexions- oder Veränderungsbedarf ein Coaching an das andere zu reihen, entspräche nicht dem Sinn der Maßnahme. Coaching sollte nicht zu einer dauerhaften Begleitung werden (vgl. 2.3.7).

Problematische Effekte stellen Ergebniskomponenten eines mißlungenen Coachings dar (vgl. Kategorie IX). Diese zeigen einen Zusammenhang zu strukturellen Qualitätsmerkmalen des Coaches und der Arbeits-Beziehung auf und schaffen eine Verbindung zu der Arbeitsweise des Coaches (*Themenfokussierung, geringe Tiefung*, vgl. Kategorie IX).

Obwohl Coaching als kompetenz- und entwicklungsfördernde Maßnahme auf einer weniger tiefgehenden Ebene als Psychotherapie ansetzt, finden im Coaching Veränderungs- und Lernprozesse statt, die gewohnte Rollen und Identitäten des Klienten in Frage stellen und mit Destabilisierungen und Verunsicherungen verbunden sind. Aufgabe des Coaches ist es, dieses zu erkennen und aufzufangen. Endet der Prozeß mit einer Destabilisierung oder einer eingeschränkten Handlungskompetenz des Klienten, konnte der initiierte Veränderungsprozeß nicht vollständig durchlaufen (vgl. Fatzer, 1999b), neue Verhaltensweisen oder Deutungsmuster nicht integriert werden. An dieser Stelle wird die Funktion einer fundierten Ausbildung des Coaches, seiner methodischen (bzw. Prozeßgestaltungs-) Kompetenzen und die Notwendigkeit einer ständigen Supervision als Qualitätssicherung evident. So können wenig ausgebildete Coaches, deren professionelles Handeln lediglich auf ihrer "charismatischen Persönlichkeit", ihrem "gesunden Menschenverstand" oder auf drei Wochenendseminaren beruhen, dem Klienten sogar schaden. Der Verweis auf die Qualität der Arbeits-Beziehung zur Vermeidung solch negativer Effekte hebt nochmals die Wichtigkeit der Beziehungsgestaltungskompetenz des Coaches hervor.

Diese Forschungsfrage zusammenfassend, sollte die Ergebnisqualität auf unterschiedlichen Dimensionen (kognitive, meta-kognitive, emotionale, behaviorale) eingeschätzt und problematische Begleiterscheinungen bei der Bewertung berücksichtigt werden. Welche Personen (Klient, Coach, Vorgesetzter, Personalentwickler) an der abschließenden Bewertung teilnehmen bzw. um welche Personen die Erfolgsbeurteilung durch Befragung erweitert wird, bewegt sich in einem Spannungsfeld zwischen Vorteilen der Intersubjektivität in der Bewertung und einer mehr oder weniger erwünschten Diskretion. Aufgezeigte problematische Effekte untermauern die Forderung nach Qualitätssicherungsmaßnahmen wie Ausbildungsrichtlinien und regelmäßigen Supervisionen für den Coach. Schließlich wurde die Relevanz der Beziehungsgestaltungskompetenz und der Qualität der Beziehung über den gesamten Prozeß verdeutlicht, wenn sie der Vermeidung problematischer Effekte dient und damit ebenfalls zur Qualitätssicherung beiträgt.

7.5 Zusammenfassung und Ausblick

Durch die empirische Analyse konnte ein breites Spektrum von relevanten Qualitätsfaktoren bzw. -kriterien der Struktur-, Prozeß- und Ergebnisqualität ermittelt werden. Diese stellen einerseits bedeutende Faktoren zur Erhöhung der jeweiligen Qualität dar und erlauben andererseits eine Beschreibung und Einschätzung der Qualität (wenn auch mit zusätzlicher entsprechender Operationalisierung bzw. fallspezifischer Ausdeutung). Gleichzeitig sind Qualitätssicherungsaktivitäten darin enthalten oder ableitbar. Es wurde ein Beitrag zur Klärung von Qualitätsanforderungen bzw. -merkmalen, zur Entwicklung von gegenstandsangemessenen Qualitätskonzepten sowie zur Professionalisierung des Coaches geleistet. Durch die entwickelte Checkliste zur Auswahl eines passenden Coaches wurde als weiterer Praxisbezug dem Bedarf nach Aufklärung und Qualitätseinschätzungsmöglichkeiten von seiten der potentiellen Klienten nachgekommen. Weiterer Handlungsbedarf für die Praxis besteht (nach wie vor) hinsichtlich der Kanonisierung von Qualitätsvorstellungen und deren Institutionalisierung in Form von Ausbildungsrichtlinien sowie in der Etablierung von coachingangemessenen Qualitätskonzepten, die eine Integration von Evaluationsforschung beinhalten sollte.

Für die weitere Forschung bietet sich an, Qualitätsvorstellungen aus der Kundenperspektive (z.B. von coaching-erfahrenen Führungskräften oder von Personalentwicklern) zu erheben, die gleichermaßen an der Qualitätserstellung als auch an der Formulierung von Qualitätsanforderungen beteiligt sind. Eine Exploration der Kundenperspektive bedeutete in der Gegenüberstellung zu der professionellen Qualitätssicht eine Validierungsmöglichkeit i.S. einer Erkenntniserweiterung und -vervollständigung über eine Daten-Triangulation (vgl. Punkt 5.2.3). Mit Bezug zu der Differenzierung der Qualifikationsbereiche des Coaches in wertsteigernde Faktoren und Minimalanforderungen erscheint die Ermittlung von Qualität aus der Klientenperspektive gemäß des Penalty-Reward-Faktoren-Ansatzes sinnvoll (Brandt, 1987 zit. nach Haller, 1993; vgl. Punkt 7.1.1).

Auf der Grundlage der vorliegenden Studie und vor dem Hintergrund der geäußerten Interessen verstärkter Forschung im Coaching-Bereich (vgl. Punkt 7.2) lassen sich folgende Impulse geben: Grundsätzlich ist anzuregen, Evaluationsforschung als Konzept der Qualitätssicherung und -entwicklung auf den Coaching-Kontext verstärkt anzuwenden. Neben Formen der Evaluation wie Selbstevaluation erscheinen für die personenbezogene Maßnahme Coaching handlungstheoretische Evaluationsansätze besonders geeignet (z.B. Will, Winteler & Krapp, 1987, vgl. Kap. 2.5.4). Charakteristikum dieser Ansätze ist die Einbindung der Betroffenen in den gesamten Ablauf, d.h. in die Bestimmung der Evaluationsziele und -kriterien sowie in die inhaltliche und organisatorische Planung, wodurch ein hoher Praxisbezug entsteht (Thierau-Brunner, Stangel-Meseke & Wottawa, 1999). Für den Coaching-Kontext bedarf es wahrscheinlich aufgrund der erwünschten Diskretion einiger Modifikationen: Können bei der Bestimmung der Evaluationsziele alle Betroffenen noch einbezogen werden (Klient, Coach, Vorgesetzter), ist wahrscheinlich die sonst übliche Transparenz des gesamten Evaluationsablaufs für Vorgesetzte und Personalentwickler an den Etablierungsgrad von Coaching im Unternehmen und an die Diskretionswünsche des Klienten anzupassen. Grundsätzlich wird die Evaluation hier zu einer Intervention, wenn ihre Wirkungen genutzt werden, um die Akzeptanz der Maßnahme im Unternehmen, den Ablauf und die Ergebnisse zu optimieren.

Ein dem qualitativen Paradigma verbundenes Evaluationskonzept ist die *Experimentierende Evaluation* (Heiner, 1999). Hier wird Praxishandeln und Praxisforschung mit dem Ziel, die Praxis zu optimieren, verknüpft. Anzudenken wäre eine (modifizierte) Anwendung dieses Evaluationskonzeptes auf den Coaching-Bereich, wozu im Folgenden seine Charakteristika beschrieben werden.

Kennzeichen der experimentierenden Evaluation ist, daß der Evaluator die Maßnahme in der Begleitung dieser (formative Evaluation) durch konzeptionelle Anregung und Datenfeedback unterstützt. Dabei kooperiert er mit allen am Projekt beteiligten Personen. Für ein Coaching müßte wiederum das erwünschte Ausmaß und der Inhalt der Kooperationen mit Vorgesetzten, Personalentwicklern und dem sonstigen beruflichen Kontext im Vorfeld geklärt werden. Der Vorteil dieser vernetzten Kooperation könnte trotz der genannten Einschränkungen in einer Optimierung von Transferbedingungen liegen, von der nicht nur der Klient, sondern der berufliche Kontext und das Unternehmen profitiert (vgl. Punkt 7.1.1). Besonders aufgrund der führenden Position des Klienten, entsteht bei vernetzter Kooperation und gegebener Transferfähigkeit der Lernprozesse eine Nähe zu Konzepten des stellvertretenden Lernens (Heiner, 1999). So ist es trotz des personenbezogenen Charakters von Coaching vorstellbar, durch Coaching initiierte Lernprozesse anderen Organisationsmitgliedern zur Verfügung zu stellen und Lernwege auf diese Weise zu verkürzen.

Ein weiteres Merkmal der experimentierenden Evaluation ist die detaillierte Analyse der Gestaltung von Interventionsprozessen. Genauso wie es "die" Beratung als Humandienstleistung nicht gibt, gibt es auch nicht "das" Coaching. Unabhängig von einem fehlenden einheitlichen Konzept für Coaching, existieren unterschiedliche Ausdeutungen, Umsetzungen, Arbeitsstile. Ziel der detaillierten Analyse ist es, herauszufinden, „(...) welche Interventionen in welchen Situationen, für welche Personen und welche Probleme angemessen sind“ (Heiner, 1999, S. 27). Auf diese Weise läßt sich die produktive Vielfalt gegen den möglichen Vorwurf einer Beliebigkeit verteidigen und den Zusammenhang zwischen Ergebnis und Intervention klären.

Ein drittes Charakteristikum ist die experimentierende Herangehensweise. In einer praktischen und gedanklichen Erprobung werden Interventionsalternativen und -varianten untersucht. Dieses Merkmal verweist auf die hohe Reflexionsarbeit in der Evaluation, die sich auf Konzeptdiskussion, Zielklärung und Gedankenexperimente bezieht. Durch die reflexive Zusammenarbeit mit dem Evaluator können z.B. oft angewandte Vorgehensweisen des Coaches präzise beschrieben oder systematisch ausgewertet werden. Ziele und Prinzipien, die das Handeln eher intuitiv gelenkt haben, werden wieder bewußt. Gezielte und kontrollierte Variationen der üblichen Interventionen können geplant werden und hinsichtlich ihrer vielleicht besseren Wirksamkeit betrachtet werden.

Für die Qualitätssicherung und -entwicklung von Coaching erscheint die experimentierende Evaluation, wenn auch mit den notwendigen Anpassungen, geeignet. Mit einer solchermaßen verbundenen Form von Praxis und Forschung können alle drei Qualitätsdimensionen in die Qualitätssicherung und -entwicklung integriert werden. Für den Coach bedeutet die praxisnahe Bewertung seiner Vorgehensweise gleichzeitig eine im Coaching integrierte Intervision und eine Erhöhung der Selbstreflexion, was der Arbeit in einem Coaching-Team nahekommt, aber darüber hinaus einen Wissenschaftsbezug herstellt. Wird durch die praxisnahe und direkte Reflexion die Professionalisierung des Coaches gefördert, hängt die Frage, wie stark der Evaluator zum Praxisberater wird, natürlich von dessen Qualifikationen ab.

Der Klient als Koproduzent des Coachings ist damit nicht nur auf der Ebene des konkreten Vorgehens gleichberechtigter Akteur, sondern außerdem auf der Ebene der Qualitätsverbesserung. Dies setzt ein, wenn er oder der Auftraggeber eine entsprechende Qualifikation des Coaches fordert der Klient den Prozeß aktiv mitgestaltet und setzt sich fort, wenn er in die Evaluation als Kooperationspartner eingebunden wird. Evaluation als Bestandteil des Coachings fördert damit auf einer dem konkreten Vorgehen übergeordneten Ebene den Reflexionsprozeß des Klienten.

Ist die Evaluation hauptsächlich auf die detaillierte Untersuchung von einzelnen Interventionsansätzen und Interventionsvarianten gerichtet, können dennoch verallgemeinerbare Aussagen gewonnen werden, die Einsichten für andere Vorhaben bzw. andere Coachings bei ähnlichen Rahmenbedingungen liefern.

Zusammenfassend wird die experimentierende Evaluation den Charakteristika des Coachings gerecht. Sie entspricht von ihrer Forschungsstrategie her dem zielgerichteten, systematischen, aber flexiblen und reflexiven Vorgehen des Coaches. So können Reflexions-, Beobachtungs- und Interpretationsprozesse von Coach und Evaluator parallelisiert werden. Andersherum paßt Coaching zu dem Anwendungsbereich der experimentierenden Evaluation, denn sie ist immer dann geeignet, wenn es um komplexe Vorgänge geht, weder konkret, noch operationalisierte Ziele bzw. eindeutige fachliche Standards vorliegen, die Interventionen sehr unterschiedlich ausgestaltet werden können, diese für die Organisation oder das Klientel von großer Bedeutung sind und bei denen die Beherrschung eines differenzierten Repertoires von Möglichkeiten methodischen Handelns entscheidend sind (Heiner, 1999).

Nicht zuletzt vor dem Hintergrund des vorgestellten Evaluationsansatzes wird Qualitätssicherung selbst zu einem innovativen und experimentellen Prozeß, der eine Verzahnung zwischen Forschung und Praxis fordert. Diese beinhaltet die Kooperation zwischen allen am Coaching-Prozeß beteiligten und allen vom Coaching-Prozeß tangierten Parteien. Durch den verstärkten Einsatz von Evaluationsforschung im Coaching kann eine fortschreitende Qualitätsentwicklung und Professionalisierung im pädagogisch-psychologischen als auch im berufssoziologischen Sinne im Coaching gewährleistet werden.

Danksagung

Unser herzlicher Dank geht an unsere Interviewpartner, die Coaching-Experten, die ihre Erfahrungen, ihr Wissen, ihre Vorstellungen und ihre Zeit zur Verfügung gestellt haben. Ohne sie wäre unser Anliegen, der Arbeit einen möglichst hohen Praxisbezug zu geben, nicht durchführbar gewesen.

- **Dr. Hermann Bayer** – DIE SPRACHE mbH, München
  www.diesprache.de
- **Ruth Böhm** – FRANK BÖHM UND PARTNER, Köln
- **Prof. Dr. Greif** – UNIVERSITÄT OSNABRÜCK, Fachbereich Psychologie und Gesundheitswissenschaften, Fachgebiet Arbeits- und Organisationspsychologie
  www.uni-osnabrueck.de
- **Jutta Häuser** – YPSYLON GmbH, Dortmund
  www.ypsylon.de
- **Peter Walter Hetzel** – HETZEL & PARTNER, Bonn
  www.hetzel-partner.de
- **Barbara Kahrass-Fromm** – WACHSTUM UND KREATIVITÄT, Velbert
  www.wachstum-und-kreativitaet.de
- **Gunter König** – S.A.L.Z., Schwäbisch Hall
  www.s-a-l-z.de
- **Dr. Wolfgang Looss** – BERATUNGSSOZIETÄT LANZENBERGER, DR. LOOSS UND STADELMANN, Darmstadt
  www.lalosta.de
- **Ralf Mehlmann** – INNOVATION AG, Hagen
  www.innovation-ag.de
- **Herbert Namokel** – CONTRAIN GmbH, Mainz
  www.contrain-gmbh.de
- **Christopher Rauen** – CHRISTOPHER RAUEN, Goldenstedt
  www.rauen.de
- **Horst Rückle** – hr TEAM, Böblingen
  www.hrteam.de

Unser Dank gilt außerdem Marcus Stobbe und Bernhard Juchniewicz. Schließlich geht ein riesiges Dankeschön an Clea Buttgereit, Sandra Finnah, Christian Becker, Thorsten Braun, Katja Thelen und besonders an Gerhart und Ursula Heß.

8 Literaturverzeichnis

Atteslander, P. (1995). Methoden der empirischen Sozialforschung. Berlin: de Gruyter.

Baldwin, T. T. & Ford, J. K. (1988). Transfer of training: A review and directions for future research. *Personel Psychology, 41*, 63-105.

Baumann, U. (1991). Gesundheitsversorgung. In: M. Perrez & U. Baumann (Hrsg.). *Lehrbuch der Klinischen Psychologie. Band 2: Intervention* (S. 34-50). Bern: Huber.

Baumann, U. (1996). Wissenschaftliche Psychotherapie auf der Basis der wissenschaftlichen Psychologie. *Report Psychologie, 21 (9)*, 686-699.

Bayer, H. (1995a). *Coaching-Kompetenz. Persönlichkeit und Führungspsychologie.* München: Reinhardt.

Bayer, H. (1995b). Plötzlich ist jeder ein Coach. *Personal Potential*, 2, 2-6.

Bayer, H. (1996). Aufbau von Coaching-Kompetenz im Betrieb: Führung als Coach. *Gablers Magazin, 2*, 36-38.

Becker, A. (1996). Qualität durch Zertifizierung in der außerschulischen Jugend- und Erwachsenenbildung. In: M. Heiner (Hrsg.), *Qualitätsentwicklung durch Evaluation* (S. 291-320). Freiburg: Lambertus.

Beckermann. J. & Unnerstall, L. (1990). *Coaching*. Unveröffentlichte Diplomarbeit, FH Osnabrück, Osnabrück.

Bertelmann, M., Jansen, J. & Fehling, A. (1996). Qualitätsmanagement in der psychotherapeutischen Praxis. *Report Psychologie, 21(11-12)*, 892-901.

Bobzien, M., Stark, W. & Straus, F. (1996). *Qualitätsmanagement.* Alling: Sandmann.

Böning, U. (1990). System-Coaching contra Einzel-Coaching: Hilfe zur Selbsthilfe. *Gablers Magazin, 4*, 22-25.

Böning, U. (1994). Ist Coaching eine Modeerscheinung? In: L. M. Hofmann & E. Regnet (Hrsg.), *Innovative Weiterbildungskonzepte. Trends, Inhalte und Methoden der Personalentwicklung in Unternehmen* (S.171-185). Göttingen: Verlag für Angewandte Psychologie.

Bortz, J. & Döring, N. (1995). *Forschungsmethoden und Evaluation.* Berlin: Springer.

Brakhahn, W. & Vogt, U. (1996). *ISO 9000 für Dienstleister: schnell und effektiv zum Zertifikat.* Landsberg/Lech: Verlag Moderne Industrie.

Brandt, D. R. (1987). A procedure for identifying value-enhancing service components using customer satisfaction survey data. In: C. Surprenant (Ed.), *Add value to your service* (pp. 61-65).

Brandtstädter, J. (1982). Kern- und Leitbegriffe psychologischer Prävention. In: J. Brandtstädter & A. v. Eye (Hrsg.), *Psychologische Prävention: Grundlagen, Programme, Methoden* (S. 81-115). Bern: Huber.

Brandtstädter, J. (1985). Entwicklungsberatung unter dem Aspekt der Lebensspanne: Zum Aufbau eines entwicklungspsychologischen Anwendungskonzeptes. In: J.

Brandtstädter & H. Gräser (Hrsg.), *Entwicklungsberatung unter dem Aspekt der Lebensspanne* (S. 1- 15). Göttingen: Hogrefe.

Brandtstädter, J. & Gräser, H. (1999). Entwicklungsorientierte Beratung. In: R. Oerter, C. v. Hagen, G. Röper & G. G. Noam (Hrsg.), *Klinische Entwicklungspsychologie. Ein Lehrbuch* (S. 335-350). Weinheim: Beltz

Bruhn, M. (1995). Qualitätssicherung im Dienstleistungsmarketing – eine Einführung in die theoretischen und praktischen Probleme. In: M. Bruhn & B. Stauss (Hrsg.), *Dienstleistungsqualität: Konzepte, Methoden, Erfahrungen* (S. 19-46). Wiesbaden: Gabler.

Butzko, H. G. (1993). ...was Coaching verspricht! *Manager Seminare, 1*, 62-68.

Cohen, J. (1960). A coefficient of agreement for nominal scales. *Educational and psychocological measurement, 20*, 37-46.

Czichos, R. (1991). *Coaching = Leistung durch Führung*. München: Reinhardt.

Denzin, N. K. (1989). *The research act. A theoretical introduction to sociological methods*. New Jersey: Prentice Hall.

Devereux, G. (1973). *Angst und Methode in den Verhaltenswissenschaften*. München: Hauser.

Dietrich, G. (1983). *Allgemeine Beratungspsychologie: Eine Einführung in die psychologische Theorie und Praxis der Beratung*. Göttingen: Hogrefe.

Domsch, M. (1993). Coaching – Spezialbehandlung für schwere Fälle. *IO Management-Zeitschrift, 10*, 56-66.

Donabedian, A. (1982). *Explorations of Quality – Assessment and Monitoring. Vol. 2: The Criteria and Standards of Quality*. Ann Arbor: Health Adm. Press.

Doppler, K. (1991). Coaching – Markt, Mode und Notwendigkeiten. In: A. Papmehl & I. Walsh (Hrsg.), *Personalentwicklung im Wandel* (S. 93-102). Wiesbaden: Gabler.

Doppler, K. (1992). Coaching: Mode oder Notwendigkeit. Was und wie ein Coach wirklich sein sollte. *Gablers Magazin, 4*, 36-42.

Doppler, K. & Lauterburg, C. (1995). *Den Unternehmenswandel gestalten*. Frankfurt/M: Campus.

Dorando, M. & Grün, J. (1995). Supervision. Eine qualifizierte Beratungsform für die Personalentwicklung. *Personalführung, 11*, 944-954.

Döring, K. W. & Ritter-Mamczek, B. (1998). *Die Praxis der Weiterbildung*. Weinheim: Deutscher Studien Verlag.

Ehlich, K. & Swittala, B. (1976). Transkriptionssysteme – Eine exemplarische Übersicht. Studium. *Linguistik, 2*, 78-105.

Ellis, A. (1962). *Reason and emotion in psychotherapy*. New York: Lyle Stuart.

Englert, E. (1998). Qualitätssicherung in der Kinder- und Jugendpsychiatrie. In: K. Menne (Hrsg.), *Qualität in Beratung und Therapie. Evaluation und Qualitätssicherung für die Erziehungs- und Familienberatung* (S. 79-93). München: Juventa.

Fatzer, G. (1992). Prozeßberatung als Organisationsberatungsansatz der neunziger Jahre. In: R. Wimmer (Hrsg.), *Organisationsberatung: Neue Wege und Konzepte* (S. 115-127). Wiesbaden: Gabler.

Fatzer, G. (1999a). Organisationsentwicklung – Veränderung durch Entwicklung und Lernen. In: G. Fatzer, K. Rappe-Giesecke & W. Looss (Hrsg.), *Qualität und Leistung von Beratung: Supervision, Coaching, Organisationsentwicklung* (S. 133-177). Köln: Ed. Humanistische Psychologie.

Fatzer, G. (1999b). Qualität und Leistung von Beratung. In: G. Fatzer, K. Rappe-Giesecke & W. Looss (Hrsg.), *Qualität und Leistung von Beratung: Supervision, Coaching, Organisationsentwicklung* (S. 7-26). Köln: Ed. Humanistische Psychologie.

Fengler, J. (1986). Supervision, Intervision und Selbsthilfe. *Gruppendynamik, 17 (1),* 59-64.

Filipp, S.-H. & Gräser, H. (1982). Psychologische Prävention im Umfeld kritischer Lebensereignisse. In: J. Brandtstädter & A. v. Eye (Hrsg.), *Psychologische Prävention. Grundlagen, Programme, Methoden* (S. 155-197). Bern: Huber.

Fischer, M. & Graf, P. (1998). *Coaching. Ein Fernworkshop.* Alling: Sandmann.

Fleiss, J. L. (1981). *Statistical methods for rates and proportions.* New York: Wiley.

Flick, U. (1987). Methodenangemessene Gütekriterien in der qualitativ-interpretativen Forschung. In: J. B. Bergold & U. Flick (Hrsg.), *Ein-Sichten* (S. 247-262). Tübingen: DGVT-Verlag.

Flick, U. (1995a). *Qualitative Forschung: Theorie, Methoden, Anwendung in Psychologie und Sozialwissenschaften.* Reinbek: Rowohlt.

Flick, U. (1995b). Triangulation. In: : U. Flick, E. v. Kardoff, H. Keupp, L. v. Rosenstiel & S. Wolff (Hrsg.), *Handbuch qualitative Sozialforschung. Grundlagen, Konzepte, Methoden und Anwendungen* (S. 432-434). Weinheim: Beltz.

Frank, R. (1995). Psychotherapie – Supervision. *Report Psychologie, 20 (4),* 33-41.

Frei, F., Duell, W. & Baitsch, C. (1984). *Arbeit und Kompetenzentwicklung.* Bern: Huber.

Gebert, D. (1995). Interventionen in Organisationen. In: H. Schuler (Hrsg.), *Lehrbuch Organisationspsychologie* (S. 481-494). Bern: Huber.

Gester, P.-W. (1991). Systemisches Coaching. In: A. Papmehl & I. Walsh (Hrsg), *Personalentwicklung im Wandel* (S. 103-117). Wiesbaden: Gabler.

Gieseke, W. (1994). Professionalisierung in der Erwachsenenbildung/Weiterbildung. In: R. Tippelt (Hrsg.), *Handbuch der Erwachsenenbildung/Weiterbildung* (S. 372-383). Opladen: Leske & Budrich.

Glaser, B. G. & Strauss, A. L. (1998). *Grounded Theory – Strategien qualitativer Forschung.* Bern: Huber.

Gmür, W. & Lenz, A. (1998). Erfolgreiche Beratung durch Qualitätsmanagement? In: T. Giernalcyk & R. Freytag (Hrsg.), *Qualitätsmanagement von Krisenprävention und Suizidprävention* (S. 61-83). Göttingen: Vandenhoeck & Ruprecht.

Gnahs, D. (1998). Möglichkeiten und Grenzen der Qualitätssicherung von Aus- und Fortbildung der Helfenden. In: T. Giernalcyk & R. Freytag (Hrsg.), *Qualitätsma-*

nagement von Krisenprävention und Suizidprävention (S. 91-104). Göttingen: Vandenhoeck & Ruprecht.

GOE Südwest (1998). *Professionelles Qualitätsmanagement von OE-Beratung*, int. Papier.

Goode, W. J. (1972). Professionen und die Gesellschaft. Die Struktur ihrer Beziehung. In: T. Luckmann & W. M. Sprondel (Hrsg.), *Berufssoziologie* (S. 157-167). Köln: Kiepenheuer & Witsch.

Grawe, K. (1996). Umrisse einer zukünftigen Psychotherapie. In: H. Bents, R. Frank & E.-R. Rey (Hrsg.). *Erfolg und Mißerfolg in der Psychotherapie* (S.38-58). Regensburg: Roderer.

Grawe, K., Donati, R. & Bernauer, F. (1994). Die Zukunft der Psychotherapie. Umrisse einer Allgemeinen Psychotherapie. In: K. Grawe, R. Donati & F. Bernauer. *Psychotherapie im Wandel: Von der Konfession zur Profession* (S. 749-787). Göttingen: Hogrefe.

Graz, D. (1995). Entwicklungslinien qualitativ-empirischer Sozialforschung. In: E. König & P. Zedler (Hrsg.), *Bilanz qualitativer Forschung. Band 1: Grundlagen qualitativer Forschung* (S. 11-32). Weinheim: Deutscher Studien Verlag.

Greve, W. (1993). Ziele therapeutischer Intervention: Probleme der Bestimmung, Ansätze der Beschreibung, Möglichkeiten der Begründung und Kritik. *Zeitschrift für Klinische Psychologie, 22*, 347-373.

Groeben, N. & Scheele, B. (1984). *Heidelberger-Struktur-Legetechnik.* Weinheim: Beltz.

Habermas, J. (1964). Gegen einen positivistisch halbierten Rationalismus. In: T.W. Adorno, R. Dahrendorf, H. Pilot, H. Albers, J. Habermas & K. R. Popper (Hrsg.), *Der Positivismusstreit in der deutschen Soziologie* (S. 235ff.). Neuwied: Luchterhand.

Hall, D.T. (1986). Dilemmas in linking succession planning to individual executive learning. *Human ressource management, 25 (2)*, 235-265.

Haller, S. (1993). Methoden zur Beurteilung von Dienstleistungsqualität. Überblick zum State of the Art. *Zeitschrift für betriebswirtschaftliche Forschung, 1*, 19-45.

Hartge, T. (1993). Coaching, Moderation, Supervision. *Wirtschaft & Weiterbildung, 6*, 42-47.

Hauser, E. (1991). Coaching: Führung für Geist und Seele. In: W. Feix (Hrsg.), *Personal 2000 – Visionen und Strategien erfolgreicher Personalarbeit* (S. 207-236). Wiesbaden: Gabler.

Hauser, E. (1993). Coaching von Mitarbeitern. In: L. v. Rosenstiel, E. Regnet & M. Domsch (Hrsg.), *Führung von Mitarbeitern – Handbuch für erfolgreiches Personalmanagement (2. Aufl.). (USW-Schriften für Führungskräfte. Band 20)* (S. 223-235). Stuttgart: Schäfer.

Heeg, F. J. (1993). *Handbuch der Personal- und Organisationsentwicklung*. Stuttgart: Klett.

Heil, F. E. & Scheller, R. (1984). Psychologische Beratung. In: L. Schmidt (Hrsg.), *Lehrbuch der klinischen Psychologie* (S. 390-411). Stuttgart: Enke.

Heiner, M. (1996). Evaluation zwischen Qualifizierung, Qualitätsentwicklung und Qualitätssicherung. In: M. Heiner (Hrsg.), *Qualitätsentwicklung durch Evaluation* (S. 20-47). Freiburg: Lambertus.

Heiner, M. (1998). (Selbst-)Evaluation zwischen Qualifizierung und Qualitätsmanagement. In: K. Menne (Hrsg.), *Qualität in Beratung und Therapie: Evaluation und Qualitätssicherung für die Erziehungs- und Familienberatung* (S. 51-68). München: Juventa.

Heiner, M. (1999). Lernende Organisation und Experimentierende Evaluation: Verheissungen Lernender Organisationen. In: M. Heiner (Hrsg.), *Ansätze zur Entwicklung lernender Organisationen* (S. 11-53). Weinheim: Juventa.

Heintel, P. (1992). Läßt sich Beratung erlernen? In: R. Wimmer (Hrsg.), *Organisationsberatung: Neue Wege und Konzepte* (S. 345-379). Wiesbaden: Gabler

Herzberg, F., Mausner, B. & Snyderman, B. B. (1959). *The motivation to work.* New York: Wiley.

Herzog, W. (1982). Die wissenschaftstheoretische Problematik der Integration psychotherapeutischer Methoden. In: H. Petzold (Hrsg.), *Methodenintegration in der Psychotherapie.* Paderborn: Junfermann.

Hilke, R. & Aschenbach, G. (1985). Zu den konzeptuellen Grundlagen psychologischer Praxis zwischen Beratung und Therapie. In: J. Brandtstädter & H. Gräser (Hrsg.), *Entwicklungsberatung unter dem Aspekt der Lebensspanne* (S. 16-29). Göttingen: Hogrefe.

Hitzler, R. (1994). Wissen und Wesen des Experten. Ein Annäherungsversuch – zur Einleitung. In: R. Hitzler, A. Honer & C. Maeder (Hrsg.), *Expertenwissen. Die institutionalisierte Kompetenz zur Konstruktion von Wirklichkeit* (S. 13-30). Opladen: Westdeutscher Verlag.

Hopf, C. (1979). Soziologie und qualitative Sozialforschung. In: C. Hopf & E. Weingarten (Hrsg.), *Qualitative Sozialforschung* (S. 11-43). Stuttgart: Klett-Cotta.

Hopf, C. (1995). Qualitative Interviews in der Sozialforschung. Ein Überblick. In: U. Flick, E. v. Kardoff, H. Keupp, L. v. Rosenstiel & S. Wolff (Hrsg.), *Handbuch qualitative Sozialforschung. Grundlagen, Konzepte, Methoden und Anwendungen* (S. 177-182). Weinheim: Beltz.

Jacobi, J.-M. (1991). Die Führungskraft 2000. In: W. Feix (Hrsg.), *Personal 2000 – Visionen und Strategien erfolgreicher Personalarbeit* (S. 485-506). Wiesbaden: Gabler.

Jung, W. (1991). Coaching in Unternehmen – Beratung zwischen Therapie und Training. In: A. Papmehl & I. Walsh (Hrsg.), *Personalentwicklung im Wandel* (S. 134-140). Wiesbaden: Gabler.

Jüttemann, G. (1985). Vorbemerkungen des Herausgebers. In: G. Jüttemann (Hrsg.), *Qualitative Forschung in der Psychologie: Grundfragen, Verfahrensweisen, Anwendungsfelder* (S. 7-22). Weinheim: Beltz.

Kahrass, B. (1998). Wer hat Angst vorm schwarzen Mann oder: wie Coaching die Personalarbeit bereichert. *Seminar Forum, 6*, 14.

Kardoff, v. E. (1995). Qualitative Sozialforschung – Versuch einer Standortbestimmung. In: U. Flick, E. v. Kardoff, H. Keupp, L. v. Rosenstiel & S. Wolff (Hrsg.),

Handbuch qualitative Sozialforschung. Grundlagen, Konzepte, Methoden und Anwendungen (S. 3-8). Weinheim: Beltz.

Kleining, G. (1995). Methodologie und Geschichte qualitativer Sozialforschung. In: U. Flick, E. v. Kardoff, H. Keupp, L. v. Rosenstiel & S. Wolff (Hrsg.), *Handbuch qualitative Sozialforschung. Grundlagen, Konzepte, Methoden und Anwendungen* (S. 11-22). Weinheim: Beltz.

Köckeis-Stangl, E. (1980). Methoden der Sozialforschung. In: K. Hurrelmann & D. Ulich (Hrsg.), *Handbuch der Sozialisationsforschung* (S. 321-370). Weinheim: Beltz

Köhler, G. (1992). Methodik und Problematik einer mehrstufigen Expertenbefragung. In J. H. P. Hoffmeyer-Zlotnik (Hrsg.), *Analyse verbaler Daten. Über den Umgang mit qualitativen Daten.* Opladen: Westdeutscher Verlag.

König, G. (1995). Coaching. Ein neues Arbeitsfeld für Psychologen?...! In: F.W. Wilker (Hrsg.), *Supervision und coaching: aus der Praxis für die Praxis* (S. 248-262). Bonn: Dt. Psychologen-Verlag.

König, G. (1997). Hilfen für die Chef's: Coaching. In: W. Gross (Hrsg.), *Karriere(n) in der Krise. Die seelischen Kosten des beruflichen Aufstiegs* (S. 145-174). Bonn: Dt. Psychologen-Verlag.

Krampen, G. (1982). *Differentialpsychologie der Kontrollüberzeugungen.* Göttingen: Hogrefe.

Kubowitsch, K. (1995). *Power Coaching. Wie Sie sich besser vermarkten und mehr Einfluß im Unternehmen gewinnen.* Wiesbaden: Gabler.

Lamnek, S. (1989). *Qualitative Sozialforschung. Band 2: Methoden und Techniken.* Weinheim: Psychologie Verlags Union.

Lamnek, S. (1995a). *Qualitative Sozialforschung. Band 1: Methodologie.* Weinheim: Psychologie Verlags Union.

Lamnek, S. (1995b). *Qualitative Sozialforschung. Band 2: Methoden und Techniken.* Weinheim: Psychologie Verlags Union.

Lasser, E. & Rüttinger, B. (1997). Erwartungshaltungen an das betriebliche Training und an die Qualifikation von Trainern. In: H. Mandl (Hrsg.), *Schwerpunktthema Wissen und Handeln. (Bericht über den 40. Kongreß der Deutschen Gesellschaft für Psychologie in München 1996)* (S. 296-301). Göttingen: Hogrefe.

Lazarus, R. S. (1966). *Psychological stress and the coping process.* New York: McGraw-Hill.

Lazarus, R. S. & Launier, R. (1981). Streßbezogene Transaktionen zwischen Person und Umwelt. In: J. R. Nitsch (Hrsg.), *Streß. Theorie, Untersuchungen, Maßnahmen* (S. 213-258). Bern: Huber.

Leidner, B. (1994). Der Dreiecksvertrag in der (betrieblichen) Weiterbildung. *Themenzentrierte Interaktion, 2*, S. 5-12.

Leireiter, A.-R. & Vogel, H. (1998). Qualitätssicherung in der Psychotherapie und psychosozialen Versorgung – Einblicke in die Werkstatt. In: A.-R. Leireiter & H. Vogel (Hrsg.), *Qualitätssicherung in der Psychotherapie und psychosozialen Versorgung.* Ein Werkstattbuch (S. 17-46). Tübingen: DGVT-Verlag.

Lenz, A. (1998a). Evaluation und Qualitätssicherung in der Erziehungs- und Familienberatung. In: K. Menne (Hrsg.), *Qualität in Beratung und Therapie. Evaluation und Qualitätssicherung für die Erziehungs- und Familienberatung* (S. 115-146). München: Juventa Verlag.

Lenz, A. (1998b). Qualität in der psychosozialen Beratung. *Verhaltenstherapie und psychosoziale Praxis, 30 (2-3),* 155-178.

Lenz, G. & Osterhold, G. (1994). Konzepte systemischen Coachings und Supervision. *Systhema, 1,* 6-11.

Looss, W. (1990). Es geht mir schlechter, also bin ich auf dem richtigen Weg: Der Umgang mit Coaches. *Gablers Magazin, 4,* 32-33.

Looss, W. (1992). Coaching im Kontext von Organisations- und Personalentwicklung. Zusammenfassender Bericht aus zwei Workshops. In: R. Wimmer (Hrsg.), *Organsationsberatung: Neue Wege und Konzepte* (S. 171-175). Wiesbaden: Gabler

Looss, W. (1997). *Unter vier Augen. Coaching für Manager.* Landberg/Lech: Verlag Moderne Industrie.

Looss, W. (1999). Coaching – Qualitätsüberlegungen beim Einsatz von Coaching. In: G. Fatzer, K. Rappe-Giesecke & W. Looss (Hrsg.), *Qualität und Leistung von Beratung: Supervision, Coaching, Organisationsentwicklung* (S. 105-132). Köln: Ed. Humanistische Psychologie.

Marlinghaus, R. (1996). *Coaching als Instrument der Führungskräfteentwicklung. Eine empirische Untersuchung bei Unternehmen und Coaches.* Unveröffentlichte Diplomarbeit, Universität Bayreuth, Bayreuth.

May, R. (1991). *Die Kunst der Beratung.* Mainz: Gründewald.

Mayring, P. (1985). Qualitative Inhaltsanalyse. In: G. Jüttemann (Hrsg.), *Qualitative Forschung in der Psychologie. Grundfragen, Verfahrensweisen, Anwendungsfelder.* Weinheim: Beltz.

Mayring, P. (1993). *Qualitative Inhaltsanalyse. Grundlagen und Techniken.* Weinheim: Deutscher Studien Verlag.

Mayring, P. (1996). *Einführung in die qualitative Sozialforschung: Eine Anleitung zu qualitativem Denken.* Weinheim: Beltz.

Meinhold, M. (1997). *Qualitätssicherung und Qualitätsmanagement in der Sozialen Arbeit: Einführung und Arbeitshilfen.* Freiburg: Lambertus.

Meinhold, M. (1998). Qualitätssicherung in der Sozialen Arbeit. In: K. Menne (Hrsg.), *Qualität in Beratung und Therapie. Evaluation und Qualitätssicherung für die Erziehungs- und Familienberatung* (S. 39- 49). München: Juventa.

Menne, K. (1998). Qualitätsmerkmale und Kennziffern in der Erziehungs- und Familienberatung. In: K. Menne (Hrsg.), *Qualität in Beratung und Therapie. Evaluation und Qualitätssicherung für die Erziehungs- und Familienberatung* (S. 115-146). München: Juventa Verlag.

Menz, W. (1998). Die Anwendung eines Qualitätsmanagementsystems nach EN ISO 9001 in einer heilpädagogisch kinderpsychiatrischen Beobachtungs- und Therapiestation. In: A.-R. Leireiter & H. Vogel (Hrsg.), *Qualitätssicherung in der Psychotherapie und psychosozialen Versorgung. Ein Werkstattbuch* (S. 457-476). Tübingen: DGVT-Verlag.

Meuser, M. & Nagel, U. (1994). Expertenwissen und Experteninterview. In: R. Hitzler, A. Honer & C. Maeder (Hrsg.), *Expertenwissen. Die institutionalisierte Kompetenz zur Konstruktion von Wirklichkeit* (S.180-192). Opladen: Westdeutscher Verlag.

Mingers, S. (1996). *Systemische Organisationsberatung: Eine Konfrontation von Theorie und Praxis.* Frankfurt/M: Campus.

Nübling, R. & Schmidt, J. (1998). Qualitätssicherung in der Psychotherapie: Grundlagen, Realisierungsansätze, künftige Aufgaben. In: A.-R. Leireiter & H. Vogel (Hrsg.), *Qualitätssicherung in der Psychotherapie und psychosozialen Versorgung. Ein Werkstattbuch* (S. 49-74). Tübingen: DGVT-Verlag.

Oesterreich, R. (1983). Der Begriff „Effizienz-Divergenz" als theoretischer Zugang zu Problemen der Planung des Handelns und seiner Motivation. In: W. Hacker, W. Volpert & M. Cranach (Hrsg.), *Kognitive und motivationale Aspekte der Handlung* (S. 110-122). Bern: Huber.

Perrez, M. (1991a). Prävention, Gesundheits- und Entfaltungsförderung: Systematik und allgemeine Aspekte. In: M. Perrez & U. Baumann (Hrsg.), *Lehrbuch der Klinischen Psychologie. Band 2: Intervention* (S. 80-98). Bern: Huber.

Perrez, M. (1991b). Wissenschaftstheoretische Grundbegriffe der klinisch-psychologischen Interventionsforschung. In: M. Perrez & U. Baumann (Hrsg.), *Lehrbuch der Klinischen Psychologie. Band 2: Intervention* (S. 51-63). Bern: Huber.

Plessen, U. & Wilk, W. W. (1990). Coaching, psychologische Kompetenz für die Chefetage: Wenn es an die Substanz geht. *Gablers Magazin, 4*, 16-18.

Rappe-Giesecke, K. (1999). Supervision – Veränderung durch soziale Selbstreflexion. In: G. Fatzer, K. Rappe-Giesecke & W. Looss (Hrsg.), *Qualität und Leistung von Beratung: Supervision, Coaching, Organisationsentwicklung* (S. 27-103). Köln: Ed. Humanistische Psychologie.

Rauchfuß, A. (1997). Coaching: Hauptsache es hilft – ein Einkaufsratgeber. *Theorie und Praxis der sozialen Arbeit, 7*, 31-33.

Rauen, C. (1999). *Coaching. Innovative Konzepte im Vergleich.* (Schriftenreihe Psychologie und innovatives Management). Göttingen: Verlag für Angewandte Psychologie.

Reicherts, M. (1991). Gesprächspsychotherapeutisch orientierte Intervention. In: M. Perrez & U. Baumann (Hrsg.), *Lehrbuch der Klinischen Psychologie. Band 2: Intervention* (S. 146-160). Bern: Huber.

Reinecker, H. (1986). Methoden der Verhaltenstherapie. In: Deutsche Gesellschaft für Verhaltenstherapie (Hrsg.), *Verhaltenstherapie: Theorien und Methoden* (S. 64-176). Tübingen: DGVT-Verlag.

Reinecker, H. (1991). Verhaltenstherapeutisch orientierte Intervention. In: M. Perrez & U. Baumann (Hrsg.), *Lehrbuch der Klinischen Psychologie. Band 2: Intervention.* Bern: Huber.

Riegel, K. F. (1977). The dialectic of time. In: N. Datan & H. W. Reese (Eds.), *Life-span developmental psychology: dialectical perspectives on experimental research* (pp. 3-45). New York: Academic Press.

Ritsert, J. (1972). *Inhaltsanalyse und Ideologiekritik. Ein Versuch über kritische Sozialforschung*. Frankfurt: Athenäum.

Rohe, C. (1999). *Subjektives Wohlbefinden bei Kindern. Eine qualitative Studie mit Jungen im Alter von 11 bis 12 Jahren*. Unveröffentlichte Diplomarbeit, Trier: Universität Trier.

Roth, W. L., Brüning, M. & Edler, J. (1995). Coaching - Reflexionen und empirische Daten zu einem neuen Personalentwicklungsinstrument. In: F.W. Wilker (Hrsg.), *Supervision und coaching: aus der Praxis für die Praxis* (S. 201-224). Bonn: Dt. Psychologen-Verlag.

Rückerl, T. (1990). Coaching, Grundsatzfragen: Auch als Mensch gefordert. *Gablers Magazin, 4*, 10-14.

Rückle, H. (1992). *Coaching*. Düsseldorf: Econ.

Sassen, H. v. & Vogelauer, W. (1998). Coaching – ganzheitlich gesehen. In: W. Vogelauer (Hrsg.), *Coaching-Praxis. Führungskräfte professionell begleiten, beraten und unterstützen* (S. 9-40). Neuwied: Luchterhand.

Sattelberger, T. (1996). *Die lernende Organisation: Konzepte für eine neue Qualität der Unternehmensentwicklung*. Wiesbaden: Gabler.

Schein, E. H. (1987). *Process consultation, Vol. 2: Lessons for Managers and Consultants*. Reading/MA: Addison-Wesley.

Schein, E. H. (1993). Organisationsberatung für die neunziger Jahre. In: G. Fatzer (Hrsg.), *Organisationsentwicklung für die Zukunft: ein Handbuch* (S. 405-420). Köln: Ed. Humanistische Psychologie.

Scheller, R. (1991). *Beratungspsychologie der Zukunft: Eine Abkehr vom rationalen Entscheidungskonzept?* Trierer Psychologische Berichte, Band 18(8). Trier: Universität Trier.

Scheller, R. & Heil, F. E. (1978). Psychologische Beratung: Alternativen zur gegenwärtigen Forschungspraxis. *Psychologische Rundschau, 29*, 277-286.

Schmid, B. (1989). Die wirklichkeitskonstruktive Perspektive. – Systemisches Denken und Professionalität von morgen. *Zeitschrift der Gesellschaft für Organisationsentwicklung, 2*, 49-65.

Schmid, B. (1993). Menschen, Rollen und Systeme – Professionsentwicklung aus systemischer Sicht. *Organisationsentwicklung, 4*, 19-25.

Schmid, B. (1994). *Wo ist der Wind, wenn er nicht weht. Professionalität und Transaktionsanalyse aus systemischer Sicht*. Paderborn: Junfermann.

Schmid, B. (1995). Wege in die Zukunft? – Gedanken zur Situation im Bereich Personal- und Organisationsentwicklung, Training und Beratung. *Organisationsentwicklung, 1*, 44-53.

Schmidt, G. (1995). *Business Coaching. Mehr Erfolg als Mensch und Macher*. Wiesbaden: Gabler.

Schöning, W. & Brunner, E. J. (1990). Beratung in pädagogischen, sozialpädagogischen und psychologischen Praxisfeldern – Rahmenbedingungen und Probleme. In: E. J. Brunner & W. Schöning (Hrsg.), *Theorie und Praxis von Beratung: pädagogische und psychologische Konzepte* (S. 7-27). Freigau: Lambertus.

Schreyögg, A. (1995a). *Coaching. Eine Einführung für Praxis und Ausbildung*. Frankfurt/M: Campus.

Schreyögg, A. (1995b). Coaching – wer braucht das? In: F. W. Wilker (Hrsg.), *Supervision und coaching: aus der Praxis für die Praxis* (S. 225-247). Bonn: Dt. Psychologen-Verlag.

Schreyögg, A. (1997). Coaching – Fitting für Führungskräfte. *Report Psychologie, 22 (4)*, 316-319.

Schulz von Thun, F. (1996). *Miteinander Reden. Band 1: Störungen und Klärungen*. Hamburg: Rowohlt.

Schuppert, D. (1991). „Face-to-Face-Leadership" - Nachdenkenswertes über Coaching. In: A. Papmehl & I. Walsh (Hrsg.), *Personalentwicklung im Wandel* (S. 118-140). Wiesbaden: Gabler.

Schwendenwein, W. (1990). Profession – Professionalisierung – Professionelles Handeln. In: L.-M. Alisch, J. Baumert & K. Becker (Hrsg.), *Professionswissen und Professionalisierung* (Braunschweiger Studien zur Erziehungs- und Sozialarbeitswissenschaft. Band 28) (S. 359-381). Braunschweig: Universität Braunschweig, Soziologie und Sozialarbeitswissenschaft, Abteilung für Sozialarbeitswissenschaft des Seminars.

Sonntag, K. & Schäfer-Rauser, U. (1993). Selbsteinschätzung beruflicher Kompetenzen bei der Evaluation von Bildungsmaßnahmen. *Zeitschrift für Arbeits- und Organisationspsychologie, 37 (4)*, 163-169.

Sonntag, K. & Schaper, N. (1999). Förderung beruflicher Handlungskompetenz. In: K. Sonntag (Hrsg.), *Personalentwicklung in Organisationen. Psychologische Grundlagen, Methoden und Strategien* (S. 211-244). Göttingen: Hogrefe.

Spöhring, W. & Hermer, M. (1998). Ergebnisqualität – Reichweite eines Konzeptes in Psychiatrie und Psychotherapie. In: A.-R. Leireiter & H. Vogel (Hrsg.), *Qualitätssicherung in der Psychotherapie und psychosozialen Versorgung. Ein Werkstattbuch* (S. 559-574). Tübingen: DGVT-Verlag.

Spöhring, W. (1989). *Qualitative Sozialforschung*. Stuttgart: Teubner.

Suchman, E. A. (1967). *Evaluative research: Principle and practice in public service and social action programs*. New York: Russell.

Thierau-Brunner, H., Stangel-Meseke, M. & Wottawa, H. (1999). Evaluation von Personalentwicklungsmaßnahmen. In: K. Sonntag (Hrsg.), *Personalentwicklung in Organisationen. Psychologische Grundlagen, Methoden und Strategien* (S. 261-286). Göttingen: Hogrefe.

Thomas, A. M. (1998). *Coaching in der Personalentwicklung*. Bern: Huber.

Treumann, K. (1986). Zum Verhältnis quantitativer und qualitativer Forschung. Mit einem Ausblick auf neuere Jugendstudien. In: W. Heitmeyer (Hrsg.), *Interdisziplinäre Jugendforschung. Fragestellungen, Problemlagen, Neuorientierungen* (S. 193-214). Weinheim: Juventa.

Ulich, D. (1987). *Krise und Entwicklung: Zur Psychologie der seelischen Gesundheit*. München: Psychologie-Verl.-Union.

Ulrich, J. (1993). Persönlichkeits-Coaching: Der Weg zur überzeugenden Führungskraft. *IO Management Zeitschrift, 10*, 53-55.

Vogelauer, W. (1998a). Der Coachingprozeß. In: W. Vogelauer (Hrsg.), *Coaching-Praxis. Führungskräfte professionell begleiten, beraten und unterstützen* (S. 41-55). Neuwied: Luchterhand.

Vogelauer, W. (1998b). Wie wird Coaching von den Kunden gesehen? In: W. Vogelauer (Hrsg.), *Coaching-Praxis. Führungskräfte professionell begleiten, beraten und unterstützen* (S. 133-150). Neuwied: Luchterhand.

Wagner, R. H. & Gräser, W. (1995). Arbeitstheorien für das Management von Veränderung. In: R. H. Wagner (Hrsg.), *Praxis der Veränderung in Organisationen. Was Systemtheorie, Psychologie und Konstruktivismus zum Verstehen und Handeln in Organisationen beitragen können.* Göttingen: Verlag für Angewandte Psychologie.

Wahren. H.-K. (1997). *Coaching.* Eschborn: RKW.

Weisbach, C.-R. (1990). Beratung kann man lernen – ist empathische Kompetenz trainierbar? In: E. J. Brunner & W. Schöning (Hrsg.), *Theorie und Praxis von Beratung: pädagogische und psychologische Konzepte* (S. 62-76). Freiburg: Lambertus.

Wesseler, M. (1994). Evaluation und Evaluationsforschung. In: R. Tippelt (Hrsg.), *Handbuch der Erwachsenenbildung/Weiterbildung* (S. 671-686). Opladen: Leske & Budrich.

Weßling, M., Barthe, O. & Lubbers, B.-W. (1999). *Coaching von Managern. Konzepte – Praxiseinsatz – Erfahrungsberichte.* (Wissenschaftliche Forschungsreihe Management, Band 1). Berlin: Berlin Verlag.

Whitmore, J. (1994). *Coaching für die Praxis – Eine klare, prägnante und praktische Anleitung für Manager, Trainer, Eltern und Gruppenleiter.* Frankfurt/M: Campus

Will, H. & Blickhan, C. (1987). Evaluation als Intervention. In: H. Will, A. Winteler & A. Krapp (Hrsg.), *Evaluation in der beruflichen Aus- und Weiterbildung. Konzepte und Strategien* (S. 43-59). Heidelberg: Sauer.

Will, H., Winteler, A. & Krapp, A. (1987). Von der Erfolgskontrolle zur Evaluation. In: H. Will, A. Winteler & A. Krapp (Hrsg.), *Evaluation in der beruflichen Aus- und Weiterbildung. Konzepte und Strategien* (S. 11-42). Heidelberg: Sauer.

Wimmer, R. (1992). Was kann Beratung leisten? Zum Interventionsrepertoire und Interventionsverständnis der systemischen Organisationsberatung. In: R. Wimmer (Hrsg.), *Organisationsberatung: Neue Wege und Konzepte* (S. 59-111). Wiesbaden: Gabler.

Wittkowski, J. (1994). *Das Interview in der Psychologie. Interviewtechnik und Codierung von Interviewmaterial.* Opladen: Westdeutscher Verlag.

Wittmann, W. (1985). *Evaluationsforschung. Aufgaben, Probleme & Anwendungen.* Berlin: Springer.

Witzel, A. (1982). *Verfahren der qualitativen Sozialforschung. Überblick und Alternativen.* Frankfurt: Campus Verlag.

Witzel, A. (1985). Das problemzentrierte Interview. In: G. Jüttemann (Hrsg.), *Qualitative Forschung in der Psychologie* (S. 227-255). Weinheim: Beltz.

Wolf, G. (1990). Ausbildung zum Coach: Voraussetzung für Lernen schaffen. *Gablers Magazin, 4,* 28-31.

Wolf, W. (1995). Qualitative versus quantitative Forschung. In: E. König & P. Zedler (Hrsg.), *Bilanz qualitativer Forschung. Band 1: Grundlagen qualitativer Forschung* (S. 309-329). Weinheim: Deutscher Studien Verlag.

Wottawa, H. & Echterhoff, K. (1982). Formalisierung der diagnostischen Urteilsfindung: Ein Vergleich von linearen und auf Psychologenaussagen gestützten konfiguralen Ansätzen. *Zeitschrift für Differentielle und Diagnostische Psychologie, 13*, 301-309.

Wottawa, H. & Thierau, H. (1998). *Lehrbuch Evaluation*. Bern: Huber.

9 Anhang

A. Darstellung der Kategorien (I-XI)

Kategorie I: Beurteilungskriterien für den Klienten

Beurteilungskriterien bzgl. des Coachings	89
Besprechung des formalen und psychologischen Vertrages (Gestaltung der Zusammenarbeit)	11
Honorarregelung	10
Transparenz bzgl. professioneller Orientierung/Auskunftsbereitschaft	10
keine vorschnellen Lösungen (sondern Problempräzision)	9
Information über Vorgehensweise/Arbeitsweise	9
Information bzw. Verhandlung der formalen Prozeßgestaltung	8
Kurzfristiger Coaching-Prozeß (2-10 Sitzungen)	6
Aufzeigen von Prozeß- und Sitzungsablauf	6
Klärung der Interessenvertretung/Berichterstattung	5
Festlegung eines Zeitrahmens	4
Information über Ablehnungsmöglichkeit	4
Information über Abbruchmöglichkeiten	3
Treffen nicht am Arbeitsplatz des Klienten	2
Begleitung an den Arbeitsplatz (abh. von Akzeptanz im Unternehmen)	1
Aufzeigen von Grenzen des Coachings	1

Beurteilungskriterien bzgl. des Coaches	51
Coaching-Erfahrung/Spezialisierung* (12 von 12, vgl. Kat. VIII)	12
Qualifikationen/Ausbildung	10
Feldkompetenz* (7 von 10, vgl. Kat. VIII)	7
Supervision/Intervision* (4 von 9, vgl. Kat. VIII)	4
Referenzen	4
Kommunikationsfähigkeiten* (2 von 7, vgl. Kat. VIII)	2
Diskretion* (2 von 2, vgl. Kat. VIII)	2
Ideologische, methodische Offenheit* (2 von 3, vgl. Kat. VIII)	2
methodische Kompetenzen* (2 von 8, vgl. Kat. VIII)	2
Erkennbare Verantwortlichkeit	1
Anzahl der Klienten	1
Eigene Führungserfahrung* (1 von 4, vgl. Kat. VIII)	1
betriebswirtschaftliche Kenntnisse* (1 von 9, vgl. Kat. VIII)	1
Vorhandensein einer Praxis	1
Fortbildung* (1 von 5, vgl. Kat. VIII)	1

Kritische Aspekte	40
Ideologische/methodische Fixierung	9
Langes vertraglich festgelegtes Coaching in kurzen Abständen	4
Zu hohe Honorarforderungen/fehlende Honorarangemessenheit	3
Intransparenter Ablauf/Vorgehensweise	3
Profilierung ohne Differenzierung (Darstellung als "Alleskönner", keine Spezialisierung)	3
keine Supervision	2
keine Doppelqualifikation	2
Nicht-Beherrschung der Techniken	2
Versprechen, Problem zu lösen	2
Mangelnde Auskunftsbereitschaft	2
keine Feldkompetenzen	1
Manipulative Techniken* (1 von 1, vgl. Kat. VI)	1
Versuch der Beziehungsmonopolisierung	1
Unglaubwürdigkeit	1
Keine Diskretion	1
Keine zeitliche Grenze	1
Keine Praxis	1
Werbung in Fachzeitschriften	1

Kategorie II: Klient

Voraussetzungen des Klienten	23
Veränderungsbereitschaft/Freiwilligkeit	10
Selbstregulationsfähigkeit/Wohlbefinden	5
Problembewußtsein/Verbesserungsbedürfnis	4
Bewußtsein über Mitarbeit/Zeitaufwand	3
Bereitschaft, Emotionen zuzulassen	1

Vorbereitungsempfehlungen für den Klienten	23
Erwartungsklärung	6
Auftrags-/Problemformulierung/ -präzision	5
Informationseinholung über Coaching	5
Zielklärung	4
Gespräch mit mehreren Coaches	3

Kategorie III: Inhalte und Funktion des Erstgesprächs

Orientierungshilfen zur Einschätzung einer möglichen Arbeits-Beziehung (Qualitätsmerkmale der Arbeits-Beziehung) Beziehung als relevanter Erfolgsfaktor (9)	41
Vertrauen	11
Persönliche Passung	8
Akzeptanz	7
Berufliche Passung (Arbeitsbereich/Feldkompetenz/Praxiserfahrung)	6
Sympathie	5
Gleichwertigkeit	2
Offenheit	1
Ehrlichkeit	1

Inhalte des Erstgesprächs	36
Klärung des Arbeitsthemas/Problems	10
Zielformulierung	8
Situationsschilderung	6
Zielkonkretisierung	6
Klärung der Erwartungen des Klienten	5
Tabuzonen	1

Kategorie IV: Indikation für Coaching

Art der Indikationsklärung	13
Exploration	6
Keine Test-Verfahren	6
Projektive Verfahren	1

Problemtypen für einen anlaßadäquaten Einsatz von Coaching Keine allgemeinen Indikationsregeln (3)	6
Wunsch nach Weiterentwicklung /Reflexion	2
Rollenschwierigkeit	1
Begrenzte Fragestellung	1
Konflikte/Schwierigkeiten	1
Keine Situation, wo Coaching nicht paßt	1

Kategorie V: Kontra-Bedingungen bzw. problematische Ausgangsbedingungen

Kontra-Bedingungen auf seiten des Klienten	25
Psychische Störungen	9
großer Leidensdruck/stark eingeschränktes Selbstregulationsvermögen	7
Keine Veränderungsbereitschaft/Reflexionsbereitschaft/Freiwilligkeit	6
Mangelnde Verantwortungsübernahme	2
Vergangenheitsorientierung	1

Kontra-Bedingungen in der Beziehung	20
Mangelnde subjektive Passung	7
Keine Solitärbeziehung	5
Fehlendes Vertrauen	4
Fehlende Akzeptanz	3
Abhängigkeit	1

Kontra-Bedingungen im Unternehmen	20
Funktionalisierung des Coachings	6
Individualisierung des Problems	5
Vorgabe von Zielen unabhängig vom Klienten	5
Mangelnde Umsetzungsmöglichkeiten	2
Diskrepanz zwischen Coach und Unternehmen	2

Kontra-Bedingungen von seiten des Coaches	11
Persönliche Gründe	6
Keine Erfahrung/Feldkompetenz	3
Finanzielle Abhängigkeit	2

Kategorie VI: Anforderungen an die Auswahl und Anwendung der Methoden

Allgemeine Anforderungen bei Auswahl und Anwendung der Methoden	48
Individuelle Abstimmung der Methoden Klient (5), Situation (1), Problem (1), Ziele (5), Dauer (1), Wirkung (3)	17
Keine Methodenfestlegung im Coaching	9
Methodenvielfalt im Repertoire des Coaches	8
Transparenz und Erklärbarkeit der Methoden gegenüber dem Klienten	6
Klientenmitbestimmung	4
empirisch bewährte Methoden	4

Nicht-anwendungsfähige Methoden	14
Methoden, die von der Lebens- und Erfahrungswelt der Zielgruppe zu weit entfernt sind z.B. Urschrei (A), Singen, Trommeln, Turnen (K), Körperarbeit (A,C), Hypnose (G,C), Trance-Tanz (C), Meditation (C)	4
Hauptgesprächsanteil des Coaches nicht mehr als 30%	3
Methoden, die die Gleichwertigkeit bzw. Arbeits-Beziehung überschreiten	2
Methoden, die durch Gesetz zur Ausübung der Heilkunde ausgeschlossen sind	1
Methoden, die zu lange dauern	1
manipulative Methoden	1
Selbstentwickelte Methoden	1
Methoden, die nicht zu dem Konzept passen	1

Theoretische/Konzeptionelle Fundierung der Methoden (Handlungskonzept)	4

Kategorie VII: Interventionsweisen im Coaching (Verhaltenselemente und Methoden)

Methoden Ablehnung des Begriffes "Methoden" (5)	32
Gespräch	12
Systemische Ansätze	8
Klassische Verhaltenstherapie	4
Kognitive Verhaltenstherapie	3
Gestalttherapie	2
NLP	2
Psychodrama	1

Nachfragen	8
Beziehungsgestaltung	8
Zuhören und Zusehen	7
Unterstützung	6
Konfrontation	6
Vermittlung von Techniken	6
Anregen (zur Reflexion/Bewußtheit)	5
Klären	5
Fordern	4
Aufbereiten von Entscheidungssituationen	4
Selbstausdruck fördern	3
Erklären/Information geben	2

Kategorie VIII: Qualifikationsanforderungen an den externen Coach und Ausbildungswege

Fachliche Qualifikationsanforderungen	44
Coaching-Erfahrung/Spezialisierung	12
Feldkompetenz	10
Betriebswirtschaftliche Kenntnisse/Erfahrungen	9
Psychologische Kenntnisse	8
Eigene Führungserfahrung (3-7 Jahre)	4
Philosophische Kenntnisse	1

Eigenschaften/persönliche Erfahrungen	36
Alter und Lebenserfahrung	6
Interessierte Haltung	3
Erfahrungen in Arbeit mit Menschen	3
Offenheit	3
Ressourcenorientierung	3
Mut und Risikobereitschaft	3
Zuverlässigkeit	3
Phantasievoll	2
Diskretion	2
Erfolgserfahrung	1
Berechenbarkeit	1
Demut	1
Idealismus	1
Fröhlichkeit	1
Naivität	1
Verantwortungsbewußtsein	1
Ermutigend	1

Methodische Qualifikationsanforderungen	34
Methodenkompetenz	8
Kommunikationsfähigkeit (inkl. non-verbale Kommunikation, Meta-Kommunikation, Feedback, Aktives Zuhören)	7
Psychologisch diagnostische Kompetenz/Wissen um die Grenzen des Coachings	7
Selbstreflexion/Selbstkenntnis/Selbsterfahrung	7
Analytische und vernetzte kognitive Fähigkeit	4
Diagnosefähigkeit von Organisationsmustern	1

Beziehungsgestaltungskompetenz	23
Empathiefähigkeit	8
Autonomie	6
Wertschätzung	5
Zurückhaltung	4

Coaching-Ausbildungsprogramm Dauer: Ein bis drei Jahre (4) Ausgangsvoraussetzungen (Persönliche und soziale Kompetenzen) (3)	23
Gesprächstechniken/-gestaltung	7
Methoden/Techniken	4
Supervision	4
Selbsterfahrung	3
Theoretischer Hintergrund	3
Problemanalyse	2

Supervision	9

Ausbildungwege zum Coach: Akademische Ausbildung als Voraussetzung (2), Keine Voraussetzung (4)	6
Gemeinsamkeiten skizzierter Ausbildungswege: Studium – Weiterbildung – Feldkompetenz	6

Fortbildung	5

Kategorie IX: Ergebnisstruktur des Coachings

Erfolgskriterien	25
Zielerreichung	6
Zunahme an Bewußtheit/Verantwortung	6
Erweiterung des Handlungsrepertoires /erhöhte Problembewältigungs-kompetenz	5
Zufriedenheit	3
Emotionale Entlastung	3
Einstellungsanpassung (wenn Problem über Handlungsebene nicht lösbar)	2

Quellen der Ergebnisbeurteilung	18
Befragung des Klienten (während/nach Prozeß)	8
Bewertung des Coaches	5
Einbeziehung der Umgebung in die Bewertung Problematisch (7, davon 3 wünschenswert)	5

Nebenwirkungen/Begleiterscheinungen	14
Kündigung ist keine negative Nebenwirkung	4
Gestiegenes Anspruchsniveau/Unzufriedenheit	4
Weiterer Veränderungs- und Reflexionsbedarf	3
Widerstände der Umgebung	1
Gesteigerter Egoismus	1
Veränderungen von Beziehungen	1

Problematische Effekte	13
Unkontrollierbare Entwicklungen	5
Destabilisierung/Einschränkung der Handlungsfähigkeit des Klienten	4
Abhängigkeit vom Coach	2
Höhere Problembelastung als vorher	2

Entstehung problematischer Effekte	8
Den Klienten mit Unerledigtem zurückgelassen	3
Zuviel Anleitung/Verantwortung des Coaches	3
Fehlende Distanz, Neutralität des Coaches (Freundschaftsbeziehung)	2

Vermeidungsmöglichkeiten problematischer Effekte:	7
Qualifikationen des Coaches (Supervision, Intervision)	4
Qualität der Arbeits-Beziehung	1
Eingrenzung der Themenbereich	1
Geringe Tiefung in der Problembearbeitung	1

Kategorie X: Regulative des Coaching-Marktes

Regulative des Coaching-Marktes	21
Formulierung von Qualitätskriterien	8
Verband (Keine Reglementierung durch Verband (6))	5
Markt als Regulativ	4
Netzwerke	4

Kategorie XI: Wissenschaftliche Fundierung von Coaching

Wissenschaftliche Fundierung von Coaching Vertaulichkeitsprobleme (3) Kritische Einstellung zu wisschenschaftlicher Fundierung (3)	28
Wirksamkeit des Coachings	7
Kundenbefragungen	5
Coaching-Prozeß	4
Theoretische Grundlagen	4
Coach-Variablen	4
Wirkung von Methoden	2
Wirkungsvergleich zwischen Coaching und Training	1
Notwendige Erfolgsfaktoren	1

B. Der Interviewleitfaden

Einleitung

- Bedankung, Vorstellung
- Definition von Coaching in dieser Arbeit

Im Rahmen dieser Arbeit soll Coaching als individuelle Prozeßberatung primär beruflicher Inhalte für Führungskräfte durch einen externen Berater verstanden werden. Bitte verstehen Sie die folgenden Fragen vor dem Hintergrund dieser Coaching-Variante. Der Begriff „Coach" schließt sowohl männliche wie auch weibliche Personen ein.

- Vorstellung der Ziele der Arbeit

Das Ziel besteht darin, einen Beitrag zur Professionalisierung des Coachings zu leisten. Dabei wird angestrebt, zu bestimmten Themenbereichen Soll-Werte aufzustellen, um eine Etablierung von Coaching als eigenständige Beratungsform unterstützen zu können.
Konkreter bedeutet dies, daß es dabei um folgende Unterziele geht:

1. Potentiellen Kunden sollen allgemeine Kriterien an die Hand gegeben werden, anhand derer sie einen seriös praktizierenden Coach erkennen können. Besonderen Bezug soll hierbei auf den Suchprozeß und auf das Erstgespräch genommen werden.
2. Ein weiteres Unterziel besteht in dem Beitrag zur Etablierung von Qualifikationsstandards bzw. verbindlichen Ausbildungswegen des Coaches und in der Setzung von bestimmten Coaching-Interventionen als Standardinstrumente bzw. in der Setzung von allgemeinen Anforderungen an Coaching-Methoden.
3. Schließlich geht es noch um die Gewinnung von allgemein notwendigen Faktoren für das potentielle Gelingen eines Coachings.
4. Erklärung zur Anonymität der Bandaufzeichnung, Klärung möglicher Fragen

Themenkreis: Kontaktaufnahme/Suchprozeß

1. Wenn Sie sich als Experte in die Lage des Klienten versetzen, was sollte der Klient bei der Suche nach einem Coach beachten?
    - Was sollte der Klient für sich klären?
    - Was sollte er über den Coach wissen?
    - Wie sollte er sich auf das Erstgespräch vorbereiten?
        - Wo könnte er Unterstützung erhalten?
2. Woran ist für Sie ein seriös praktizierender Coach zu erkennen?
    - Merkmale: Vor dem Erstgespräch, bei Nicht-Zustandekommen des Coachings, bei Abbruch
    - Welches wären für Sie K.O.-Kriterien bei der Auswahl eines Coches?

3. Welche allgemeinen Entwicklungen wären in Ihren Augen wünschenswert, um den Coaching-Markt transparenter zu machen?

4. Auf welche Aspekte würden Sie als Klient während des Erstgesprächs achten, um herausfinden zu können, ob Sie auf einen professionell praktizierenden Coach getroffen sind?
   - Was sollte der Coach thematisieren/was sollte er dem Klienten gegenüber transparent machen?
   - Welche Informationen benötigt der Coach über/von den/dem Klienten?
   - Was sollte zwischen Coach und Klient ausgehandelt werden?

5. Wie sollte der Coach Ihrer Meinung nach vorgehen, um herausfinden zu können, ob Coaching bei diesem Klienten mit diesem Anlaß indiziert ist?
   - Sollten hierbei diagnostische Methoden verwendet werden?
     Wenn ja welche?
   - Wann ist Coaching nicht indiziert?
     - Coach, Klient, Arbeits-Beziehung, Bedingungen des Unternehmens

Themenkreis: Vorgehensweise/ Methoden

1. Welche Methoden benutzen Sie im Coaching?
   - Welche Methoden würden Sie gerne als Standardinstrumente etablieren?
   - Welche Methoden sollten im Coaching nicht verwendet werden?

2. Gibt es allgemeine Anforderungen, die Ihrer Meinung nach an die im Coaching verwendeten Methoden gestellt werden sollten?
   Welche wären das?
   - Nach welchen Kriterien sollte der Coach die Methoden auswählen?
   - Welche Voraussetzungen sollten bei der Verwendung der Methoden erfüllt sein?
   - Welche Informationen sollte der Klient über die Methoden erhalten?

3. Wie wäre Ihre Vision von einem wissenschaftlich fundierten Coaching?

Themenkreis: Qualifikationsanforderungen an den Coach

1. Welche fachlichen Qualifikationsanforderungen würden Sie an einen Coach stellen? Skizzieren Sie bitte ein Qualifikationsprofil

2. Welche persönlichen Qualifikationsanforderungen würden Sie an einen Coach stellen? Skizzieren Sie bitte ein Qualifikationsprofil.

3. Wie sähe für Sie ein idealer Ausbildungsweg zum Coach aus?
   Was sollte eine Coaching-Ausbildung mindestens enthalten, um davon ausgehend seriöses Coaching anzubieten?

Themenkreis: allgemein notwendige Aspekte des Coachings/Ergebnis

1. Welche Aspekte des Coachings sind für Sie allgemein notwendige Aspekte für das Gelingen eines Coachings? (Säulen des Coachings – d.h. was muß fehlen, damit ein Coaching scheitern muß?)

    Auf seiten: des Klienten, Coaches, Arbeits-Beziehung, Bedingungen von der Unternehmensseite

2. Wann sprechen Sie von einem gelungenen oder erfolgreichen Coaching?
    - Wie sollte dies überprüft werden?
        - Befragung von wem?
        - wann nach dem Coaching und wie oft?

3. Gibt es auch negative Nebenwirkungen von Coaching? Wenn ja, welche wären das?

- Gibt es in Ihren Augen noch wichtige Aspekte für einen Beitrag zur Professionalisierung, die ich nicht angesprochen habe?

Fragen zu Ihrer Person:

1. Sie sind.... männlich weiblich
2. Sie sind... _______Jahre alt
3. Seit wann/wie lange arbeiten Sie bereits als Coach? ________Jahre
4. Welchen Prozentanteil nimmt Coaching in ihrer Tätigkeit ein? _________%

    4a) Welche anderen Tätigkeiten üben Sie außerdem aus?
    4b) Wie sind hier die Prozentanteile verteilt?
    4c) Wie lange üben Sie diese Tätigkeiten bereits aus?

__________________	zu _____%	_______Jahre
__________________	zu _____%	_______Jahre
__________________	zu _____%	_______Jahre
__________________	zu _____%	_______Jahre
__________________	zu _____%	_______Jahre

5. Haben Sie eine psychologische Ausbildung absolviert?
    nein
    ja...Welche?____

6. Haben Sie eine/mehrere therapeutische Zusatzausbildung(en) absolviert?
    nein
    ja...Welche?____

7. Haben Sie eine betriebswirtschaftliche Ausbildung absolviert?
    nein
    ja....Welche?____

8. Haben Sie eine spezifische Coaching-Ausbildung absolviert?

nein

ja....Welche?____

9. Welche weiteren Ausbildungen und Erfahrungen besitzen Sie, die Ihnen für Ihre Coaching-Tätigkeit relevant erscheinen?

10. Welchen allgemeinen Honorarrahmen im Coaching halten Sie für angemessen?

mindestens:________________DM höchstens:________________DM

Herzlichen Dank für Ihre Zeit und für Ihre Hilfe!